好妈妈培养优秀女孩100招

韩 旭◎著

一本让你的教育理念和教育方法得到全面提升的书

中国妇女出版社

图书在版编目（CIP）数据

好妈妈培养优秀女孩 100 招 / 韩旭著 . -- 北京 : 中国妇女出版社 , 2016.6
ISBN 978-7-5127-1271-3

Ⅰ . ①好… Ⅱ . ①韩… Ⅲ . ①女性—家庭教育 Ⅳ . ① G78

中国版本图书馆 CIP 数据核字 (2016) 第 060378 号

好妈妈培养优秀女孩 100 招

作　　者：韩　旭　著
责任编辑：陈　元
封面设计：尚世视觉
责任印制：王卫东
出版发行：中国妇女出版社
地　　址：北京东城区史家胡同甲 24 号　邮政编码：100010
电　　话：(010) 65133160（发行部）　65133161（邮购）
网　　址：www.womenbooks.com.cn
经　　销：各地新华书店
印　　刷：北京楠萍印刷有限公司
开　　本：170 × 240　1/16
印　　张：22
字　　数：314 千字
版　　次：2016 年 6 月第 1 版
印　　次：2017 年 3 月第 2 次
书　　号：ISBN　978-7-5127-1271-3
定　　价：38.00 元

前 言

当个好妈妈，给女儿一个好未来

在这个世界上，有一种光荣、神圣、任何人都无法替代的身份——妈妈。对于每一位妈妈而言，又有一份艰巨、伟大、不可推卸的责任——当个好妈妈，给孩子一个好未来！

妈妈能够改变孩子的人生轨迹。有关研究表明，孩子大部分的素质是由妈妈决定的。对于女孩来说，更是如此。妈妈的一切自始至终都影响着女儿的人生——形象、习惯、品德、性格、气质、思想……女儿不断“复制”妈妈的“模样”。因此，每位妈妈都必须懂得教育的艺术，掌握教育的方法，否则，任何培养都是徒劳。

那么，你知道女孩应该接受怎样的教育才能成为优秀的人，才能拥有幸福的未来吗？在回答这个问题之前，你首先要知道女孩怎样才能优秀，怎样才能幸福。你可能会觉得，把你的女儿当成小公主一般，宠着她、疼着她、教育着她，给她更多的物质、更多的爱，她就会成为一个优秀的人。其实并非如此，这样的女孩不一定拥有幸福感，也不一定能成才。

我们所说的优秀的女孩应该具有睿智的头脑、良好的素质、卓越的能力、迷人的魅力、优秀的品性。她既能够让自己获得幸福，同时又能给别人带来幸福。最重要的是，当你的女儿长大成人、组建家庭后，她又会成为一个优秀的妈妈，并且能够培养出更为优秀的儿女。

当然，没有谁天生就会做妈妈，要想成为一个好妈妈，需要一套行之有效的、完善的家教方案。那么，怎样才能培养出一个优秀的女孩呢？

本书正是为所有女孩的妈妈而作。它根据女孩的性别特征以及心理特征，依据现在的社会状况，从不同的角度出发，教妈妈如何让女孩多才多艺，告诉妈妈如何走进女孩的心里，指导妈妈如何成为一个称职的母亲。

针对女孩教育，本书为妈妈指出培养优秀女孩的四个方向。

方向一：充分了解女孩，做女儿贴心的朋友

很多妈妈经常说“我的女儿真是莫名其妙、不可理喻，搞不懂她是怎么回事”或者“我的女儿太不听话、太不懂事”……其实，这都是站在大人的立场看问题，试问：你有站在女儿的立场、从她的角度出发去了解她吗？了解女孩是一种重要的教育责任，也是一种必须坚持的科学严谨的教育态度。教育女孩的前提是要了解女孩。如果连女孩心里想什么都不知道，教育又从何谈起？

我们要想让女孩得到良好的成长，就应尝试着理解女孩的小心思，成为她贴心的朋友。因此，在与女孩共同生活的过程中，妈妈要全面了解女孩的各种状态，认真体会女孩的各种心理，仔细考虑女孩的各种需求……只有这样，才能与女孩更好地沟通，从而更好地教育女孩。

方向二：女孩要“富”养，给她更多的爱与关注

古人曾经说过：“从来富贵多淑女，自古纨绔少伟男。” 一个女孩的成长是要细心呵护的，需要家长付出极大的耐心与爱心。妈妈应该富养女孩，让她过上快乐幸福的生活。

这里所说的“富养女孩”不仅仅是指在物质方面让女孩觉得富足，主要是在精神世界丰富女孩的思想，这样女孩才能见多识广、独立自主；富养女孩，还要开阔女孩的眼界，让女孩一生都自尊自爱……这些都是富养女孩的基本原则。

方向三：把握女孩成长的关键时期，挖掘女孩的潜力

每个女孩都具备成才的潜力和独特的优势，女孩能否成功，关键在于妈妈能否发现女儿的潜力和优势，然后把它们挖掘和发挥出来。我们培养女孩的目的很大程度上就在于此。

那么，妈妈具体应该怎样做呢？最重要的是抓住女孩成长中的重点阶段及重点问题。女孩的一生可以划分为几个关键的阶段：

5 岁前，是发展女孩语言能力的最佳时期；

8 岁左右，是培养女孩记忆力的黄金时期；

10 ～ 12 岁，是开发女孩艺术天赋的关键时期；

13～16岁，是女孩的青春叛逆期，也是培养女孩独立性的最佳时期；

……

妈妈应该抓住这些关键阶段，根据女孩在不同时期的不同特点有针对性地让女孩的天赋和潜力得到充分的发挥。这样，女孩才会发展得更优秀。

方向四：遵循女孩的性别特征，让女孩拥有良好的美态

女孩的美态包括温柔的性格、缜密的思维、得体的穿着打扮、优雅的言行举止等。妈妈教育女儿的关键在于让她们拥有良好的美态。

可现在有不少妈妈喜欢把女儿当儿子养，口口声声称女孩为“老儿子”，还把女孩打扮成“假小子”，殊不知，这样久了，会使女孩在成年后很难融入自己的性别群体，还会给女孩的恋爱和婚姻带来问题。

聪明的妈妈在培育女儿时，会依据女孩特有的优势和个性对其进行正确的引导，这样的教育就是所谓的“性别教育”。这样的教育才符合女孩的身心发展规律，不仅更容易被女孩所接受，也能达到事半功倍的效果。

培养女孩是一项很复杂、很艰巨的“工作”，所以妈妈更要具备智慧。只要妈妈找对了教育方法，不仅会使女孩在成长中遇到的很多问题迎刃而解，也会使教育女孩的“工作”变得简单。

每个女孩都是天使，都是降临凡间的精灵，需要妈妈用爱为她插上翅膀，让她自由飞翔。最后，希望天下所有的妈妈把更多的爱留给女儿，让幼苗在阳光和雨露下茁壮成长。

目 录

第一章　走进孩子的世界，解读女孩的心灵密码

第二章　做成功的妈妈，把女儿培养成财富

第三章　从来富贵多淑女，女孩一定要“富养”

第四章　好关系胜过好教育，与女孩沟通很重要

第五章 好相貌不如好气质，打造女孩的优雅气质

第六章 情商决定成败，塑造女孩的阳光心态

第七章 性格影响女孩一生，给女孩一个好性格

第八章　拥有八种良好习惯，女孩将受益终身

第九章　锻炼女孩的能力，让女孩成为出类拔萃的人

第十章　注重品德和修养，培养善良的小公主

第一章　走进孩子的世界，解读女孩的心灵密码

每个女孩都有一座神秘的内心花园，你了解这些吗？

你知道许多女孩胆小、多愁善感，是她们的敏感神经在作怪吗？

你知道有些女孩任性、刁蛮，是因为她们更渴望妈妈的关注吗？

你知道女孩情绪多变，是因为她们没有可以倾诉心事的渠道吗？

……

请走进本章，走进女孩不为人知的内心花园，去真正读懂她们的言行吧！

第①招

蜜糖、香料和芭比娃娃——这就是女孩

在西方古老的童谣中有这样一句话：“男孩是由剪刀、蜗牛和小狗的尾巴做成的，而女孩是由糖、香料以及一切美好的东西做成的。”确实如此，很小的时候，男孩和女孩就会表现出截然不同的爱好和气质。小男孩喜欢的玩具是小汽车、冲锋枪以及变形金刚，而小女孩喜欢的玩具是芭比娃娃、毛毛熊；

小男孩往往喜欢爬上爬下，一刻不肯停歇，而小女孩往往喜欢安安静静地听妈妈讲故事；

小男孩崇拜的英雄是奥特曼，而小女孩更希望自己能够化身成为美少女或白雪公主；

小男孩可能会喜欢自己一个人去闯祸，他们甚至有些厌烦爸爸妈妈管制自己，而小女孩一般喜欢和爸爸妈妈在一起；

……

男孩和女孩的不同并非仅限于上述内容。一般来说，女孩有下面这样的特点。

1. 女孩相对比较敏感

生理学家研究发现，女孩在听觉、视觉、味觉、嗅觉、触觉等方面更加敏感，能够捕捉到更多的信息。

2. 女孩具有语言天赋

和同龄的男孩相比，女孩一般更早学会说话，这也是女孩的语文成绩在一定阶段优于男孩的原因。

3. 女孩往往更重视人际交往

从一出生开始，多数女孩便对人感兴趣，尤其喜欢看人的面孔。等到长

大一些，她们更注重人与人的关系，而且对这种关系非常敏感（她们可能非常在意妈妈以及周围的人对自己的评价）。

4. 女孩发育相对较快

生理学家研究发现，女孩一般比男孩发育得快而且均衡。

根据女孩的特点，妈妈要想把她们培养成才要下一番功夫。根据女孩的特点，找到合适的教育方法，循循善诱，让女孩成长得更好。

告诉女儿“女孩并不比男孩差”

从奶奶家回来，4 岁的芳芳有些沮丧地问妈妈：“奶奶说我总也赶不上叔叔家的小强哥,是这样吗？”妈妈抚摸着芳芳的头亲切地说:“奶奶说得不对。你想想，在背唐诗方面你不是比小强哥强很多吗？另外，你的画也比他画得好啊！”芳芳高兴地说：“是啊，女孩并不比男孩差！”

生活中，妈妈应该向女儿传递这样一种观念：女孩并不比男孩差，女孩完全能够比男孩做得好。这样可以使女孩建立起自信心，而不是单纯地去羡慕男孩。

善待女孩的天赋

一位妈妈曾经这样介绍自己的育女经验：

女儿在 5 岁时，表现出了非常高的语言天赋。那些天，她把中央电视台的主持人金龟子姐姐当成了模仿对象，不断地模仿金龟子姐姐主持节目。虽然女儿的模仿还有些不成熟，但是我和丈夫并没有打击她的积极性，还让她模仿记者来采访我们俩。现在女儿的表达能力更强了，前两天还在学校的辩论赛上得了奖。

女孩在很小的时候就会表现出非常出色的天赋，但是有些妈妈没有注意善待女孩的天赋，例如当女孩唱歌有些跑调时，妈妈马上站出来纠正；当女孩拿着刚画好的画给妈妈看时，有些妈妈会说：“这是什么啊？我真看不懂！”这样做非常打击女孩的积极性，从而使她们的天赋被扼杀在萌芽之中。

让女孩多和爸爸接触

无论是在教育方法还是在教育内容上，父亲都有别于母亲。父亲和女孩做游戏时，大多喜欢那些运动性、智能性较强的游戏，并以其男性固有的个性特征（如果断、坚毅、独立性等）鼓励女孩尝试新游戏，进行新探索。这对锻炼女孩的体质以及培养女孩的性格和思维都有很大的帮助。此外，有关专家研究显示，父亲对女孩的数理逻辑的发展有着非常大的影响。所以，女孩应该多和爸爸接触，这有利于弥补女孩某些先天的劣势和不足。

专家课堂

英国教育专家伊丽莎白·哈特利–布鲁尔说：“如果能以适合自己的方式，通过自己感兴趣的主题来学习，任何女孩都会学得更好、更轻松，也会更加积极主动。”因此，她给父母提供了一些有利于发挥女孩优势的建议：

1.确认你的女儿具备什么样的能力和长处，关注她有能力做什么而不是她做不了什么。

2.不要看不起你的女儿非常看重的个人才能。

3.认真考虑女儿喜欢什么样的做事方式和学习方式，不要强迫她以违背其天性的方式去做事。

第②招

从天真到成熟——女孩成长的三个关键期

相对于顽皮淘气的男孩，女孩常常是乖巧、安静、善解人意的，但是这也并不意味着女孩容易管教，很多妈妈都因为自己的小公主而头疼不已。

我一直认为自己是一个不称职的妈妈，从女儿3 岁起，我们就总是“战争”不断。

女儿3岁那年，为了使她能够比别的女孩更优秀，我给她买来许多关于儿歌和诗词的书，并且一句一句地读给她听。谁知女儿听了没有10分钟就烦了，吵着闹着让我带她去玩。我也有些生气，责备她说：“你这孩子怎么这么不听话！等妈妈给你读完儿歌再去玩儿！”女儿受了责备，吵得更凶了，一边哭泣一边用小手指着我说：“坏妈妈！坏妈妈……”

等女儿上了小学后，我们之间的“战争”也开始升级。女儿常常因为不喜欢我给她买的衣服而和我发生矛盾，而我为了她的学习情况，也常常和她发生争吵。记得有一段时间，女儿痴迷于《哆啦A梦》《美少女战士》等动画片，我怕女儿的成绩受影响，便限制她看电视，结果她哭得非常厉害，甚至有三四天不愿意理我。

现在女儿已经13岁了，但是我们之间的“战争”不仅没有结束，反而有愈演愈烈的趋势。两天前，女儿因为我翻看她的日记和我吵了一架；今天早上，又因为我提醒了她一句“别忘了带数学课本”，她就不客气地对我说：“妈妈，你有完没完啊？你不觉得自己很烦人吗？”

听了女儿的话，我真的很伤心，为什么我对女儿付出了这么多爱，她不仅不领情，还这样埋怨我呢？是因为我对她付出的爱还不够多吗？还是真如女儿所说的那样，我是一个不称职的“坏妈妈”呢？我实在是想不通。

这是一位妈妈在网络上写下的日志，她向网友诉说心中的苦恼和不解。她和女儿常常发生“战争”，这不是因为她对女儿付出的爱不够多，更不是因为她是一个“坏妈妈”，而是因为她不了解女孩的身心发展特点，不知道用什么样的方式来和女儿进行有效的沟通。

女孩在成长的过程中，会经历许多个独特的生理和心理发展阶段，而女孩和男孩又会因为性别的不同而有一定的差异。这些不同年龄阶段的不同生理、心理特征，构成了女孩的身心发展规律。这些规律是不可以忽视和违背的，否则可能会影响女孩的身心健康。因此，我们在教育女孩的时候，要根据女孩在不同年龄阶段的不同心理状况，选择不同的教育方式和教育内容。这才是符合女孩身心发展规律的教育，也是女孩真正需要而且喜欢的教育。

根据不同的生理和心理特征，女孩在16 岁之前大致可以分为三个成长阶段。妈妈只要在每个阶段找对了教育重点，便会取得事半功倍的效果。

0 ～ 7 岁：塑造女孩一生的关键时期

生理学家研究发现，这一阶段是女孩身体发育的关键时期，也是女孩的心理奠定期、精神奠定期以及人格形成期。在这一阶段，女孩将学会走路、说话、独立思考，并且为以后的发展奠定身体、社会和情感上的基础。所以，0 ～ 7 岁是塑造女孩一生的关键时期。

对于妈妈来说，培育0～7 岁的女孩应该把以下几个方面作为发展重点：

1.均衡营养，让女孩的身体得到最大限度的发展

0～7岁不仅是女孩长身体的重要阶段，也是女孩大脑发育的黄金时期。所以在这一阶段，妈妈一定要注重女孩的饮食结构，让女孩的身体得到最大限度的发展。

2. 开发女孩的智力

0 ～ 7 岁是女孩智力发展的关键时期，这段时间的启蒙教育直接关系着女孩一生的智力发展水平。现在很多妈妈都认识到了启蒙教育的重要性，但是在具体的方法上却存在很大的误区。有些妈妈认为，女儿能够进行复杂的数学运算、能够背诵数十首甚至上百首儿歌，这就是启蒙教育的最大收获。这种想法实际上是错误的。因为填鸭式地向女孩灌输知识，女孩不仅不能够

充分地理解、消化这些知识，时间长了还会让女孩产生厌学情绪。所以在这一阶段，妈妈可以从女孩的兴趣和爱好出发，向女孩传授一些简单的知识（如认字等）和生活常识，但是不要用强迫的方式逼女孩“学习”。

3. 培养女孩对性别的认识

很多妈妈忽视了这一点，认为随着女孩慢慢长大，自然会对性别有一个清楚的认识。生理学家研究发现，在3岁前，女孩对性别的认识是模糊的；到了3岁之后，女孩开始有了性别意识，并且能够通过服饰、造型等找出与自己同性别的人。这时候妈妈要主动地教女儿去识别性别，以培养女儿的性别意识。只有形成一种良好的性别意识，女孩才有可能真正发挥自己的“女孩优势”，成长为真正优秀的女孩。

4. 培养女孩良好的生活习惯

在0～7岁，女孩正处在模仿他人的阶段，她们常常把爸爸妈妈当成模仿的对象。所以在这一阶段，父母要特别注意培养女儿良好的生活习惯，并且要以身作则，为女儿树立一个良好的榜样。

8～12岁：培养女孩学习能力的最佳时期

在8岁前，女孩大多是以爸爸妈妈为中心，她们十分在意爸爸妈妈是否爱她们。到了8岁之后，女孩的世界会变得更加开阔，她们不再总是缠着爸爸妈妈陪她们玩儿，而是有了自己感兴趣的事情，还会沉浸在与朋友交往的乐趣中。更重要的是，她们在这一阶段出现了记忆的黄金期（她们已经能够理性思考了），并且对任何新鲜事物都会产生极其浓厚的兴趣。

对于8～12岁的女孩，应该把以下几个方面作为发展重点：

1. 培养女孩的学习能力

在这一阶段，女孩的记忆力处于黄金期，所以这也是培养女孩学习能力的最佳时期。此外，妈妈尤其要注意的是，在这一阶段可以重点培养一下女孩的抽象思维能力，因为相对于男孩而言，这是女孩的弱项。

2. 培养女孩广泛的兴趣和爱好

在这一阶段，女孩对新鲜事物充满了探索欲望，妈妈可以培养她们广泛的兴趣和爱好，并从中选择一两项重点培养。

3. 培养女孩的交际能力

在这一阶段，女孩会更加注重人际交往，并且喜欢与同龄的女孩一起玩儿。在这个时候，妈妈应该鼓励女孩多交朋友，以培养女孩的社交能力。

4. 积极塑造女孩优良的性格

从某种意义上讲，8～12岁的女孩已经有了独立思考的能力，所以这一阶段是女孩性格形成的关键时期，妈妈要积极引导女孩养成优良的性格。

5. 培养女孩的气质

8～12岁的女孩已经有了一定的审美观，这个阶段的女孩自身的气质有很强的可塑性。所以妈妈应该注重培养女孩的气质，以培养出一个超凡脱俗的女孩。

6. 培养女孩的品德修养

在这一阶段，女孩已经有了一定的是非分辨能力，能够领会到善良与邪恶的区别。所以，妈妈应该把培养女孩的品德修养作为一个发展重点，让女孩养成优良的品德。

此外，在培养女孩的良好习惯、独立性方面，这一阶段也应该有所侧重。

13～16岁：协助青春期女孩度过人生迷茫期

在这一时期，激素开始影响女孩，给她们的生理和心理带来很大的变化，而那个原本可爱甜美的小公主一下子变成了世界上“最难对付”的人。她们常常喜怒无常、情绪多变，刚才还是晴空万里，转眼间就乌云密布了，谁也猜不透她们内心的想法。很多妈妈可能一时间也陷入了困惑——原本那个乖巧可爱的女儿哪里去了？

青春期的女孩是非常矛盾的。一方面，她们时常表现出强烈的自尊；另一方面，她们又常常陷入迷茫之中，不知道自己该做什么、该怎么做。所以，妈妈在这个时候一定要给予女孩足够的理解、支持、关心和耐心，协助她们度过人生的迷茫期，而不是一味地指责和埋怨她们。

对于13～16岁的女孩，应该把以下几个方面作为发展重点：

1. 注重培养女孩的独立性

在女孩的青春期，她们的独立意识会更加强烈，这也是培养她们独立性的关键时期。这个时候妈妈要多多鼓励女孩，注重培养她们的自信心和独立自主的能力。

2. 培养女孩和异性相处的能力

在这一阶段，女孩开始对男孩产生好感，甚至还会和男孩“谈恋爱”。在这个时候，妈妈不要过分限制女孩和男生的交往，因为和异性相处也是一种能力，并且关系到以后女孩的择偶以及婚姻。在这个特殊时期，妈妈应该鼓励女孩和男生交往，并让她们把握好和男生交往的分寸。

3. 帮助女孩树立良好的人生观、世界观和价值观

在这一阶段，女孩有了非常强烈的自我意识，因此这是建立女孩世界观和价值观的关键时期。妈妈应该对女孩积极引导，让她们建立起正确的世界观和价值观。

此外，在培养女孩品德修养、学习能力、良好习惯方面，这段时间仍然是一个重点。

专家课堂

德国教育家卡尔·威特从教育儿子小卡尔的经验中得出的结论是：教育孩子最重要的是后天教育，而后天教育中最重要的是早期教育。他认为在孩子3岁以前，父母可以从以下两方面进行指导：

1.反复教给孩子语言、音乐、文字和图形等方面的知识。

2.时常给孩子讲述人生的基本准则和态度。

第③招

爱哭爱闹爱傻笑——捕捉女孩的情绪表达

妈妈给女儿报了一个舞蹈班，女儿刚上了一天课就气呼呼地对妈妈说："那个舞蹈老师真讨厌，她说我太胖，不适合学习舞蹈。"妈妈一听也生气了："她怎么能这样说呢，我现在就去打电话让她给你赔礼道歉。"对于妈妈的打抱不平，女儿不仅没有领情，反而把火气撒到了妈妈身上："谁让你多管闲事！"说完走进自己的房间，砰的一声把房门关上了，只留下妈妈站在原地发呆。

很多妈妈都会发现，女孩的心事真的很难猜，自己明明是想帮她，她不仅不领情，反而把火气撒到自己身上。就像上文中的妈妈一样，她本来是想为女儿打抱不平，结果女儿却摔门而去。

常常发生这样的情况，是由于我们没识别女孩表达情绪的方式。很多时候，女儿向我们诉说、抱怨，并不是想得到我们的指点和帮助，她们只是想找一个人倾诉，发泄一下心中的不满而已。

作为妈妈，一定要学会识别和掌握女孩表达情绪的方式，要不然就无法做到真正了解女儿，有时候还会伤害到女儿。

妈妈发现萌萌最近添了不少坏毛病，时不时地会咬咬手指，晚上睡觉还会抱着一只毛毛熊或者一本书。如果萌萌的年龄还小，妈妈也许还能够容忍这些毛病，但现在萌萌已经上小学六年级了。所以，每次发现萌萌犯这些毛病的时候，妈妈都会大声责骂她。在妈妈的严厉监督下，萌萌逐渐改掉了这些坏毛病，但是却日渐憔悴。后来经过心理专家的诊断，确认这是因为近期学习压力太大导致的。而前些天萌萌形成的那些"坏毛病"正是她表达焦虑不安情绪的一种方式。

看完上面这个事例，我们应该明白，女孩表达情绪的方式和我们成人是大不相同的，如果我们总是以自己的思维模式去认知和教育女孩，就容易误解女孩。那么，我们应该怎样识别和对待女孩的情绪呢？

识别和掌握女孩常用的一些表达情绪的方式

女孩表达情绪的方式虽然和成人大不相同，但也是有迹可循的：

焦虑的情绪：吮手指、咬指甲、喋喋不休、说话时发生口吃现象、晚上睡觉抱一个枕头或者一本书。

厌烦的情绪：敲桌子、跺脚、手撑着头、胡乱涂鸦、茫然地凝视。

喜悦的情绪：眼睛张大、微笑、注视。

恐惧的情绪：脸色苍白、呼吸不畅、嘴唇颤抖。

愤怒的情绪：脸色发红或者发青、面部肌肉抽搐、双眉倒竖。

肯定和接受女儿的情绪

女儿：妈妈，我养的小鱼今天早上死了。

妈妈：好了，别哭了，妈妈明天早上再给你买一条。

女儿：我不要，我就要我原来的那一条。

妈妈：你这孩子怎么这么任性。不就是一条小鱼嘛！我不是答应再给你买一条了吗？

女儿：好了，我不跟你说了，真烦人！

很多时候，妈妈就是这样和女儿发生争吵的。其实这个女孩需要的不是另一条小鱼，而是希望妈妈能理解她目前的心情。对于敏感的小女孩来说，如果她们的情绪得不到认同，妈妈所有的建议和道理她们都无法听进去。她们甚至会觉得妈妈非常烦，从而把消极情绪发泄到妈妈身上。所以，妈妈不要否定女孩的情绪，更不要盲目地提出建议，而是要肯定和接受女孩的情绪，做到了这一点，很多问题就迎刃而解了。同样的情形，我们再来看看这样一段对话：

女儿：妈妈，我养的小鱼今天早上死了。

妈妈：难怪你这样伤心。

女儿：我每天都喂它吃东西，昨天晚上还喂它了呢。

妈妈：你还真够关心它的。

女儿：妈妈，你能再给我买一条小鱼吗?

同样一件事，由于处理方法不同，结果也大不相同。可见，当女孩情绪不好的时候，妈妈要尝试着肯定和接受她们的情绪，这样才能让女孩迅速地从坏情绪中走出来。

询问女儿是否需要帮助

放学回家后，女儿气呼呼地对妈妈说："真是太气人了，明明不是我的错，但老师却批评了我。"妈妈点了点头说："被错怪确实挺让人难受的。"女儿的情绪有些缓和。妈妈接着又拍了拍女儿的肩膀说："妈妈挺想帮你的，用妈妈和老师解释一下吗？"女儿想了一会儿，说："老师也不是故意的，还是算了吧。妈妈，谢谢你关心我。"

很多时候，女儿向我们诉说、抱怨只是想发泄一下，并不是希望得到我们的建议和帮助。但是有些时候，她们还是需要并愿意接受我们的帮助的。如果我们弄不清楚女儿是否需要帮助，可以像上文一样，用"妈妈是爱你的（挺想帮你的），你需要妈妈的帮助吗"这样的句式询问一下。不过在询问之前，仍需要先肯定和接受女儿的情绪。

专家课堂

小女孩虽然情绪多变，但父母要学会妥善处理。英国教育专家伊丽莎白·哈特利-布鲁尔给女孩父母的建议是：

1.尊重女孩的恐惧、焦虑等情绪，即便这些情绪在你看来荒唐可笑或缺乏理性。

2. 分享女孩的快乐，分担她的痛苦。

3. 接受并描述女孩的情绪感受，好让她表达出有助于调节自己情绪的语言。

第④招

“我要你陪我”——女孩渴望你的爱与关注

妮妮已经5岁了，但是与小时候相比，她变得更加“缠人”了。每当妈妈洗衣服的时候，她就会搬个小板凳去“帮忙”，结果总是把自己的衣服、鞋子弄得湿漉漉、脏兮兮的。每天早上妈妈上班，她会拽着妈妈的衣服不让妈妈走：“妈妈，先不要走，再和我玩儿一会儿。”妈妈有时候被她气坏了，就会责骂她：“你这孩子怎么越大越不懂事，真是气死人了！”

像妮妮的妈妈一样，很多妈妈都会发现，等女儿稍稍长大一些，她们会变得非常“缠人”。有些妈妈因为被“缠”得不耐烦了，就会责备甚至打骂女儿。其实这样做是不对的。女儿变得非常“缠人”，这是因为她们已经不再满足于用听、看、触摸等感官去探索世界，而是有了更高层次的心理需求。

那么，女孩都有哪些心理需求呢？儿童心理学家研究发现，女孩基本的心理需求主要包括以下几个方面：

个人归属感的心理需求

4岁的薇薇看到妈妈在厨房切菜，也拿了一把小菜刀去帮忙。妈妈看到后吓坏了，连忙一把把小菜刀从薇薇手里夺过来，然后责备薇薇说：“你这孩子怎么这么淘气，你要是切了手怎么办！”听了妈妈的话，薇薇很不高兴，哼了一声走出厨房。

每个人都需要有归属感，他希望被一个集体或者一个团队接纳和肯定。女孩当然也不例外。有时候，女孩主动帮爸爸妈妈干活儿，就是为了满足自己的个人归属感。所以在没有危险的前提下，父母应该接受女儿的帮忙，一方面可以满足她们的这种心理需求，另一方面还可以培养她们的独立能力。

情感依赖的心理需求

妈妈准备做饭，发现酱油已经用完了。妈妈刚想去买酱油，刚才还玩儿得好好的女儿突然一把抓住妈妈的袖子："妈妈，你要去哪里？"妈妈说："我去买酱油，5分钟就回来。"女儿仍抓着妈妈的袖子不放手："妈妈，我也要去。"妈妈挣脱女儿的手，有些生气地说："你这孩子怎么回事！我不是跟你说了嘛，我5分钟就回来。"妈妈转身走了，女儿大哭起来。

女孩对于情感依赖的需求是非常强烈的，有时候，她们常常"缠"着爸爸妈妈，就是因为这种情感依赖需求没有得到满足。所以，父母应该多和女儿沟通，满足她的这种心理需求。

被注意的心理需求

妈妈在房间里看电视，女儿叫了几声都没人答应。突然，女儿的房间里传来很大的唱歌声。妈妈看电视被打扰了，有些生气地说："别唱了！"女儿停了没有两分钟，就又大声唱了起来。

前面我们讲过，女孩非常注重人际关系，尤其在意妈妈是不是爱她们。所以，当她们感到自己被妈妈冷落时，会做出一些异常的举动来吸引妈妈的注意力，例如大声唱歌、摔东西、说谎等。在这种情况下，妈妈应该满足女孩的心理需求，而不应该认为这是女孩在故意搞破坏。

其实，妈妈只要抽时间多陪陪她们，让她们感受到妈妈是爱她们的，她们就会满足了。现在的妈妈工作都非常忙，没有太多的时间陪孩子。但是无论工作多么忙，都要抽时间陪陪女儿，因为这对女孩的身心健康非常重要。

让女儿的心理需求得到满足

茜茜的妈妈在一家律师事务所工作，平时非常繁忙。但是每天下班后，她都会抽出一小时左右的时间来陪女儿，有时两个人一起做游戏，有时手拉着手去公园散步。因为有妈妈陪她，茜茜每天都过得很快乐。

随着生活节奏的加快，现在的妈妈和孩子在一起的时间越来越少了，这

妈妈，我要和你一起去。
你这孩子怎么回事！我不是跟你说了嘛，我去上班，不能带你去。

妈妈，我要和你一起去。
这是不可以的。不过妈妈保证上班的时候会想你的，在家等妈妈，好吗？

对女孩心理健康的影响是非常大的。所以父母（尤其是妈妈）应该多抽些时间来陪陪孩子，哪怕只是牵着她们的小手去逛逛街、散散步，她们也会感到非常快乐。

告诉女儿“妈妈是爱你的！”

场景一：妈妈要去上班，但女儿就是抓着妈妈的衣服不让她走。妈妈拥抱了一下女儿，亲切地说：“你是不是感觉妈妈陪你的时间太短了？妈妈其实是非常爱你的，等妈妈有了时间一定好好陪你。”女儿点了点头，放了手。

场景二：妈妈要去买酱油，女儿吵着闹着也要一起去。妈妈抚摸了一下女儿的脸，亲切地说：“妈妈去买酱油是为了给乖女儿做香喷喷的饭。你等一下，等妈妈回来咱们一起做，妈妈还需要乖女儿帮忙呢。”女儿点了点头，停止了吵闹。

当女儿表现得非常“缠人”的时候，妈妈不要打骂女儿，因为这样不利于女儿的身心健康，并且会让她对打骂产生“免疫力”。在这个时候，我们可以和她进行沟通，告诉女儿你是爱她的。当女儿的心理需求得到满足后，“缠人”的现象就会慢慢消失了。

主动让女儿帮自己做事

妈妈准备做饭，对女儿说:“妈妈现在需要帮忙，你可以帮妈妈择菜吗？”女儿非常爽快地答应了，甚至还为此有些得意。等女儿择完菜，妈妈表扬她说：“择得真干净，妈妈都没有你细心呢。”女儿更加高兴了，说：“妈妈，明天你做饭，我还帮你择菜。”

前面我们讲过，女孩有个人归属感的需求，她们希望能够为父母做些事，从而得到父母的肯定。所以父母应该满足女儿这样的心理需求，从而更好地培养她们的独立性。不过，在女儿“出色”地完成自己的任务时，父母要给予适度的表扬，这样可以让她们更乐于帮父母做事，并且养成爱劳动的好习惯。

专家课堂

关于女孩更喜欢父母陪伴这个问题，英国教育专家伊丽莎白·哈特利-布鲁尔给出几点教育经验：

1.父母应花时间弄明白女儿的所思所想，和她谈谈最近她都在做些什么。

2.和女儿一起玩儿，看着她从事最喜欢的活动，或者你也加入，并表示你很乐意参与其中。

第⑤招

喜欢胡思乱想——女孩是多愁善感的

欢馨6岁了，是一个多愁善感的小姑娘。她不能听《卖火柴的小女孩》《三毛流浪记》之类的故事，每次听都哭得一塌糊涂。到后来，就连《白雪公主》这样的故事也不让妈妈讲了，因为白雪公主被王后毒死的那段情节让她非常伤心。看动画片的时候，每次出现小动物被伤害的镜头，她也会一边看一边流眼泪。

生活中，女孩的心思更为敏感、细腻，感情也更加丰富。感情丰富本来是一件好事，这非常有助于她们捕捉生活中的美。但是有些小女孩太过于多愁善感了，看一个忧伤的故事或者听一首伤心的歌曲都要哭上老半天，这就不是一件好事了。

心理学家研究表明，如果一个人过于敏感脆弱、多愁善感，他的身体健康很可能受到不良影响。例如《红楼梦》中的林黛玉，每天都是郁郁寡欢、悲悲切切，身体也非常不好，甚至一阵风都能将她刮倒。面对充满竞争的现代社会，只有那些不怕挫折、坚强勇敢的人才能脱颖而出，取得事业的进步和成功。如果一个人过于敏感脆弱、多愁善感，就很难适应现代社会，更难做出一番成绩来。

所以，妈妈应该对女儿进行正确的引导，让她们在情感细腻的同时形成坚强勇敢的性格。

让女儿远离那些伤感的故事书和电视节目

5岁的女儿非常多愁善感，妈妈发现这个问题后，便有意识地不再给女儿讲伤感的故事，而是给女儿买了一本《快乐女孩故事》，每天晚上给女儿读一两篇。另外在看电视的时候，妈妈也尽量让女儿看一些幽默的电视节目，如《猫和老鼠》等。在生活中，妈妈还经常给女儿讲小笑话，逗女儿开心。渐渐地，女儿变得开朗起来，再也不像以前那样多愁善感了。

心理学家研究发现，如果一个多愁善感的人经常看那些伤感、催人泪下的电视节目或书籍，将会变得更加敏感和脆弱。所以，如果我们的女儿比较多愁善感的话，就尽量不要让她们看那些伤感的故事和电视节目，而应让她们多看一些让人感到快乐的东西，以便让她们变得开朗起来。另外，我们还可以给她们读一些以坚强、勇敢为主题的故事，这对培养她们的良好品格也非常有帮助。

学会转移女儿的注意力

14岁的女孩环环看过一部伤感的电影后哭了很久，自己的心情很长时间都无法平复下来。环环的妈妈知道女儿非常喜欢画画，便对她说："你前两天和朋友到中国美术馆看的那个画展开得怎么样啊？快和妈妈说一说，有没有好的作品？"女儿一听妈妈聊起了画展，也来了兴趣，便把那部伤感的电影忘到了一旁。

我们都有这样的经验，当我们完全沉浸在一种情绪之中时，很难在短时间内让自己从那种情绪中摆脱出来，对于那些多愁善感的女孩来说更是如此。所以，我们要学会转移女儿的注意力，让她们快速地从那些伤感的事情之中解脱出来。

让女儿多交朋友、多接触大自然

细心的妈妈也许会发现，那些多愁善感的女孩一般朋友很少，也不太喜欢到户外运动。她们最常做的事情就是把自己关在屋子里，看一些唯美、伤感的故事书，然后把自己感动得一塌糊涂。这样不利于她们的全面发展。所以，我们应该鼓励她们多交朋友，当她们朋友多了，可以沟通交流的人也就多了，就不会天天躲在屋子里伤春悲秋了。另外，我们也要鼓励女儿多到户外运动，多接触大自然可以调节心情，运动也是摆脱紧张、忧愁的好方法。

教育女儿学会坚强

有些女孩多愁善感，一方面，和她们心思细腻、情感丰富有关；另一方面，也和她们心太软、不够坚强有很大关系。所以，我们要教育女儿学会坚强。当她们变得坚强起来时，就不会因为花开花落等小事而伤感了。

专家课堂

“要做成功的家长，只有爱是不够的，还需要以同理心来对待孩子，并且帮助他们处理负面情绪。”这是教育专家李中莹在其《李中莹亲子关系全面技巧》一书中所说的话。

1.接受。父母要用同理心去帮助孩子描述他的悲观、沮丧等负面感受。

2.分享。这时，父母可采取两个步骤——先处理孩子的负面情绪，后处理孩子遇到的事情。

3.肯定与引导。父母应表示理解和接受孩子的情绪和动机，可对其行为设立一定的规范。

4.策划。父母可询问孩子想得到什么，然后与其讨论解决问题的方法、途径等，鼓励孩子自己解决问题。

第⑥招

“我漂亮吗”——爱美是女孩的天性

妈妈买菜回来，被 4 岁的女儿佳佳吓了一跳。只见她穿着妈妈宽大的裙子，嘴唇上涂了颜色鲜艳的口红，脸上还搽了粉，看起来就像一个小怪物。但是女儿却非常得意，有些骄傲地问妈妈：“妈妈，你看佳佳是不是很漂亮？”

女孩在很小的时候就已经开始关注自己的外表了。例如在2岁的时候，她们就会抱怨自己的小袜子没有花；到了三四岁的时候，她们会想试穿妈妈的衣服，用妈妈的化妆品为自己化妆；等到再稍大一些，她们就开始关心穿什么样的衣服、弄什么样的发型，甚至还会和同伴讨论一下用什么品牌的化妆品效果更好。

爱美是女孩的天性，也是一种积极、健康的追求。靓丽的外表不仅能够让人赏心悦目，也能够展现女孩的气质和魅力，从而让女孩获得更多的自信。可以说，女孩爱美是没有错的，但是太过于关注自己的外表，是不利于女孩发展的。

场景一：彤彤 12 岁了，是一个胖嘟嘟、非常可爱的小姑娘。但彤彤自己却不这样认为，她认为自己的体形让她很没面子，每次看到那些高挑的女孩都会自惭形秽。尤其当班里调皮的男孩叫她“小胖妞”之后，她更自卑了，并且开始节食减肥。由于常常不吃晚饭，彤彤小小年纪就得了胃病，不得不长期忍受胃痛的折磨。

场景二：丽丽 14 岁了，读初中二年级。她本来是一个聪明的女孩，但因为她把太多的精力花在了自己的穿衣打扮上，所以她的成绩非常差。有一次，妈妈请来一位数学老师给丽丽补课，老师讲了没有半小时，丽丽就烦了，向老师提出要上厕所。结果老师等了 20 多分钟，也没见丽丽出来；丽丽的妈妈到卫生间一看，丽丽正拿着口红和眉笔给自己化妆呢！

从上面两个例子可以看出，女孩如果太过于关注自己的外表，不仅会耽误学习，甚至还会影响身心健康，就如上文中的彤彤一样。现在有的媒体上宣扬这样一种观念——女孩拥有漂亮的外表就会拥有一切，这对女孩的成长是极为不利的。有很多女孩把自己一生的幸福寄托在自己的美貌上，还有些女孩把自己的美貌当作炫耀的资本。但是一个人的容貌不是自己能够决定的，并且它也不是获得成功的全部。所以，妈妈应该培养女儿的审美观，让女儿对容貌有一个正确的认识，学会追求真正的心灵美，而不是单纯去追求外表美。

妈妈要以身作则，给女儿做一个好榜样

露露的妈妈是一家化妆品专卖店的经理，所以对自己的穿着打扮非常在意。但是她在化妆的时候尽量回避女儿，并且在家中穿得非常朴素。有一次，5 岁的露露看到妈妈正在镜子前化妆，忍不住对妈妈说："妈妈，你能把你的化妆品借给我用用吗？"妈妈拍了拍女儿的肩膀说："宝贝，你用不着化妆，自然美才是真正的美。妈妈化妆是为了工作的需要。"

妈妈是女儿的学习榜样，对女儿的影响非常大。如果妈妈热衷于美容、化妆，那势必会影响到女儿，让女儿更加关注自己的外表。所以，妈妈要给女儿做一个好榜样，在家中尽量穿戴得朴素些。如果确实需要化妆，可以像上文中的露露妈妈一样，给女儿一个合理的理由。

告诉女儿美貌不是获得成功的全部

8 岁的瑶瑶非常喜欢看电视，尤其喜欢看那些漂亮的女明星。她常常对妈妈说："我要能长成 ×× 那样就好了，那样的话我也能成为大明星。"妈妈意识到女儿受了这些电视节目的影响，便对她说："女孩并不是只靠美貌就能获得成功。你想想，×× 如果不勤奋拍戏，能够获得这么大的成功吗？"接着便给女儿讲起了拍戏的辛苦。最后女儿点点头说："我懂了，女孩要获得成功光靠容貌是不行的，更要勤奋、努力才行。我以后也会努力的。"

女孩的年龄还小，很容易被各种媒体影响，从而在心里形成一个错误的观念——女孩只要拥有了美貌，就可以拥有一切。作为妈妈，我们一定要注意这一点，并且要告诉女儿：美貌并不是女孩获得成功的全部，勤奋和努力才是获得成功的关键。

不要对女儿的容貌进行批评或者赞美

王佳小时候长得非常漂亮，王佳的妈妈逢人便夸赞自己的女儿。这让小王佳非常得意。等王佳长大一些，妈妈觉得她没有小时候漂亮了，尤其是她的鼻子长得太大了。这让王佳非常苦恼，每次照镜子，都恨不得把自己的鼻子揪下来。

妈妈无论是赞美还是批评女儿的容貌，都可能会对女儿产生消极的影响。如果夸赞她漂亮，女儿会非常得意，从而更加关注自己的外表；如果批评女儿长得不够标致，会让女儿伤心，并且产生自卑心理。所以，妈妈不要轻易地对女儿的外貌进行批评或者赞美。当然，要夸奖女儿时，可以夸奖她可爱、勤劳、有精神、有朝气……但是最好不要夸奖她长得漂亮。

让女儿对自己的容貌充满信心

玲玲总感觉自己的眼睛长得太小了，每次照镜子都要唉声叹气。有一次她又叹气的时候，妈妈走过来对她说："玲玲，你不要怀疑自己的容貌，你笑起来的样子是非常可爱的，我们大家都喜欢你笑的样子。"从那以后，玲玲爱笑了，并且也不嫌自己的眼睛长得小了。

在女孩小的时候，她们往往不能分辨什么是美、什么是丑。妈妈要让她们相信自己是可爱的、讨人喜欢的，从而建立起她们对自己容貌的自信心。

专家课堂

父母用什么办法纠正孩子这种自负和自赏的心理呢？教育专家李中莹给出的建议是：

父母教育女儿不要孤芳自赏，而要学会欣赏别人的长处。

第⑦招

“我不敢，我害怕”——为何女孩会胆小

小女孩好像天生就胆小怕事，她们怕黑，晚上不敢一个人独睡，甚至连毛毛虫爬到她们身上都要大声尖叫，结果被班里的小男孩嘲笑为“胆小鬼”。尤其让妈妈担心的是，由于女孩的文静、胆小，她们常常成为班上那些“坏小子”欺负的对象。

每天放学回来，韩旭都是眼泪汪汪的，妈妈问她发生了什么事，她却摇头不说。后来在妈妈的一再询问下，她才说出了事情的真相：她的同桌洋洋是一个调皮的小男孩，他看韩旭文静、胆小，便常常欺负她。他和韩旭在书桌上画了“三八线”，他不允许韩旭的文具越线，但是他的文具盒却常常放到韩旭这一边来。上课的时候，他会偷偷地揪韩旭的小辫子，打扰韩旭听课。前两天，他还把毛毛虫放到韩旭的衣服里，让韩旭哭了老半天。渐渐地，他已经把欺负韩旭当成了一种乐趣。

妈妈问韩旭：“洋洋为什么专门欺负你，而不欺负其他的小女孩？”韩旭想了想说：“其他的小女孩敢和他打架，也敢把他干的坏事告诉老师。”妈妈又问韩旭：“你为什么不敢呢？”韩旭说：“我害怕。”

女孩胆小的话，的确是挺让妈妈担心的。尤其是女孩步入社会之后，懦弱、胆小更会成为女孩前进道路上的阻力。所以，妈妈应该想方设法让女儿变得勇敢起来，而不是成为被人欺负的“小绵羊”。

其实，女孩并不是生来就胆小的，这和妈妈的教育方式有很大关系。

过分宠爱

很多妈妈认为小女孩温顺、柔弱，便过分溺爱，什么事也不让她们做。妈妈这种过度保护的方式会给女孩传递一种消极的暗示，让她们认为做什么

事都非常艰难，从而对实践产生恐惧的心理。

灌输弱者心态

很多妈妈潜意识里把女孩当成弱者来看待，并把温顺、文静甚至柔弱当成培养女孩的目标。这种过分的渲染会使女孩产生一种错误的认识——女孩天生就是懦弱、胆小的，从而什么事也不敢放开手脚去做。

经常恐吓

在女儿哭闹的时候，很多妈妈经常这样恐吓女儿："再哭大灰狼就来了，专吃爱哭的小孩。"有些妈妈甚至还用魔鬼、妖怪等来吓唬孩子。女孩在年幼时并不知道这些"大灰狼""妖怪""魔鬼"是妈妈杜撰的，常常会信以为真，从而产生深深的恐惧。因此，妈妈不要总是吓唬女儿，这会让她们变得畏畏缩缩，失去勇气。另外，妈妈还要多鼓励女儿，并且带她们向"恐惧"宣战。

那么，培养一个勇敢的女孩，具体来说都有哪些方法呢？

让女儿多和父亲接触

在教育方式上，父亲和母亲大不相同。比如在路上遇到一只小狗，妈妈常常会告诫女儿："离小狗远一点儿，它会咬人。"但父亲通常不会这样做，他会告诉女儿小狗并不可怕，甚至还会让女儿摸一摸小狗。在做游戏方面，父亲也喜欢选择那些对抗性、运动性较强的游戏。父亲的这些做法对提升女儿的"胆量"非常有帮助，所以我们应该让女儿多和父亲接触，做一个勇敢的小姑娘。

鼓励女儿进行实践

在很多时候，妈妈过多的限制让女儿感觉做什么事都是非常困难的，从而变得胆小怕事起来。所以，妈妈应该多鼓励女儿进行实践，女儿见多识广了，就不会再胆小怕事了。当然，在鼓励女儿进行实践的时候，也要考虑女儿的能力以及事情的可行性，如果觉得可行，就鼓励女儿放手去做，自己即使非常担心和紧张，也不要表现出来，因为这样会给女儿形成一定的压力，打击女儿的自信心。

带女儿向“恐惧”宣战

芳芳非常怕黑，一到晚上就不敢一个人出去。妈妈故意每天晚上带她到外面玩儿，这样持续几天后，有一天晚上，妈妈对芳芳说:“家里没有味精了，你能帮妈妈去买一包吗？”芳芳开始不敢，妈妈对她说：“我们每天晚上都到外面去玩儿，你感觉有什么可怕的吗？”芳芳一想也是这样，便尝试着一个人到外面去买东西。妈妈考虑到女儿的安全问题，在后面悄悄地跟着她。从那以后，芳芳再也不怕黑了。

在很多时候，女孩对某一事物的恐惧源于她们对这种事物不了解。妈妈应该带她们多尝试，等她们对这种事物充分了解了，恐惧感也就消失了。

鼓励女儿维护自己的权益

妈妈发现女儿最近两天总是闷闷不乐，一问之下才知道这些天她总是被同桌乐乐欺负。妈妈告诉女儿说：“你应该把这件事告诉老师，老师会批评乐乐的。”女儿有些担心地说：“乐乐警告过我，不让我告诉老师。”妈妈对女儿说：“你只有敢于向那些小坏蛋宣战才能免于被欺负，如果你害怕他们，他们会永远欺负你。”接着妈妈又拍了拍女儿的肩膀说:“你不要害怕，有妈妈呢！如果向老师告状也不管用，妈妈会出面帮你解决的。”女儿点了点头，第二天把乐乐欺负自己的事告诉了老师。老师狠狠地批评了乐乐一顿，从此以后，乐乐再也不敢欺负她了。

很多时候，妈妈总是告诉女儿要学会容忍、谦让，这当然是一件好事，但是容忍、谦让并不等于逆来顺受。当女儿的正当权益受到侵害时，我们应该鼓励女儿维护自己的权益，而不是默默忍受。

专家课堂

女孩胆小怎么办？“知心姐姐”卢勤给父母的教育经验是：

1.大人害怕什么，不要在孩子面前表现出来，尤其是孩子小的时候。

2.如果孩子已表现出害怕什么，父母就要创造机会让她慢慢接触那些事物，以减少孩子内心的恐惧感。

3.不要当着孩子的面，对别人说她怕什么东西。

第⑧招

“你喜欢我吗”——别忽视女孩的敏感性

妈妈带3岁的晓晴去看望外婆。当时外婆正在给外公缝裤子，晓晴觉得外婆的针线盒很好玩儿，于是把里面的东西拿出来又装进去，还把针线盒当椅子坐。外婆把裤子缝好了，看到地上满是线团，对晓晴说：“你看看，满地的线团，以后可不许再淘气了。”晓晴当时嗯了一声，没哭也没闹，但脸上已经很不高兴了。没过两三分钟，晓晴来到妈妈身边，拽着妈妈的衣服说：“妈妈，我们回家，外婆不喜欢我。”

有的女孩很敏感，即使是别人不经意间说的一句话都会让她们伤心好半天。就如上文中的晓晴一样，外婆不过是告诉她不要把线团弄得满地都是，但是她却认为外婆不喜欢自己。

有关专家研究发现，女孩这种敏感的特性是与生俱来的。这种敏感的特性对女孩来说是一把双刃剑，一方面，它使得女孩情感细腻，善于发现和捕捉一些微妙、细节性的信息；而另一方面，它又让女孩猜忌多疑，常常感觉自己受到了伤害。

作为妈妈，一定不要忽视女孩这种敏感的特性，否则可能伤害到她们。

妈妈刚把房间收拾好，5岁的女儿不一会儿又把房间弄得乱七八糟。妈妈有些生气地说："你这孩子怎么这么累人，妈妈再也不喜欢你了！"刚才还在闹腾的女儿马上安静下来，沮丧地回到自己的房间。等到了晚上吃饭的时间，女儿仍待在自己的房间里不肯出来。妈妈去叫女儿吃饭，看到女儿脸上满是泪花，便问其中的原因，结果女儿一下子哭出声来："妈妈不要不喜欢我，我再也不累人了……"

前面我们讲过，女孩十分看重人际关系，尤其是和妈妈的关系。她们很在意妈妈对自己的评价，所以妈妈不要用"我再也不爱你了""我再也不喜欢你了"这样的话来吓唬女孩，因为她们会当真，并且会感到十分痛苦。

此外，在当着女孩的面谈话时也要十分小心，因为她们有时会把一些和她们无关的信息联系到自己身上。

看到这里，也许很多妈妈会想女孩真是太敏感、太脆弱了，和她们相处真是一件难事。其实也并非如此，只要我们找对方法，和女孩还是很容易沟通相处的。

做女儿的知心朋友

一位妈妈曾经这样谈到自己的育女经验：

很多妈妈都认为小女孩脆弱、敏感、不好相处，这是因为她们只会做女孩的妈妈，而不会做女孩的朋友。我和我女儿不仅仅是母女关系，更是朋友关系，她什么话都愿意和我说。记得有一次她爸爸批评了她，她非常伤心地找到我说："妈妈，我惹爸爸生气了，他会不会不喜欢我了？"我抚摸着女儿的头说："爸爸怎么会不喜欢自己的宝贝女儿呢，不过以后可不要让爸爸生气了。"女儿懂事地点点头，心中的担忧终于放下了。

这位母亲的育女经验非常值得我们学习。小女孩是敏感而多疑的，只有和她们成为好朋友，她们才会放下戒备，让妈妈真正走进她们的内心，分享她们的喜悦和痛苦。

批评女儿时告诉她你是爱她的

妈妈刚买回一条新裙子，就被女儿用小剪刀弄成了“残次品”。妈妈心中十分生气，斥责女儿说：“你这孩子怎么这么淘气，妈妈刚买的裙子就被你弄坏了……”妈妈的话还没有说完,女儿就哇的一声哭了起来,一边哭一边说：“妈妈嫌贝贝淘气，不喜欢贝贝了……”妈妈意识到刚才的批评伤了女儿的心，赶紧抱住女儿，抚摸着她的头说：“贝贝是妈妈的乖女儿，妈妈怎么会不喜欢贝贝呢？不过以后贝贝要想当裁缝，要事先跟妈妈说，不要用小剪刀乱剪衣服了。”女儿点了点头，终于停止了哭泣。

我们在前面讲过，小女孩十分在乎妈妈是不是爱自己，有时候本来就是一句简单的批评，她们都能“闻”出别样的“味道”来。所以我们在批评她们的时候可以用“妈妈是爱你的，但是妈妈不希望……”这样类似的句子，一方面可以不让女孩过多猜想，另一方面也有助于她们改正错误。

增强女儿的自信心和承受能力

妈妈刚做好晚饭，就看到刚踏进家门的女儿满脸泪痕。妈妈问女儿发生了什么事，女儿哭着说:“老师说我唱歌不好听，不让我参加学校的演唱队。”妈妈安慰女儿说：“不能参加学校的演唱队确实挺遗憾的，不过我家女儿不仅舞跳得好，画也画得好，可以参加学校的舞蹈队和绘画班啊。”女儿一听来了精神，马上不哭了。妈妈接着说：“以后再遇到困难和挫折时不要光哭鼻子，因为哭鼻子什么事情也解决不了，你要通过自己的勤奋和刻苦去赶上并超过别人。”女儿点了点头，说：“妈妈，我懂了，我现在就练习唱歌去。”

在家里，我们可以照顾到女儿的情绪，不让自己的女儿受到伤害，但是并不能保证所有的人都这样做。所以，为了让女儿少受伤害，就必须增强她们的自信心和承受能力。只有这样，才能让女孩坦然面对困难和挫折，而不是只会用哭鼻子来解决问题。

专家课堂

怎样才能让你的女儿相信自己，提高她的自我认知呢？英国教育专家伊丽莎白·哈特利-布鲁尔给出的建议是：

1.信任你的女儿。

2.以孩子确信的方式向她表明你爱她、喜欢她。

3.除了亲吻、拥抱之外，还可以通过其他方式表达你对她的爱，例如，多抽出时间陪陪她。

第⑨招

“我想交朋友”——女孩重视人与人的关系

王丹从小身体就很瘦弱，而她的双胞胎哥哥王凯则比她强壮很多。因此，王凯总是喜欢用拳头给王丹讲道理，这让王丹吃了不少苦头。虽然妈妈严厉地批评了王凯很多次，但是王丹并没有得到多少安慰，因为王凯屡教不改，他们的妈妈也为此伤透了脑筋。

但有一次妈妈发现，儿子竟然一周都没有向女儿动拳头，这令她十分费解，为什么会这样呢？通过询问女儿，妈妈知道了事情的来龙去脉，原来女儿为了和儿子搞好关系，把自己最喜欢的玩具送给了他，王凯也很喜欢这个玩具，并答应妹妹以后再也不打她了。

由上面这个事例我们可以看出，女孩比男孩更注重关系式的生活，她们更需要安全感，希望自己能够在一种和谐的关系中生存，为了创造这种关系，她们会充分利用自己的智慧去达到这一目的。

例如，女孩到了一个陌生环境后，她们首先想到的是如何和大家建立良好的关系，而不是像男孩那样有着强烈的竞争欲望和领导欲望。一般来说，女孩自我意识的提升很大程度上来自情感方面的满足以及人际关系的质量。

下面，我们就来看一看女孩大脑里到底在想些什么：

怎样做才能让大家都喜欢我呢？

今天不开心，妈妈好像对我不满意！

妈妈早上拥抱了我，我感觉很温暖。

班里的同学都喜欢我吗？

怎样才能交到更多好朋友呢？

……

由此可见，女孩非常重视与他人的人际关系。那么，面对女孩对和谐人际关系的渴望，妈妈应该如何帮助和引导她呢？

让女孩学会爱自己

一位妈妈这样讲述自己的育女经验：

我的女儿纤纤8岁了，她非常在乎别人的评价。有一次考试的时候，她把唯一的一块橡皮借给了同学，可是那个同学用完后竟然忘记还给她了。女儿胆子很小，又不好意思跟同学要，结果涂涂抹抹，把自己的考卷答得乱七八糟。

第二天，看到糟糕的成绩单，我问她是怎么回事。女儿委屈地说："都怪我当时没有橡皮。"然后她就把事情的经过向我讲述了一遍。听完女儿的话，我对她说："纤纤，你能够乐于助人，说明你是个善良的好孩子。但你应该想一想自己把橡皮借给同学后你考试时用什么，这会不会影响你的考试成绩？"

此时，女儿低声说："可如果我不借给同学，她一定会说我小气的，以后就不跟我玩儿了。"

我抚摸着女儿的头说："妈妈这样说不是让你不借给别人东西，而是要告诉你，别人的评价虽然很重要，但自己的正当利益更重要。"女儿对于我说的话虽然有些似懂非懂，但是我相信以后她会明白一个人只有先学会爱自己，才有能力去爱别人。

有的女孩和上例中的纤纤一样，宁愿放弃自己的正当利益也不愿破坏自己的人际关系。也正因为如此，女孩才更容易受到伤害。因此，应及早让女孩明白：能够体谅和帮助他人是美德，但一定要先学会爱自己。

让女孩多参加一些集体活动

现在很多妈妈由于过度关爱自己的孩子，常常把女孩“封锁”在狭小的人际圈内，认为这样才会避免女孩受到伤害，殊不知，对天生渴望人际关系的女孩来说，这也是一种很大的伤害。

女孩并没有妈妈想象的那么脆弱，对于陌生的人际交往圈来说，也许一开始她会有些无所适从，但很快她就会运用智慧融入集体中，并结交到许多朋友。因此，妈妈应让女孩多参加一些集体活动，以提高她的人际交往能力和表达能力，而人际交往顺利的女孩也会变得更加自信和乐观。

提升女孩的心灵“痛点”

生活中，有的女孩“痛点”很低，身体稍有疼痛便会不安、难以忍受。不仅如此，天性敏感的她们心灵的“痛点”也很低。有时候，别人的一个眼神就能让女孩的心灵受到伤害。所以，提升女孩的心灵“痛点”是避免女孩在人际交往中受到伤害的最佳方法。

童颜是一个有些敏感的小女孩，与自己的小伙伴讲话时，她都是用最温柔的声音、最和善的态度。而有时候伙伴们不经意的一句话，就会让她受到伤害。童颜的妈妈意识到，如果继续这样下去将不利于女儿的成长，于是她准备提升女儿的心灵“痛点”。

例如，平时看到那些沿街乞讨的人时，妈妈就会告诉童颜，在这个世界上，还有很多衣食不保的人；每到假期，妈妈就会带着童颜去山区体验生活；一有空闲时间，妈妈就陪着童颜看喜剧电影。

通过有意识的培养，妈妈发现女儿不再那么敏感了，与小伙伴们交往时也自如、阳光多了。如今的童颜再也不是从前那个敏感又内向的小女孩了，而是一个非常受欢迎的“孩子王”……

专家课堂

对于重视人际关系的女孩来说，培养她们的社交技能是必不可少的。对此，英国教育专家伊丽莎白·哈特利–布鲁尔给父母提出了几点建议：

1.带女孩参加适合她的各种社交活动。

2.父母要以身作则，如果女儿看到父母自信地与他人交往，她自然就会受影响。

3.鼓励女孩发展友谊，时常邀请她的朋友到家中玩儿。

第二章　做成功的妈妈，把女儿培养成财富

妈妈和医生一样，仅仅有爱和常识是不够的，还需要学习一定的教育方法和技巧，这样才能更好地胜任自己的职责；

妈妈是女儿贴心的“镜子”，她教会女孩优良的生活习惯、品德和爱情观；

做个称职的妈妈并不像你想象的那么简单，你还要知道如何给予她温暖的“爱”，如何对她进行性别教育……

第10招

世上只有妈妈好——母亲缺席，女孩易叛逆

曾经有一位幼教工作者这样描述母女间的关系：在生命最初的这段时间里，女孩会深深沉浸在妈妈的世界中。她们只要听到妈妈的声音、看到妈妈的微笑或是注意到妈妈就在身边，就会变得很安静，还会张着小嘴笑或是蹬着小腿表示对妈妈的欢迎。

不过，如果在女孩最需要妈妈的爱与关注，但却没有得到满足时，她就会变得哭闹不止、任性、叛逆，甚至去做一些不好的事情，以期望能够得到妈妈的关注。

看到女儿撒谎，妈妈很生气，一边打女儿的屁股一边说："以后再撒谎，我还打你屁股。"这时女儿就心想："妈妈不爱我了。"

第二天，妈妈生气地对女儿大叫大嚷："打过你多少次了，你这孩子怎么就不长记性，还是撒谎！"女儿心想："反正你现在不爱我了，不过没关系，至少我还能用撒谎来吸引你的注意力。"

第三天，妈妈显得很无奈，有些泄气地对女儿说："你为什么要去偷别人的东西？"女儿心想："我做这些都是为了吸引你的注意力啊！"

上例中的妈妈完全没必要上来就对女儿一顿打骂，这样是最伤害亲子感情的。妈妈的这种行为只会让女儿误解成妈妈根本不爱我、妈妈不理解我……一旦这些想法在她的小脑袋里"生根发芽"，她对妈妈就会产生一种抵触感，甚至变得越来越叛逆。

天下没有哪位妈妈不爱自己的孩子，但也有很多妈妈因为各种各样的原因对自己的女儿疏于照顾和关爱，以至于造成女孩母爱的缺失。殊不知，幼年时期的"母爱缺失"会随着女孩年龄的增长，造成越来越大的不良影响。

所以，妈妈应该时刻审视自己哪里做得不好、哪些方面需要改善，然后尽自己最大的努力给女儿一份完整的母爱。

妈妈的职责不要让旁人代替

现在，很多妈妈喜欢雇人照顾自己的女儿，而自己则把更多的时间放在工作以及其他事情上。殊不知，这种做法就是在推卸自己作为母亲的责任，是对女孩最大的伤害，也是造成家庭悲剧的根源。

有这样一位妈妈，她一直想要去国外旅游，可是因为怀孕，这件美好的事情就此搁置下来了。但她一直没有放弃自己的这个想法，再加上丈夫也很支持她，而且他们的经济条件也不错。所以，等女儿 1 岁生日刚过，他们就委托一位亲戚代为照顾孩子,自己出国旅游了。而这位亲戚平时工作也很忙，所以就请了一个保姆照顾小女孩。

这对夫妇在英国住了一年，又去美国住了一年，后来还去了非洲，他们的足迹几乎踏遍了全世界。他们旅游之前总对别人说，现在有了女儿，趁她还小的时候应该去外面多玩儿一下，否则等女儿长大后要教育她就没有时间长期旅游了。

但当他们从国外回来的时候，发生的事情让他们目瞪口呆。女儿根本就不认识他们，她把自己的爸爸妈妈看成陌生人，甚至拒绝他们靠近自己，一看到他们就快速地跑向一直照顾她的保姆。

最让女孩妈妈难以接受的是，他们本应该知书达理的女儿竟然满口粗话，整天在外边和一群捣蛋鬼玩儿，还常常欺负别的小朋友。每当妈妈想要教育女儿时，女儿总是振振有词地说："你是谁！你根本就没有管过我，我也没有妈妈，所以你现在也不要管我！"

小女孩这样的回答能怪谁呢？只能怪她的妈妈，因为在女儿最需要母爱的时候，她"抛弃"了她。虽然这种"抛弃"并不是真正意义上的不要她，但是缺失的母爱是很难补齐的。所以，妈妈的职责绝不能由旁人代替，一定要自己教育女儿。

用真诚的爱打动女儿的心

有一个女孩曾这样讲述自己的经历：

上小学三年级时，我就在日记本中写下这样一句话："我今生绝不原谅我的妈妈！因为她是个坏女人，她不配做我的妈妈，她曾在这个家最困难的时期抛弃了我们。"

我记得小时候爸爸突然下岗了，天生老实的爸爸整天被妈妈讽刺、挖苦，妈妈骂他窝囊、没出息，一辈子挣不了大钱。妈妈对我也是呼来喝去，没给过我一个好脸色。后来，她跟着一个有钱的男人跑了。

从此之后，我就像活在了永无止境的黑暗里，再也没有真心地笑过。自从妈妈走后，爸爸整个人仿佛更没有了生气，天天唉声叹气。我们家里没有钱，后来爸爸摆摊给别人修自行车，但我们的生活依然很拮据。

班里有些男同学听说我家的事情都嘲笑我，我一气之下就和他们打了起来，结果我不仅被打得受了伤，还挨了老师的一顿批评。这次事件之后，我就再也不和班里的同学来往了。

每次听到别人说我可怜，我就觉得自己更可怜，而这一切都是我的妈妈带给我的，我现在真的很恨她……

"恨"这个字怎么能出现在女儿和妈妈之间呢？这两个原本最该亲密无间的人为何变成了仇人呢？从事例中我们不难看出这一切都是因为妈妈没有真正"爱"自己的女儿。可见，只有真诚的爱才能打动女儿的心，那些认为只要给予女儿生命、养活女儿长大就算尽了母亲义务的人是最不负责任的母亲。所以，请妈妈真诚、真心地爱你的女儿吧！

从教育误区中走出来

现在，有很多妈妈认为，在女孩小时候可以抱抱她、亲亲她，等她长大一些就没必要做这些亲昵的举动了。其实不然，无论到什么时候，妈妈的爱抚和亲吻都会给女孩一种安全感和信任感，她渴望妈妈肢体的友好接触。所以，请你时不时地拍拍女儿的肩膀、握握她的手来表达你的爱吧！

专家课堂

德国教育家卡尔·威特认为，母亲对孩子的一生影响巨大，他针对“母爱缺失”这一问题的教育方法可简单归纳为以下几点：

1.特别关注法，即在特别的时刻，给予孩子特别的关注。

2.细节服务法，即在生活细节上帮助自己的孩子。

3.心灵抚慰法，即在孩子犯了错误、遭受尴尬和失败时，及时地给予安慰。

第11招

妈妈是镜子——女儿会“复制”妈妈的模样

法国著名的作家巴尔扎克说过：“决定未来的是孩子，决定孩子的是母亲，民族的未来掌握在母亲的手中。”的确如此，母亲不仅给予了孩子宝贵的生命，更对孩子的一生起着至关重要的作用。她就像一面镜子，能够“映照”出孩子所表现出来的一切。

田甜刚刚 8 岁，是一名小学二年级的学生。大家都说田甜随她妈，性格开朗、乐观，做事也比较细心。田甜妈妈听到大家这样夸赞女儿，总是很高兴地说：“当然了，我的女儿最像我了！”可田甜像妈妈的地方不是只有好的方面，不好的地方她也学，比如妈妈比较胆小，田甜就觉得自己也应该胆小；妈妈讨厌下厨做饭，田甜也认为厨房是令人讨厌的地方；有时妈妈喜欢在背后说别人的是非，她就学妈妈在背后讲同学的“坏话”……

有一天，田甜的妈妈被老师叫到了学校，原因是田甜说另一个同学的“坏话”正巧被那个同学听到了，结果两个人就打了起来。在办公室，老师当着田甜妈妈的面对田甜说：“田甜，在背后说同学的‘坏话’是一种很不好的行为，如果那个同学哪儿做得不好，你可以找老师解决。”听了老师的批评，田甜一脸不服气地说：“我又没说错。”这时，田甜妈妈有些生气地对女儿说：“田甜，你怎么能这样说话呢！”谁知田甜振振有词地说：“妈妈每次都是这样说的。昨天你在家说李阿姨粗鲁、讨厌……”此时，站在女儿身旁的田甜妈妈只剩下一脸的尴尬……

女孩在成长过程中，与她待在一起时间最长的人就是妈妈了，所以妈妈的言行举止就成了她模仿的对象。例如，她会偷偷地穿上妈妈的高跟鞋，涂上妈妈的化妆品，学着妈妈的样子说话……所以，妈妈要做好女儿的榜样，让女儿能从自己的身上学到更多有益于其人生的东西。

做一个不唠叨、不抱怨的好妈妈

女人爱唠叨——似乎世界上大部分的人都这么认为。的确，在日常生活中，很多妈妈总是喜欢扮演“说教者”的角色，以至于这种行为直接影响到与她们朝夕相伴的女孩。

场景一：女儿期中考试只考了60分，因此沮丧的她不想理任何人。而这时，妈妈一直说：“平时让你好好学习，你不听！现在考出这种成绩，你有什么可垂头丧气的！这都是你平时不努力的结果。”女儿不耐烦地说：“妈妈，你烦不烦啊！”

场景二：一大早，面对睡懒觉而起床晚的女儿，妈妈说：“早说让你睡早一些，你吃早饭没？不吃早饭可不行，吃了早饭再去学校。”急急忙忙的女儿拿起书包说：“我到学校吃。”妈妈马上接着说：“什么？去学校吃？学校做的饭哪有妈妈做的好吃，而且还不卫生，你还是吃了再走吧。我看时间还来得及……”

两个妈妈本意都是出于关爱女儿，但“唐僧式”的说教只会引起女孩的反感。久而久之，那些整天听妈妈唠叨、抱怨的女孩也会变得消极起来。所以，在实际生活中，妈妈应该首先提高自己对生活的满意度，改掉爱唠叨、爱抱怨的毛病，变得乐观、自信、积极起来。

做一个理性、坚强的好妈妈

事实上，每个人都希望自己与强者为伍。因为这会带给他们安全感，而且也会激发他们自身变得积极起来的欲望。所以，妈妈应该在女儿面前做一个理性、坚强、勇敢的好榜样，努力把柔弱、冲动的一面改正或隐藏起来，进而让女孩受其影响，也变成一个理性、坚强、勇敢、乐观和自信的人。

做一个品行高尚的好妈妈

如果一个妈妈在日常生活中有同情心和爱心、孝敬长辈，女孩就会最先受到感染，并且不自觉地模仿起妈妈的行为。

有这样一个意义深远的故事：

在一个小康家庭里，住着奶奶、爸爸、妈妈和女儿四口人。7岁的小女儿一直很好奇，为什么大家都在屋里睡觉，而奶奶只能睡在阳台上，而且平时妈妈也不准奶奶到客厅里坐？为什么过节的时候，大家都有新衣服穿，奶奶身上永远是那件蓝色的破衣服？为什么大家都在饭桌上吃饭，而奶奶只能坐在小板凳上，端着小碗吃饭？为什么妈妈把好吃的都留给自己，却把残羹冷炙留给奶奶？

有一次家里吃鱼，而奶奶只能吃鱼头和鱼尾，谁知小女孩突然做了一件惊人的事情——她把奶奶吃剩的鱼头和鱼刺收了起来。这时，妈妈诧异地问女儿："你收拾这些东西干什么？"女儿笑着说："我要留下，等妈妈老的时候拿给妈妈吃。"

妈妈是女儿学习和模仿的对象，如果你孝顺和关爱老人，那么你的女儿也会受你的高尚品行的影响，变成一个有孝心、有爱心的善良女孩。

专家课堂

英国教育专家伊丽莎白·哈特利-布鲁尔认为，很多妈妈希望在女儿的身上寻找自己，但妈妈要允许女儿与自己不同，具体做法是：

1.给女儿空间，让她做她自己。

2.不要和你的女儿竞争，更不要批评或嘲笑她。

3.对女儿喜欢的音乐、杂志、运动或服装要表示出自己的兴趣。

第12招

习惯、品德、爱情观——妈妈对女儿的影响

美国著名心理学家做过这样一项研究，他选取社会上几十名成功人士作为甲组，让其回忆妈妈的教育对他们的影响；同时他又选取监狱里相同人数的囚犯作为乙组，也让他们回忆妈妈的教育对他们的影响。巧合的是，甲、乙两组里竟有两个人有过类似的回忆，但他们的妈妈对各自的影响却大相径庭。

乙组的那名囚犯回忆说："小时候，妈妈拿着一篮子大小不同、青红不均的苹果对我们三兄弟说：'你们想要篮子里的哪一个苹果？'当时我心想，当然要又大又红的苹果啦，但我没来得及说，我弟弟就抢先对妈妈说：'妈妈，我要那个又大又红的苹果。'这时，妈妈突然板起脸，很生气地对弟弟说：'你真不懂得谦让，小孩子怎么能先要又大又红的。'于是，我从妈妈对弟弟的态度中得出一个结论：妈妈不喜欢你说又大又红。所以心中想着得到那个又大又红的苹果，嘴上却说：'妈妈，我要那个又小又青的苹果。'妈妈马上就说：'真是好孩子。'说完，妈妈就把篮子里那个又大又红的苹果给了我。从这件事中我就得出这样一个结论，要想得到自己想要的东西，不能说真话。因此我从小就学会了撒谎，长大以后还走上了犯罪之路。"

甲组的那名成功人士也是家有三兄弟，同样是某一天妈妈拿着一篮子苹果，对三兄弟说："你们看到了，这个篮子里有大小、青红不一样的苹果，可这个又大又红的苹果给谁呢？你们应该知道我们家后花园有三块草地，现在你们三兄弟去花园修剪草坪，最后谁修剪得又快又好，我就把这个又大又红的苹果给他。"最后是这名成功人士修剪得又快又好，自然他就得到了那个又大又红的苹果。从这件事中，他体会出一个道理：人要想得到自己想要的东

西，就一定要靠自己的努力和奋斗，而这种行为习惯和理念一直伴随着他走向成功之路。

我们从上面两个“妈妈分苹果”的故事中不难看出，一个孩子从小的家庭教育，尤其是妈妈的教育行为对他的影响有多大！事实上，一个女孩从小到大，只要她的妈妈伴随着她的成长历程，那么妈妈的一切，包括妈妈的形象、习惯、品德、做人的原则、爱情观、思想……都会在不知不觉中始终影响这个女孩。

例如，一个坚强的妈妈会教女孩在困难面前不胆小、怯懦；一个心胸宽阔的妈妈会让女孩学会展望美好未来；一个善良的妈妈会让女孩懂得悲天悯人；一个冷静、镇定的妈妈会让女孩学会坚忍不拔；一个有修养的妈妈会铸就女孩高雅的气质；一个有文化内涵的妈妈会让女孩学会深刻思考……那么，面对自己对女儿习惯、品德、爱情观方面的影响，妈妈应如何更科学、更有效地进行“育女计划”呢？

为女孩创造有节奏、有条理的生活

一位妈妈曾在博客中这样写道：

一直以来，我都知道作为一个妈妈对自己的女儿有着怎样重要的影响。没生孩子前，我是一个很懒惰的女人；生了女儿之后，全家人都觉得我变了，竟然爱打扫卫生，变成了“家务女王”。我不但把家里收拾得很洁净，而且还及时督促家里每个成员的个人卫生，我希望这样的好习惯一直伴随着女儿的成长。

最近，我新换了一份工作，突然忙了起来，连带着身体也有些不舒服，有时就懒得打扫家务了。不过，我的生活方式已经深深影响了女儿，所以每当我感到疲劳的时候，就会对女儿说：“妈妈有些累了，你能帮妈妈打扫一下卫生吗？”女儿每次都欣然答应，并开始认真地打扫。当她完成打扫后，我都会适时地表扬她：“我的女儿真是了不起，把我们家打理得这么干净整洁，真是看着都开心，住着就更舒心了，呵呵！”

行为学家曾做过一项针对女孩的生活出现脏乱差及没有条理性等问题的

调查。其中一项结论是：在众多的原因中，来自妈妈的不良榜样作用占4/5。由此可见，妈妈对女孩的习惯影响是巨大的。所以，妈妈要想培养女儿良好的生活习惯，就要以身作则，先培养自己的良好习惯，真正为女孩创造一种有节奏、有条理的生活。

妈妈要做到表里如一、举止文明

妈妈不要以为只有自己同女儿谈话、教导女儿的时候才是在教育孩子。其实在你生活的每一瞬间，比如你怎样与别人说话、怎样对待他人、怎样穿衣打扮、怎样为人处世……所有这一切，对女孩都有很大的教育意义。

所以，作为妈妈，我们有责任更有义务成为一个思想高尚的人，不但要做到表里如一，更要培养自己健康的情趣和文化修养，并利用自己的良好行为去影响自己的女儿。如果你是一个善良、有爱心、有同情心、品德高尚的人，那么在你长期的影响下，你的女儿也必将成为一个品德高尚的人。

一起和女孩讨论“爱是什么”

爱情是女孩很难逃避的话题。但是在现实生活中，女孩很容易对爱情产生极度悲观或玩世不恭的想法。女孩的爱情观如何，很大程度上取决于她对自身家庭和周围家庭的观察。所以，妈妈应及时和女孩讨论“爱是什么”，让懵懂期的她们树立正确的爱情观。

有一位妈妈在这方面就做得非常好。

3年前，女儿正上高二，我和她爸爸离婚了。我知道这对她来说是一个严重的打击，因为之前我们的家庭一直很幸福，常常充满欢声笑语，女儿也经常向朋友炫耀自己是如何幸福。可是现在，离婚事件令她惶恐和伤感，甚至令她怀疑之前的家庭幸福只是虚伪和欺骗的假象。于是，我在女儿情绪稍微稳定一些后，和她进行了一次坦诚的对话。

女儿红着眼眶问我：“妈妈，你和爸爸的感情怎么说变就变，你们不是很相爱吗？”我轻轻抱了女儿一下，说：“女儿，不要怀疑我和你爸爸的感情，我们以前确实彼此相爱，而且有很美好的回忆。或许现在我们之间没有了爱情，但我仍然感激你的爸爸，他给了我最美好的感觉，还有一个幸福的家，一个可爱的女儿……”

就这样，我和女儿一直讨论着我和她父亲之间的感情，以及我们不继续在一起的原因，等等。经过一番深入的谈话，虽然女儿还是难以接受，但我感觉她已经在试着理解我们了。

专家课堂

德国教育家卡尔·威特在教育儿子的过程中指出：很多母亲只顾关心孩子的健康而忽略孩子品德的形成和智力的发展，这是十分错误的，并且是一种不负责任的行为。他指出：

1.为了拥有一个从小就很勇敢的孩子，母亲要变得更加坚强。

2.怀孕期间，纵使有再难过的事情，也应让自己快速从痛苦中解脱出来。

3.为了使孩子成为爱美、爱正义、爱真理的人，母亲需要用勇敢、乐观、坚强的精神影响孩子，并且给予孩子爱与智慧。

第13招

尊重、理解、宽容——培养卓越女孩的秘诀

田田上小学四年级，和妈妈的关系很不好，母女俩常常发生争吵。有一次，田田和妈妈去理发店理发，田田看中了一款发型，但妈妈坚决不同意：“这个发型不适合你，只有成年女孩才理这样的发型。”妈妈为田田选择了另一款发型，但田田又坚决不同意：“我才不理成这样，难看死了！”母女俩僵持不下，最后田田哼了一声说：“你喜欢你自己理吧，我不理了！”砰的一声摔门走了，只留下气得发抖的妈妈站在原地发呆。

很多妈妈都发现，和小女孩沟通、相处确实不是一件容易的事。打骂不行，冷漠不行，批评严重了也不行，甚至对她们百依百顺都不行……有些妈妈竭尽全力和女儿搞好关系，到头来却仍然得不到女儿的认同。

那么，女孩心目中最理想的妈妈是什么样的呢？某家报刊曾经做过一次调查，结果发现，几乎80%的女孩把票投给了以下几个选项：

· 尊重我，让我平等地参与家庭生活；

· 理解我，做我的知心朋友；

· 宽容我，允许我犯错误；

· 赞赏我，在我取得成绩的时候对我提出表扬；

· 信任我，不做我的监工；

· 说话算数，不轻诺寡言。

从上面这几条要求来看，女孩非常渴望得到妈妈的呵护和关爱，但她们同时又希望妈妈把她们当作独立的个体来看待，给她们一定的自由和空间。其实，我们只要稍加用心，对女儿多些关爱和理解，这些要求还是很容易达到的。

尊重、理解、宽容能够让妈妈和女儿的关系迅速升温。但是，怎样做才是尊重、理解和宽容女儿呢？

尊重女儿，不把自己的想法和意愿强加给女儿

一位妈妈在谈到自己的育女经验时，这样写道：

在前几年，女儿和我的关系很冷淡。尽管我竭尽全力想和女儿搞好关系，但是女儿却总是对我敬而远之。后来，我终于找到了女儿不愿意接近我的原因：我常常把自己的意愿强加给女儿。例如做游戏时，我常常会告诉她：“这样做，别那样做！”做其他的事也是如此。女儿的年龄虽小，但是她也有自己的想法，由于她的想法在我这里总是得不到实现，她自然就对我敬而远之了。找出这个原因后，我不再做女儿的“指挥长”，而是尊重女儿的想法和意愿。如果觉得女儿的做法行不通，我也不会生硬地阻止她，而是给她提出合理的建议：“妈妈觉得这样做不合适，倒不如……”女儿一般还是很听话的，

会采纳我的建议。

可见，和女孩交流，最重要的还是尊重，一定要尊重女孩的想法和意愿。妈妈不能把自己的意愿和想法强加给女孩，否则很难取得应有的教育效果。

用理解跨越和女儿之间的“代沟”

在网络上流传着这样一则小笑话：

一个小女孩问妈妈：“妈妈，你知道《菊花台》（周杰伦的歌曲）吗？”妈妈摇了摇头，说：“没喝过，不知道什么味道。”

这虽然是一则小笑话，却生动地描绘了妈妈和女儿之间的“代沟”。很多妈妈竭尽全力地想和女儿搞好关系，却不能得到女儿的认同，就是因为她们和女儿之间存在着“代沟”。她们都抱怨，自己根本不能和女儿说到一起。自己喜欢的东西女儿根本没有兴趣，而女儿有兴趣的东西自己又不了解。虽然相差二十几岁，但是妈妈和女儿之间的“代沟”并非鸿沟，很多妈妈都轻易地跨越过去了，这其中最重要的就是要理解女孩，多站在女孩的角度上去思考问题。

下面是一位妈妈的育女经验：

我和女儿有着不同的兴趣和爱好。我喜欢听京剧，而女儿喜欢听周杰伦和南拳妈妈的歌；我喜欢读书看报，而女儿喜欢唱歌跳舞。总之，我们的兴趣和爱好完全不同，连一点儿交集都没有。开始的时候，我拼命地把自己的兴趣、爱好“推销”给女儿，但是不仅没有取得成功，还被女儿嘲笑为“跟不上时代”。从那以后，我开始向女儿学习，和她一起听周杰伦的歌，一起唱歌跳舞。渐渐地，我们谈论的话题多起来，关系也更加亲密。尤其让我高兴的是，我们成为知心朋友后，女儿也开始向我学习了。前些天，她还主动和我学习唱京剧呢。

很多妈妈总想说服女儿，把自己的兴趣、爱好以及行为方式全盘“推销”给她们。这样做是不对的，我们不能让女儿适应自己，而是应该主动去适应她们。只有这样，才能得到女儿的认可，和女儿的关系也会更加亲密。

换位思考给女儿上“宽容”课

艾凌和老公刚刚搬了新家，看着刚刚装修好的房子，两个人心里都很高兴。有一个周末，艾凌出去办事，她的老公在书房看书，女儿在客厅玩耍。等艾凌办完事回来，发现原本洁白的墙壁上被女儿涂得乱七八糟。

女儿却不知道自己犯了错误，兴冲冲地扑到艾凌的怀里，有些得意地说：“妈妈，你看我画得好看不好看？”

艾凌的老公从书房走出来，看到被女儿弄脏的墙壁，他刚想开口骂女儿，却被艾凌用眼神阻止了。艾凌抚摸着女儿的头，亲切地说：“宝贝画得真好看。不过，如果你白嫩的小脸上被人写上字、画上画，你还会高兴吗？”

女儿想了一会儿，点了点头说：“如果我脸上被人写上字、画上画，我一定会很难过的。爸爸妈妈，我以后再也不在墙上乱画了。”

事后，艾凌对老公说：“女儿还是个四五岁的孩子，她只知道在墙上写字画画好玩儿，还不知道把新装修的墙壁弄脏会多么让人心疼。所以，你朝她发火只会让她觉得害怕，解决不了什么问题。还不如给她讲些道理，让她以后别再犯同样的错误。”

那些经常埋怨女孩的妈妈或许应该向这位妈妈学习。很多时候，我们都会抓住女孩的错误不放，轻则说教批评，重则嘲讽打骂。其实对女孩来讲，有些错误并不能完全归咎于她们，女孩这个年龄段的特点决定了她们常常会犯下这样的错误，这是很正常的。所以，妈妈要学会站在女孩的角度上思考问题，理解并宽容自己的孩子。

专家课堂

父母与女儿建立良好的亲子关系关键有哪些呢？“知心姐姐”卢勤给父母的建议是：

1.不做“法官”，要做“律师”。父母应该以宽容的心对待女儿，了解她的心理需求，给她“申辩”的机会，呵护她的自尊。

2.不做“裁判”，要做“啦啦队”。父母应像女儿人生中的啦啦队队员一样，引导女儿正确面对失败，做女儿挫折时的盟友。

3.不做“驯兽师”，要做“镜子”。父母要帮助女儿提高自我意识，这样才能让女儿不害怕父母的权威，进而学会和父母沟通。

第14招

呵护而不娇惯——别让“爱心”成为“坏心”

生活中，很多妈妈把自己的宝贝女儿视为掌上明珠，不仅舍不得让女儿干任何家务，女儿的各种要求也是尽力去满足。她们认为这样做是在“爱”女儿，殊不知，这是在“惯”女儿，最终并不利于女儿的成长和发展。

场景一：7岁的娜娜是家里的独生女，平时妈妈把她视为掌上明珠，什么事都由着她；结果娜娜越来越骄纵、越来越难管了。饭菜不可口了，她会责怪妈妈的厨艺不行；有什么事不顺心，她会和爸爸妈妈大吵大闹；和小朋友在一起玩儿，她也总是以自己为中心，结果谁也不和她一起玩儿了。有一次，爸爸妈妈带她去超市买东西，她看上了一个价格200元的毛毛熊，由于妈妈不给她买，她竟然在超市打起滚儿来，惹得大家都过来看热闹。

场景二：琳琳已经12岁了，但爸爸妈妈仍然认为她是小孩子，什么事也不让她做，甚至连她的屋子、书包都由妈妈来收拾。她上初中后改为住校生，由于没有生活能力，她常常给妈妈打电话，让妈妈来替她洗衣服、铺床、打扫宿舍卫生，有时候她还会哭着向妈妈提出休学的要求。

从上面两个事例可以看出，对女儿太娇惯很可能把她们培养成骄纵任性或没有生活能力的人，对她们以后的成长和发展都是十分不利的。其实，爱护和娇惯完全不是一个概念，爱护是关心、疼爱女儿的意思，但并不是说什么事情都由着女儿。所以，妈妈千万不要把两者混为一谈，否则可能会影响女儿今后的发展。

要想让女儿成长为一个优秀的女孩，妈妈首先要做的就是在思想上有所转变，要明白让女孩多劳动、多动手对她们的发展是有好处的，如果对她们过于娇惯，反而是在害她们。

舍得让女儿帮自己干活儿

苗苗的妈妈是做餐饮生意的，每到暑假或者寒假，她都会要求上中学的女儿来帮忙。每次来帮忙，女儿洗菜、洗碗、给客人端饭上菜，就像个小大人一样。有些朋友认为苗苗的妈妈太“残忍”了：“你家女儿好不容易放个假，你不让她歇一歇，怎么能让她老干活儿呢？再说你家又不是缺钱，找个小工不就行了嘛。”苗苗的妈妈笑着解释说：“我让女儿帮忙不是为了省钱，而是为了培养她的独立性以及生活能力。”

很多妈妈宁愿自己受苦受累，也舍不得让女儿帮自己干家务。其实，这是一种错误的想法，让女儿多动手，可以培养她们的独立性以及生活能力，这对她们今后的发展是十分有益的。

让女儿学会吃苦

14岁的惠华是一个吃苦耐劳的小姑娘。每到周末，她就会帮妈妈擦地、洗碗、收拾房间，什么家务都干。和妈妈外出旅游的时候，她独自背着自己鼓鼓的旅行包，绝不让妈妈帮忙。惠华能做到这些，和妈妈的培养是分不开的，她的妈妈从小就让她分担一些家务，并且鼓励她自己的事情自己做。她认为，如果女孩在小时候不能吃苦，长大后也很难获得成功。

现在很多女孩变得娇气，就是因为她们的妈妈舍不得让女儿吃苦，把她们的事情都包办了。她们竭尽全力为女儿提供一个优越的学习生活环境，希望将来女儿能够有出息，一辈子都不用受苦受累。妈妈的愿望是好的，却是违背生长规律的。因为女孩不吃苦，就剥夺了女孩锻炼、提高的机会，也无法培养女孩面对逆境、面对挫折的意志和毅力。俄国著名作家屠格涅夫说过：“要想成为幸福的人，首先就要学会吃苦。”我们现在让女儿学会吃苦，其实是为了她以后的幸福着想。

不要对女儿百依百顺

有些妈妈非常宠爱女儿，满足女儿的所有要求。还有些妈妈拗不过女儿的吵闹，最终也只得接受女儿的要求。其实这样做是错误的。美国心理学家研究认为，对于女儿提出的物质要求，只要满足其中的1/4就可以了，如果过多地满足女儿的要求，则是在溺爱孩子，最终会让孩子变成骄纵的“小霸王”或者“小公主”。

也许有妈妈会问：“不答应女儿的要求，女儿又吵又闹怎么办？”其实，并不是每个女孩都是刁蛮、任性的，你可以给她好好解释一番，她一般会听取你的建议的。如果实在不行，还可以采用下面的方法。

9岁的女儿在超市里看中了一双鞋子，让妈妈买给自己。妈妈没有答应女儿的要求，女儿便又哭又闹地撒起娇来。妈妈拍了拍女儿的肩膀说：“你先别哭，妈妈可以答应你的要求，不过你要通过自己的劳动来换取这双鞋子。”女儿马上不哭了，问妈妈：“我怎样通过自己的劳动来换取这双鞋子呢？”妈妈说：“你每天晚上帮我刷碗，我每次给你3元钱，20天后你就可以买这双鞋子了，而且这双鞋子是你用劳动换来的，不是花的爸爸妈妈的钱。”女儿想了一下，非常欣喜地听取了妈妈的建议。

上面这种方法既可以让女儿在要求没有得到满足时停止哭闹，还可以培养女儿爱劳动的好习惯，值得尝试。但是这种方法只能偶尔为之，如果用得太多，可能会让女儿变得非常功利。

专家课堂

父母应该如何正确、合理地管教女儿呢？李子勋老师给出的建议是：

1.父母要以爱为出发点，让女儿了解，即使惩罚她，也是爱她的。

2.态度温和地给女儿制定明确的规范，并切实执行。

3.女儿做错事，要立即纠正，如果事过境迁再来翻旧账，教育的效果就会大打折扣。

第15招

种庄稼需要好土壤——营造良好的家庭氛围

家庭对于孩子的影响是非常大的。美国一位心理学家曾经精辟生动地阐述了家庭教育环境和孩子成长之间的关系：

在批评中长大的孩子，将来会责难他人；在敌意中长大的孩子，将来喜欢吵架；在嘲笑中长大的孩子，将来会个性羞怯；在猜忌中长大的孩子，将来容易心生忌妒；在羞耻中长大的孩子，将来会自觉有罪；在恐惧中长大的孩子，将来常常心生忧虑；在鼓励中长大的孩子，将来会深具自信；在称赞中长大的孩子，将来会懂得感恩；在宽容中长大的孩子，将来会懂得忍耐；在分享中长大的孩子，将来会慷慨大方；在信赖中长大的孩子，将来会信任他人；在公正中长大的孩子，将来会极富正义。

对于更依赖家庭、依赖妈妈的女孩来说，家庭氛围对她们的影响是巨大的。如果妈妈不能为自己的女儿营造一种快乐和睦、温馨甜蜜的家庭氛围，就会让女儿的心灵受到伤害。

场景一：思嘉是一个非常可爱的小姑娘，学习成绩一直很好。可是近些天来，她常常上课走神，从她那忧郁的眼神中可以看出，她心里非常难过。有一天放学，她突然怯生生地跑到老师面前："老师，我不想回家。这些天，我爸爸妈妈总是吵架……"

场景二：小薇的爸爸妈妈都是高级知识分子。按理说，出生在这样的家庭应该让同学羡慕才对，但小薇却常常羡慕其他的同学。每天晚上，她只能一个人看电视、听歌，因为爸爸妈妈都在看书。渐渐地，她形成了内向、羞怯的性格，她心里常常想：爸爸妈妈什么时候才有时间陪我啊？

从上面两个事例我们可以看出，家庭环境与女孩的性格、情绪、学习成绩、幸福感等都有很大的关系。为了女孩的健康成长，妈妈一定要努力为女儿营造一个理想的家庭氛围。那么，在女孩心目中，最想要的是什么样的家庭氛围呢？一家报刊曾经做过一次调查，总结出以下几点：

1. 相互尊敬：家庭成员之间地位是平等的，每个人都有自己的生活空间，并且受到对方的尊重。

2. 崇尚互爱：每个家庭成员都信任、珍爱对方，最大限度地让这个家变得和睦、友爱、温馨、甜蜜。

3. 喜悦共享：无论是喜悦还是哀伤，每个家庭成员都愿意并且乐意与家人一同分享。让快乐升级，忧伤迅速地消失不见。

4. 相互沟通：每天大家都有一定的时间在一起聊天、闲谈。

对于情感需求非常强烈的女孩来说，妈妈更应该为她们营造一个良好的家庭环境。那么，如何才能营造一个良好的家庭环境呢？

为女儿营造一个健康型的家庭氛围

小敏的妈妈十分喜欢美容，不仅每天都跑美容院，在家的时间也总是补妆、照镜子。结果小敏深受妈妈的影响，小小年纪就描眉、搽粉、抹口红，把自己打扮得很不符合她的年龄。

从上面的事例可以看出，小敏的妈妈由于过度专注于美容，对女儿产生了不好的影响。此外，有的家庭中存在着一些不良的行为和嗜好，例如赌博、酗酒等。这些不良行为会严重污染女孩的心灵，对女孩产生很大的消极影响。作为妈妈，我们一定要引以为戒，并努力提高自己的道德修养，把尊敬长辈、懂礼貌等美德发扬光大。这样，我们才能为女儿营造一个健康的家庭氛围，为女儿的健康成长打下良好的基础。

为女儿营造一个学习型的家庭氛围

夏青 14 岁了，爸爸妈妈都在大学任教。当夏青上小学后，爸爸妈妈就专门给她开辟了一间书房，以便她安心学习，不受其他人打扰。每到周末，爸爸妈妈都会带她去图书城买书，有时候还会参观画展和听音乐会。在父母的影响和带动下,小夏青不仅多才多艺,在她12岁那年还出版了自己的诗集。

为女儿营造学习型家庭氛围主要包括“硬件”和“软件”两个方面。“硬件”是指为女儿学习上的经济投入，如购买图书、学习资料等（有条件的家庭还可以为女儿开辟一个书房）；“软件”是指营造浓厚的学习氛围。学习不仅是孩子的事，妈妈的榜样作用对孩子的影响也非常大。所以，妈妈应该为女儿起到一个良好的带头作用，平时也要多看看书、充充电。

为女儿营造一个和谐型的家庭氛围

对于放学，小叶和小萱的感觉是完全不一样的。小叶心中是欢喜的，因为回到家可以和爸爸妈妈一起聊天、一起游戏，还可以手牵着手到小区的公园里玩耍。小萱却有一种恐惧感，因为她的爸爸妈妈总是吵架。放学后，她会在街头漫无目的地走啊走，希望太阳永远不要落下去。

尹建莉在《好妈妈胜过好老师》中有这样一句话：“幸福的家就是五星级宾馆。”确实，在夫妻恩爱、温馨和睦的家庭里，孩子会过得幸福快乐，而且能够得到全方位的教育。而那些夫妻不和、缺少关爱的家庭，常常会产生“问题”孩子。尤其是对那些渴望妈妈关心爱护的女孩来说，如果她们无法感受到亲情的温暖，就可能会用早恋、离家出走等消极的方式进行对抗。所以，我们一定要为女孩营造一个和谐的家庭氛围，让女孩快乐健康地成长。

专家课堂

“知心姐姐”卢勤说过：“家庭，不仅是成年人歇息的港湾，可以放松地表现出真实的自我，而且也是孩子的港湾。”因此，她认为父母给孩子提供一个温馨的港湾，应该做到以下这些：

1.父母永远不能对孩子说：“你给我滚出去！”

2.一定要让孩子具备自我保护能力。

3.父母要关心孩子在看什么、做什么，以便防微杜渐。

大人的事，小孩子别管！
你有本事的话到外面逞强，凶女儿做什么？
爸爸妈妈，你们别吵了。
对不起，好女儿，爸爸妈妈没吵架，我们在讨论一个问题，说话声音太大了。
嗯，我们等会儿再商量这个问题，你回屋写作业吧。
爸爸妈妈，你们别吵了。

第16招

与女孩做朋友——分享女儿的喜怒哀乐

人们常说："与他人分享快乐，你的快乐就会加倍；与他人分享痛苦，你的痛苦就会减半。"事实的确如此，相信很多妈妈对此也有深刻体会。每当自己有喜怒哀乐的时候，总希望有个人可以和自己一起分享，而且那个人往往是你最信赖、最愿意与其沟通的人。孩子亦是如此。

曾经有一家旅行车公司出过这样一道有奖问答题目："从北京到纽约怎么去才好玩儿？"参与答题的人数众多，书信和邮件犹如雪片一般地飞来。来自全国各地、各个行业的答题者更是数不胜数，其中有教授、厨师、白领、大学生、司机、家庭主妇等，答案更是无所不包、无奇不有。但出人意料的是胜出者竟然是一名小学生，她的答案很简单："跟好朋友一起去最好玩儿。"

生活中，女孩需要有个人来分享她的喜怒哀乐，而她最希望那个值得信赖的人是自己的妈妈。一般来说，妈妈在与女儿"分享、交流"的平台上常常扮演着三种角色：一是倾听者，这可以帮助你获得更多信息，成为女儿的亲密朋友；二是指导者，妈妈需要随时随地调整、引导、提醒，以便对女儿施与正面影响；三是帮助者，妈妈应帮助女儿发现问题，解决问题，使其顺利成长。所以，妈妈应努力学会与自己的女儿成为好朋友，同她一起分享成长中的喜怒哀乐。

丰富交流方式，让孩子自愿说出心里话

日常生活中我们时常听到妈妈这样对女儿说："你还想要什么？""吃饱了吗？""作业写完了吗？"其实，这些简单的询问并不能让女孩打开自己的心灵之门。因此，妈妈在与女儿交流时，应该尝试更为引导性、开放性、主动性的交流方式，让女儿自愿说出心里话。

例如，你可以问她：“今天学校里有没有发生什么有趣的事情呢？”“后来你朋友的事情怎么样了？”“妈妈想听听你对这件事情的看法。”像这样引导式的提问才会让女孩把自己的所思所想都讲述给妈妈听，也只有这样你才能进一步了解女儿对她所经历事情的真切感受。

妈妈要多和女儿在一起

有一位妈妈在写给女儿的信中这样说道：

女儿，妈妈首先要请求你的原谅。自从你上学、妈妈又工作后，和你待在一起的时间就越来越少了。原本我以为你上学之后就是个大女孩了，很多事情都能自己解决，在学校也能找到好朋友，会有人和你分享喜怒哀乐。但直到昨天，你生气地对我说：“你这个和陌生人一样的妈妈我不想要。我每天高兴什么、不高兴什么，你都知道吗？”你这样说妈妈完全可以理解，所以妈妈决定以后会抽出更多的时间和你在一起，同时我也希望你能把我当成朋友，我相信用妈妈这颗爱你的心一定能够弥合我们之前的裂痕。

现在，很多妈妈都以“我很忙”“没时间”等借口来缩减与女儿相处、沟通的时间。很多时候，不是女儿不愿意和妈妈分享她的喜怒哀乐，而是妈妈不是拒绝就是敷衍，彼此间根本无法真诚沟通。

所以，妈妈应该多和女儿在一起，用心去了解和体会女儿成长过程中的酸甜苦辣，和她一同面对成长的烦恼。

专家课堂

卡尔·威特认为，孩子没有小伙伴也不会失去童趣，最重要的是父母如何和孩子成为朋友，他的教子经验是这样的：

1.父母应该积极参与孩子的角色游戏，有意识地让孩子当“爸爸”，体验一下做父母的滋味。

2.父母在和孩子玩耍的时候，一定要仔细去观察，尽量了解孩子的内心世界，同时注意孩子的适应能力和反应速度，看他适合玩儿什么样的游戏。

3.为了避免孩子感到孤独、厌烦、不安，如果条件允许父母可以把孩子带到自己做事的地方去，让孩子在那里玩儿。

第17招

性别教育缺不了——单亲妈妈如何培育女儿

人们常说：“幸福的家庭都是相似的，不幸的家庭却各有各的不幸。”近年来，随着离婚率的不断上升，单亲家庭的数量也在不断增加，而单亲现象也已引起社会学家、婚姻学家以及心理学家的广泛关注。

一个家庭中，无论爸爸和妈妈是因为什么原因而分开的，最受伤害的无疑是孩子。对此，青少年心理专家分析，单亲家庭的孩子最为突出的情绪表现是：被拒绝感、愤怒、缺乏安全感、不健全的自尊、退缩、悲观、孤独、冷漠……

或许这些“特殊”的感受经过单亲妈妈的引导能够得到改善，但单亲家庭孩子的性别教育如果得不到重视，就会对孩子以后的人生造成很多不利的影响。

小雯是独生子女，在她3岁的时候，父母因为感情不和离婚了。妈妈因为怕她受到伤害，所以一直也没再婚。由于缺少爸爸的关爱，妈妈怕她以后会被别人欺负，所以就一直把她当男孩打扮，也一直把她当儿子养，使得小雯出现了性心理倒错，对男孩的性别产生了莫名的崇拜。一天，妈妈听到小雯和其他小朋友在院子里争吵时大喊着：“我是男孩，不是女孩！”

的确，单亲家庭很容易出现这种状况，因为这类家庭的父母在教养女孩方面很容易走两个极端：要么过度溺爱、极端保护，结果教养出太过女性化、敏感脆弱、依赖性强的小公主；要么干脆教养出一个女性化不足、自主意识过强的假小子。

可见，单亲家庭应更重视对女孩的性别教育。那么，单亲妈妈应该采取哪些行之有效的方法来教育自己的女儿呢？

鼓励女孩发挥“性别”优势，并向异性学习

众所周知，女孩在语言、书写和记忆方面的能力比男孩要强，而在逻辑推理、数理化、机械操作等方面则相对较弱。如果单亲家庭的妈妈没有注意女孩身上的这种性别优势和劣势，而只是一味按照自己的喜好让女孩学这学那，那么很可能影响她的学习成绩，进而怀疑自己的能力。

所以，单亲家庭的妈妈千万不要抱着“女孩这个学不好、那个学不好”的观念和想法，而是应该鼓励女孩发挥自己的性别优势，同时向异性学习，进而不断完善自己。

单亲妈妈切忌把女儿当儿子养

单亲家庭的妈妈或许是因为在感情上对女儿有所依赖，所以常常把女儿当儿子养，有意无意之中把更多的压力放在了年幼的孩子身上。

有一位妈妈就曾犯下了这样的错误：

3年前，我和丈夫因感情不和离婚了，随后他去了国外定居，只剩下我和7岁的女儿相依为命。所以，我把一切的希望都放在了女儿的身上，希望她能像个男孩子那样成为这个破碎家庭的“顶梁柱”。而婚姻的失败也让我认清男人是靠不住的。所以从那之后，我开始有意锻炼女儿，希望她坚强、勇敢，像个男孩子那样敢做敢说，并要求她什么事情都能妥善处理，就算被人欺负或者不小心摔伤了，也要忍住不准哭。

现在女儿已经10岁了，她的确如我所想像个“顶梁柱”一样帮了我很多忙，但是我却发现她和小时候不一样了，她脸上的笑容越来越少，而且性格变得很倔强，没有好朋友，也很少和其他同学一起参加活动。难道一直以来我的想法、做法都是错的吗？

其实，女孩和男孩无论是在性格、习惯还是在心理方面都存在很大差异，如果妈妈硬要女孩按照自己的意愿去做不适合她的事情，那么就会抹杀

她的潜能和天性。所以，单亲家庭要想培养出身心健康的女孩，就要学会尊重女孩的性别，不要把她当男孩养，这样才能让女孩真正发挥出自己的潜能，展现她作为女孩的出色才华。

单亲妈妈要承认和赞赏女儿的性别

“你是女孩！”这应该是单亲妈妈对女孩说的最重要的一句话，也是对其进行性别教育必须说的一句话。因为只有你首先承认了女儿的性别，才能让她认识到自己是女性，那么之后的性别教育才能顺利进行。

其实，性别认同是女孩自我认知的重要部分，这会使她对同性的性别特征抱有好感，并希望拥有这些性别特征。例如，单亲妈妈可以借一起洗澡的机会，告诉女儿关于性别的知识，让女儿通过学习逐步形成自我的性别特质。

另外，单亲家庭的妈妈还应对女孩的性别表示赞赏，如：“你是女孩真是太好了，妈妈很喜欢！”“女孩子说话温柔、仪态大方，真讨人喜欢！”等。如果妈妈这样对自己的女儿表达对其性别的欣赏和喜悦之情，那么女孩也会更加认同和欣赏自己的性别。

专家课堂

父母离婚后，孩子很容易变得孤僻，对于如何解决这个问题，王金战老师给出的建议是：

1.不要在孩子面前否定对方。

2.帮助孩子树立信心，让他认识到离婚只是父母不在一起生活了，但对他的爱没变，让孩子不必因此而觉得自己不够好。

3.帮助孩子建立良好的人际关系，包括鼓励孩子交友，为孩子创造交友环境和条件，为孩子提供交友建议和指导等。

妈妈，您看那件红裙子多好看呀！
女儿，妈妈喜欢你穿运动裤，穿裙子显得不够利索。
妈妈，您看那件红裙子多好看呀！
的确很漂亮，很适合我们家小公主。走，妈妈带你去试穿一下。

第18招

树立合力教育意识——父母配合，齐心教育

实际生活中，我们常常会听到女孩这样评价自己的爸爸妈妈：

“我更喜欢妈妈，因为她总是那么温柔、亲切，那么细心地照顾我！”

“爸爸是我学习的榜样，因为他懂得好多我不知道的知识，而且他还很幽默，我觉得他是一个比超人还伟大的‘万能人’！”

“爸爸每天工作都很忙，总是很晚才回家，妈妈又整天忙家务，他们都没时间陪我玩儿，我觉得自己很孤独，有一种被抛弃的感觉！”

……

在家庭教育中，母亲的教育和父亲的教育两者缺一不可，倘若两者能够密切配合，那必将给女孩带来更多益处，反之，则不利于对女孩的教育。

8岁的悦悦最近突然对奶奶养的一只小猫产生了兴趣。不知道她从哪儿学来的那些恶作剧手段，竟然把小猫当成了“杂技演员”。爸爸很生气地说：“你这孩子怎么能这样做，猫都快被玩儿死了！”但悦悦不但不听，反而撒泼说：“我就要玩儿！”于是生气的爸爸猛然给了女儿一巴掌。可想而知，这一巴掌把妈妈的心打疼了，她赶紧走过来把大哭的女儿抱在怀里，怒气冲冲地对爸爸说：“你是怎么当爸爸的？为了一只猫就打孩子！”爸爸也不示弱：“我怎么当爸的？你又是怎么当妈的？孩子这么小就没有一点儿爱心，都是你这当妈的惯的！”就这样，俩人你一言我一语地争吵了起来……

上例中悦悦爸爸的出发点虽然是好的，但是却用错了教育方式，打骂和斥责并不能有效地让女儿改正错误；妈妈过度溺爱的教育方式也不对，这只会助长女儿的“气焰”，让她无法真正认识到自己的问题。那么，在实际家庭教育的过程中，妈妈应该怎样配合爸爸，才能教育出一个更加健康、优秀

的女孩呢？

爸爸妈妈切忌教育“脸谱化”

吃饭的时间到了，小洁却还在客厅里又玩儿又闹，不好好吃东西。妈妈要管，爸爸却说：“你就随着她吧。小孩子，饿了自然就会吃的。”结果，饭后妈妈好不容易把一切收拾干净，一扭身却见女儿用一双脏手在厨房的菜盘子里抓着菜吃。妈妈当然不能允许这种情况发生，正打算去制止女儿，但在一旁的爸爸却说：“饭还没有凉，让她去吃好了。”于是，小洁一直认为爸爸才是自己的救星，而妈妈居然不让自己吃饭，真不是一个好妈妈！所以，从那之后，每当小洁做了不应该的事情都要向爸爸求救，只要她一用乞求的眼神望着爸爸，爸爸就会为她解围，妈妈却一点儿办法也没有。渐渐地，妈妈在家里反倒没了地位，小洁也不再把妈妈放在眼里了。

像这样一个“红脸”一个“白脸”的“脸谱化”教育现象，在中国家庭中非常普遍。这种表面上看似一严一宽、一硬一软的夫妻配合教育，其实对女孩的品德教育极为不利。

因此，父母在教育女儿的过程中，一定要边做边学，统一认识，通力合作，切忌在孩子的面前扮演不同的“脸谱”。

别当着女儿的面争吵

一位妈妈这样讲述自己的育女经验：

我是一名音乐老师，同时也是一个女孩的母亲。我的女儿慧慧从小就表现出很强的音乐天分，所以我希望能把她培养成一名音乐天才，并准备利用周末的时间教女儿学钢琴。但孩子的爸爸知道我的想法后，非常反对。他语气坚决地说：“小孩子身体好才行，学音乐不如多运动。”我们彼此都不让步，于是大声争吵了起来，结果把正在睡觉的女儿吵醒了。她迷迷糊糊地走进我们的房间，问：“你们在吵什么？”

这时，我马上意识到不能在孩子面前争吵，所以率先冷静下来对孩子的爸爸说：“老公，对不起，刚才是我太冲动了，我向你道歉。”

慧慧的爸爸一看我道歉，又看了一眼站在一旁还没完全清醒的女儿，脸色也立即缓和了很多，说："老婆，我也有不对的地方。这样吧，这个问题我们先放一放！"就这样，我们在女儿面前避免了一场争吵，同时，也让彼此冷静了下来。后来，我们通过协商，决定让女儿自己选择。

父母在教育女儿的问题上总是会出现意见不统一的时候，假如这时候双方各执己见，彼此不肯让步，甚至在女儿的面前争吵、谩骂，这样不但解决不了问题，还会加深夫妻之间的矛盾，给孩子的身心带来不良影响。

夫妻双方冷静解决矛盾

一位妈妈曾这样不解地说道：

我曾多次在心里告诫自己不要总是因为女儿的问题和孩子的爸爸争吵，但只要一遇到孩子的问题，我们两个就无法心平气和。一直以来，我对女儿的期望都比较高，希望她每次考试都很出色，如果她学习成绩下降，我就会跟着着急上火。孩子的爸爸好像对此并不在意，他总说我对女儿太严了，应该让孩子自由发展。孩子这么小，怎么能给她过多的自由呢？

的确，妈妈一遇到孩子的问题就特别敏感，但怎样的教育方式才是对孩子最好的呢？"公说公有理，婆说婆有理"的争论并不能让女儿真正体会到妈妈的良苦用心，只会引起她的反感。因此，当双方因孩子的教育问题产生矛盾时，一定要冷静下来，心平气和地进行讨论，找到解决问题的有效方法。

专家课堂

父母是女孩一生中最重要的两个人，而且对她的性格、习惯、品行和生活态度等各方面都有着深刻的影响。但很多时候，父母不是在"合力教育"自己的孩子，而是在相互争吵。如何减少家庭冲突，让父母相处得更和谐呢？英国教育专家伊丽莎白·哈特利–布鲁尔给出的教育建议是：

1.女孩心情不好时父母应尽量减少争吵。

2.家庭成员之间适当的讨论、争辩是有益的，但一定要保持心平气和，不要带有偏见。

3.父母要向自己的女儿传授和示范解决冲突的方法，这会使女孩受益终身。

第三章　从来富贵多淑女，女孩一定要“富养”

人们常说“穷养儿，富养女”，但你知道“富养女”也需要技巧吗？

富养女孩，不等于物质上的满足；

富养女孩，妈妈切忌抱有功利心；

富养女孩，妈妈要着重培养她的独立人格；

……

真正的富养会让女孩拥有开阔的眼界和思路，会把她打造成一个真正具有内涵的高雅淑女，但这一切都需要妈妈把握好富养的尺度。

第19招

千金从何而来——“富养”女孩的真正含义

“穷养男孩，富养女孩”是传统教育里的黄金法则，尽管过了这么多年，它依然有非常大的借鉴意义。由于性别的差异，男孩和女孩在生理、心理以及生长规律上，都有很大的区别，所以在养育方式上也应该区别对待。相对于男孩而言，女孩是温顺、柔弱的，仿佛一朵鲜嫩的花朵，需要更多的爱和呵护。所以，妈妈要给女儿一个宽松舒适的成长环境，让她们在“富裕”的条件下长大。

当然，这里所说的“富养”并非仅仅指经济实力的强大以及物质条件的丰富，而更多指的是精神方面的富足以及教育资源的多样，例如给予女孩更多的爱和呵护，开阔女孩的视野，丰富女孩的知识以及内涵，赋予女孩自信、自强、自立的意志力量等。

中国有一句古话：“从来富贵多淑女，自古纨绔少伟男。”确实是这样，让女孩在“富裕”的条件下长大，可以培养她们高贵典雅的气质以及非同一般的品位。所以，妈妈在养育女孩时要遵循这样一个基本原则：女孩要“富养”。

“富养”女孩是一门学问。那么，妈妈应该怎样“富养”女儿呢？

给女儿一个宽松舒适的成长环境

一位妈妈这样谈到自己的育女经验：

女儿长这么大，我从来不把自己的意愿和想法强加给她，更没有打骂过她，我们之间是完全平等的。我常常和女儿像朋友一样聊天，女儿在上学时遇到什么问题，也会主动来找我帮忙。最近这些日子，女儿甚至不叫我妈妈了，而是亲切地称我为“老刘”。也许很多妈妈会不理解——你怎么能够这样做母亲呢？你不管教女儿哪行啊？其实，我已经在教育女儿了。我们在一起聊天、一起玩耍时，都是我在教育她。我把自己的思想和想法传达给她，让她自己去选择和甄别。生活中，女孩更温顺、自控力更强，所以还是给她们一个宽松舒适的成长环境更好些。

给女儿更多的关爱和呵护

月月的爸爸妈妈都是小生意人，每天都非常忙，晚上 11 点才能休息。但是尽管如此，月月的妈妈从来没让月月吃过一顿冷饭，她每天早上都早早起床，为月月准备丰富可口的早餐。到了周末，月月的爸爸妈妈还会抽时间带月月到公园或者游乐场游玩儿。月月知道爸爸妈妈是非常疼爱自己的，便通过努力学习来报答爸爸妈妈，她的成绩一直在班里名列前茅。

前面我们讲过，女孩如鲜艳的花朵一般娇嫩，更需要我们的关心和爱护。所以父母不能冷落自己的女儿，而要让她们感觉到自己是被疼爱和关怀的。只有这样，女孩才能更加健康地成长。

专家课堂

《好妈妈胜过好老师》的作者尹建莉说：“把富养理解成舍得花钱就行，这太简单了。”她给出的方法是：

1.父母要用心呵护和理解女儿，给予她足够的关爱。

2.父母尽量不给女儿制造障碍。

3.让女儿在生活上无忧，幸福感强，精神富足。

第20招

富养不是溺爱——不要把你的女儿宠坏

什么才是真正的富养呢？富养并不是溺爱和娇生惯养，也不是用金钱为女孩铸造华丽的城堡，而是一种更注重把女孩打造成一个精神富足、性格独立的人的教养方式。不过，现实生活中还是有很多父母不明白“富养女”的真正含义：

张女士是一家公司的经理，由于忙于事业，到了中年才生了一个女儿，所以分外娇宠她。有一次，张女士的朋友去参观她的家，被张女士女儿的百万衣帽间吓坏了——里面各种名牌应有尽有，更有国际服装大师为其设计的“高级定制”儿童版女装,小公主的珠宝盒里是一些价值连城的珠宝首饰。张女士会定期领女儿去美容店里做指甲、做头发等。虽然小女孩年龄不大，但是张女士为了让女儿得到别人的夸奖，有时候大冬天也把女儿装扮成小公主，让孩子穿那些时尚但不太保暖的衣服……

的确，张女士在“富养”女儿的道路上偏离了正确的轨道。所谓“富贵出淑女”，并不是说你用大量的物质去溺爱和娇惯女儿，她就会身心健康地成长，相反，这样养育出来的女孩很容易变得任性、骄纵、冷漠、自私。

那么，父母应该怎样富养女儿呢？

培养女儿的适应能力

一直以来都流传着这样一个故事：

很久之前，有一个年轻人走进了茂密的大森林，但几天后他迷路了，就在他生命受到野兽和恶劣环境威胁的时候，幸运地遇见了一个老猎人。他请求老人给自己一点儿补充体力的食物，可老人没有同意他的要求，而是选择送给他一杆猎枪。最后，这个年轻人正是靠着这杆猎枪捕食活着走出了大森林。

这个故事要讲述的道理很简单：人只有拥有适应社会的生存能力和搏击人生的生活技巧，才能更好地活在这个世界上。妈妈教育女儿也是同样的道理，如果你只是一味地对女儿百依百顺，那么只会使她变成一个以自我为中心、心理幼稚、缺乏自制力的女孩。

世界上没有父母希望自己的女儿变成一个动辄勃然大怒、吵闹不休、贪得无厌的人，因此，多培养女儿的适应能力和独立生存能力才是正确的教育方式。

要学会严格要求女儿

心理专家认为：人们对从未得到的东西就不会感到不足，自控力弱的小孩子更是如此。因此，富养教育时，妈妈一定要学会严格要求女儿，更要坚持自己的原则。说不允许就不允许，父母千万不能有“女儿小时候可以放宽一些，长大以后再严格一些”的错误想法。

下面这位妈妈就做得非常好：

有一天，我带5岁的女儿去朋友家做客。结果吃午饭的时候，女儿不但把米饭撒在饭桌上，而且还把自己吃饭的碗打破了。按照我们家的规矩，撒了东西要受罚，砸坏的东西要自己打工赔偿，而我们通常采取的措施是让女儿刷碗。所以午饭结束后，女儿走到朋友家的厨房去刷碗，虽然之前我已经告诉朋友我们家对待孩子的教育方式，但朋友还是让女儿去玩儿，并且对我说：“这孩子才5岁，你别因为一点儿过错就让孩子去刷碗，你太严格了！”我笑着说：“我女儿并不是因为怕我才去刷碗，是因为她从心里认识到这是约束自己的纪律，所以才主动去厨房的。”最后，女儿刷好了全部的碗，并且从我这里拿到了赔偿朋友家摔坏的那只碗的钱。

一个5岁的孩子能有这样的自制力，不得不说这和她妈妈对她的严格要求有关。所以，富养女儿应从严格要求女儿开始，这样才不会走进溺爱和娇惯孩子的泥沼中而不能自拔。

专家课堂

心理学专家李子勋认为，父母无条件的爱很容易让孩子变得没主见，那么如何帮助父母从溺爱孩子的旋涡中走出来呢？他的意见大致可归纳为以下几点：

1.父母需要换一种思维，给孩子更多的自由，因为孩子并没有我们想象的那么脆弱，要让他们试着去触摸这个世界。

2.父母教育孩子的过程中，对于生活中的一些挫折和困难，不要对孩子进行过多的暗示，这会导致孩子对生活产生畏惧心理。

3.培养孩子的自主性，父母要理解他在相当长的一段时间里可能会有的矛盾行为，父母甚至可以在孩子面前适当“示弱”，让孩子自己摸索做事的正确方法。

第21招

富养与钱无关——花钱不一定能买到好的教育

常言道：“自古富贵多淑女，从来纨绔少伟男。”这句话通俗来讲就是“富养女，穷养儿”，但是现在很多人并没有真正理解“富养”和“穷养”的真正含义，以至于很多妈妈认为，所谓的“富养女”就是给女儿物质和金钱上的满足，让她衣食无忧，过着公主般的生活。

一位妈妈谈到了自己的育女经历：

我是一位80后母亲，现在在一家事业单位工作，月收入3000多元，但自从去年幸福地当上妈妈之后，我突然感到了前所未有的经济压力。到现在为止，每个月女儿的花费就得6000多元：请保姆，每个月2000元；买进口奶粉，一个月2000多元；再加上品牌服装、玩具、尿不湿……要不是家里有些存款和老辈的支持，靠我们小两口每个月的工资还真养不起一个孩子！家里就这一个“宝贝疙瘩”，我们都舍不得委屈了她，吃、穿、用等方面都希望能给孩子最好的！

没错，天底下的妈妈都希望把世间最好的给自己的孩子，但很多妈妈的想法却不一定是正确的。难道非要给孩子喝最好的奶粉、穿昂贵的名牌服装吗？其实，花钱不一定能买到最好的教育。富养女孩最重要的就是如何培养她们良好的性格、习惯和心态等。

“富养女”其实是一门很深的学问，那么妈妈如何掌握其中的窍门并运用科学的方法教育好自己的女儿呢？下面这些方法也许会对你有所帮助。

在物质和精神的给予上要配比合理

教育专家一致认为，富养还是穷养，关键是要看妈妈如何理解这个“富”字。如果仅指物质上的富有，那富裕家庭很容易达到。但无论是富裕家庭还是普通家庭，妈妈都要明白一点：富养的关键并不在于物质，而在于精神上的富足。因此，妈妈在物质和精神的给予上要配比合理。

下面这位母亲在这方面就做得非常好。

我女儿4岁了，我对她的教育秉持着轻物质、重精神的原则。物质的给予只要保证安全第一、舒适第二、拒绝奢侈即可。例如，女儿喝的奶粉不一定是最贵的，但要质检严格以保证孩子摄入安全；她身上穿的衣服不要求名牌，但一定要保证舒适；我绝对不会给女儿买一些额外的儿童奢侈品。但在精神的给予上，我就表现得非常大方，每逢周末我都会带着女儿去近郊玩儿。因为女儿还小，我认为长途跋涉的旅游还没到时候，近郊的体验式活动，比如农家乐或是一些家庭亲子活动，这些对孩子来说都非常合适，可以培养她的动手能力、交际能力和合作能力，同时又能让她在大自然中体会到快乐。

后来，我发现女儿在艺术方面有过人的天分。等她上学后，我非常愿意为她继续提供艺术学习的空间。虽然精神的富养要求我付出很多的时间、精力和金钱，但是因为很多部分是从物质给予上省下来的，我觉得还未造成很大的负担。而女儿在我的熏陶下，似乎也没有出现虚荣、攀比的情况，反倒是很享受我为她创造的精神世界。

用“学分制”让女孩合理对待金钱

马克·吐温说过：“如果你懂得使用，金钱是一个好奴仆；如果你不懂得使用，它就会变成你的主人。”

这里有一个利用“学分制”培养女孩合理对待金钱的事例，非常值得妈妈一试。

安安刚刚8岁，家里经济条件非常好。爸爸是一家公司的总经理，妈妈是一家报社的主编，爷爷奶奶现在定居新加坡。虽然安安妈妈是在30 多岁生的她，而且她又是独生女，但安安妈妈并不娇惯安安，相反却非常重视她的家庭教育。最初，安安爸爸提倡女儿要“富养”，甚至已经给孩子联系好了贵族学校。对此，安安妈妈认为“富养”女儿一定要讲究方法，否则只会让金钱害了女儿。最后,她想到了用“学分制”的方法来培养女儿的金钱观。

所谓学分制，其实就是把孩子所有的日常行为都集中到学分板上，如果今天孩子自己刷牙、洗脸、穿衣服、练琴、温习功课或帮助妈妈分担家务，那么每做完其中的一件事情，她就可以到学分板上贴一颗小星星，一周总结一次。学分可以用来和妈妈兑换玩儿的时间或者兑换成金钱。安安的妈妈还特意在网上为安安申请了一个虚拟账户。她兑换钱后可以自己到电脑里结算，平时她的私人开支都从这里提取。

“学分制”实行一段时间之后，安安渐渐明白物质是要靠自己争取的，要付出努力才能得到肯定和奖励。

富养女孩贵在“用心养”

有一位妈妈说：“我发现一个很奇怪的现象，周围那些越是舍得为孩子大把花钱的妈妈却越舍不得花精力和时间来陪伴孩子。”前几天，一位女性朋友对我说：“养孩子有什么难的，坐完月子，把孩子送到妈妈那里，再花点儿钱请个保姆，每年去看他两次就行了！”没错，现在确实有很多这样的妈妈，她们只是在金钱上满足孩子，以为这样就算尽了自己的责任。其实大错特错，这样的妈妈根本就是不负责任，没有用心养育自己的孩子，也完全曲解了“富养”的含义。

真正的富养不是用金钱、物质来养育孩子，而是要让孩子在精神上富足。而且，妈妈对自己女儿的关爱程度不是可以用高消费来衡量的。最重要的是妈妈要成为女儿的好朋友，给予她一个幸福、快乐、温馨的童年，要让孩子真正感受到爸爸妈妈是在用“真心”爱着她，而不是用“钞票”爱着她。

所以，如果现在你还用着错误的“富养”女儿的教育方式，那么赶紧停止吧！然后运用你的智慧，想一想如何走进孩子的内心，真正建立起和孩子之间健康、亲密的亲子关系吧！

专家课堂

父母如何纠正女儿“金钱至上”的坏习惯呢？

1. 给女儿列一张“愿望清单”。父母先让女儿把自己想要的东西写在一张纸上，然后拿着“愿望清单”购物时，女儿就会目标明确，同时教会女儿看标价，并比较同类商品的价格，选出性价比较高的商品。

2. 和女儿订一个“君子协议”。父母要和女儿“约定”不能随便索要礼物，尤其是向宠爱自己的祖父母、外祖父母要一些昂贵的、无用的礼物。

3. 让女儿做一回小主人。女儿过生日时或者请朋友到家里玩儿时，父母要给女儿足够的时间、空间、信任、支持，让女儿自己做一回小主人。

第22招

抛弃功利心态——教育要着眼于女孩的未来

其实，很多中国妈妈在富养女儿这方面掺杂了或多或少的功利思想。

有一名华裔女孩从免费的公立中学毕业后考上了牛津大学商学院，为此她的妈妈很有面子，周围的人也啧啧地称赞做妈妈的总算没白费心血，将来女儿成为商界精英，年薪几百万，妈妈多享福啊！于是，他们都以此作为督促自己及子女发奋的活样板。凑巧的是,这对华裔夫妇的邻居是一对外国人，他们也有一个同龄的女儿，这个女孩从小学至高中每年都花费数万英镑接受着昂贵的私立教育。但高中毕业后，她居然决定不去上大学，头半年先是到亚洲和喜马拉雅山旅行，像长征一样爬雪山过草地吃了很多苦，后来总算平安地回来了。接着小姑娘又通知妈妈暂时不回家了，她又奔向了非洲，留在乌干达当了义务乡村教师。而她写给妈妈的家信常常是她如何克服种种困难与当地土著人沟通，如何与艰苦的生活条件搏斗等内容的生存日记。女孩的妈妈总是欣喜地举着女儿的来信向外人展示，她认为孩子能喜欢自己所从事的事情，成为一个快乐的人，这一点是金不换的。而华裔妈妈私下里评论说："真搞不懂他们，明摆着太亏了嘛……"

一般来说，西方人期望孩子成名立业的观念比较淡薄，他们更注重孩子的自由发展，而不是像中国妈妈那样煞费苦心地设计孩子的未来。也许很多中国妈妈会说："东西方教育本来就存在差异，我们的家庭环境、学校环境、社会环境等都在要求我们的孩子唯有'成龙成凤'，才能有好的未来。"

没错，现代社会竞争日益激烈，一些妈妈为了女孩的将来着想，就全权为孩子的学习、生活做决定，替她们安排学习内容，甚至出现盲目跟风的现

妈妈，我决定不去考大学了！
你说什么胡话！我和你爸爸还指望你能上个好大学，给我们争光呢！
妈妈，我决定不去考大学了！
能告诉我原因吗？如果这是你真正深思熟虑后的想法，妈妈会支持你的。

象。例如，有些妈妈根本不管女儿的兴趣爱好或先天条件，就盲目投入大量的精力和财力让孩子参加各种各样的补习班，像舞蹈、钢琴、绘画、外语、书法等。但是相反，女孩并没有朝着妈妈希望的方向发展，反而出现了一大堆的问题。

因此，妈妈不要抱着功利心去教育自己的女儿，而是应该冷静地分析女儿的天赋，用一种平和的心态来看待孩子的学习及未来。具体教育方法包括以下几点。

从实际出发，让女孩做自己感兴趣的事情

思琪从小就非常喜欢小动物，而且非常热衷于研究小动物的生活习性。等她上学之后，这种兴趣一直没有消减，而且她还常常因为观察小动物而弄得浑身是泥。妈妈对此非常生气和反对，觉得她不务正业，于是就想方设法阻止她去外面玩儿。妈妈希望她学小提琴，以便将来有一个好的发展。

最开始，思琪总是趁着妈妈不注意偷偷地跑到附近的公园里做自己喜欢的事。有一次，她把一只黑色的蜘蛛带回了家，惹得妈妈大发雷霆。妈妈训斥她不应该把这么脏的东西带回家，说她一点儿女孩的样子都没有。爸爸一脚踩死了蜘蛛，妈妈竟然摔烂了她积累了好几年的装着各种标本的“百宝箱”。那一刻，思琪愣住了，回到自己的房间默默地坐了一下午。

从此之后，思琪的学习成绩一落千丈，变得沉默寡言，一放学就待在家里，不说话也不学习，就连平时最喜欢的电视节目也不爱看了。思琪的妈妈为此非常发愁，甚至怀疑女儿是不是智力有问题。

但思琪的生物老师说：“思琪是一个特别聪明的女孩子，如果好好培养，将来一定会是一个非常出色的生物学家。”

思琪生物老师的话应该引起妈妈的深思。但事实上，很多妈妈都会像思琪妈妈这样，总是从自己的想法出发，让女儿按照自己的意愿去学习和生活，而不管孩子是不是对此感兴趣。像这样把自己的“期待”变成孩子的“期待”，让孩子放弃自己喜欢的事情，只会给她带来伤害。

所以，妈妈一定要从女孩的实际情况出发，让她做自己感兴趣的事情，

因为“兴趣是最好的老师”，兴趣更能使孩子的智能得到最大限度、最持久的发挥，也更易燃起女孩学习和探索的热情，并最终取得成功。

切忌对女孩“求全优”或以“爱”为借口增加其负担

有一名高一的女孩在日记中苦闷地写道：

我现在正上高一，本来学习压力就非常大，但是最让我无法忍受的是我的妈妈，她对我的严格要求让我像一根极度绷紧的琴弦，我感觉我就要断了。我的妈妈是老师，很小的时候，我的脑子里就刻着妈妈的一句话：“你要考第一，你要上最好的学校！”所以我的生活除了学习还是学习，而且每次学习爸爸妈妈都要在一旁监督我，我真的一点儿自由都没有，更别说去做一些自己感兴趣的事情了。

小时候，我每次因无法忍受而反抗时，妈妈都告诫我说：“爸爸妈妈是因为爱你才这么严格要求你的，你不能让爸爸妈妈的心血白费，一定要好好上进啊！”除了应付学习，我还要练习讨厌的钢琴、书法、绘画……

虽然我考上了重点高中，但是爸爸妈妈又马上给我制订了新的目标——上清华。我每次告诉他们，相比较清华我更喜欢其他的学校，请他们不要再这么逼我，但他们不仅丝毫不理解我，还总是说我不懂事。还能有什么办法来解决我的痛苦呢？绝食、自杀、离家出走……

这个女孩的现状令我们担忧，而造成这一切的不就是她的妈妈吗？妈妈“望女成凤”我们能够理解，但是天底下没有完美的人，我们要允许自己的孩子有缺点、有失败。现在有太多的妈妈希望自己的孩子出人头地，而她们总认为这一切的出发点都是为了孩子的将来好，是一种“爱”，殊不知，这种“负重”的爱可能会把女孩逼上绝路。

切忌在攀比、虚荣中迷失富养女儿的方向

有一位妈妈说：“我们家的女儿不比别人家的差，所以别人有什么，她一定要有什么，而且要比别人的都好！”妈妈的这种攀比心理只会带给女孩更多的痛苦和危害。钢琴演奏家杰佛利·托萨说过：“如果有一个满怀功利心的家长站在身后，即使孩子是天赋神童，也难成大师。因为家长把音乐艺

术作为追求成功的手段，功利心会污染孩子纯洁的心灵，中断孩子对艺术的攀登。”

由此可见，如果妈妈一味地攀比或带着虚荣心、功利心教养女儿，那么女儿可能也会变得虚荣、功利起来，很难取得大的成就。

专家课堂

英国教育专家伊丽莎白·哈特利-布鲁尔认为，父母在教养女儿之前，应该先检视一下自己对孩子的期望，她提出的具体建议是：

1.列出你对女儿的各种期望。

2.逐项考虑女儿的音乐、运动、绘画等天赋，以及你对这些的期望值。

3.问问你的女儿是否认同你给她设定的目标，以及她是否认为自己可以达到这些目标，如何达到。

第23招

富养，轻松打造有内涵的好女孩

有人说过这样一句话：“只要你具备了精神美和气质美，只要你够自信，你就会拥有风度的自然之美。”富养教育就具有这样一种魔力，它能够帮助父母打造出一个真正具有内涵的女孩。

所谓内涵，其实就是指一个人的气质，而气质不是与生俱来的，它需要人们去追求、去修炼。那么怎样才能被称为一个有内涵的女孩呢？下面这些答案或许会对你有所启发。

有内涵的女孩，她们举止得体、谈吐优雅、自重自爱。

有内涵的女孩，她们会用诗词歌赋、琴棋书画来陶冶自己的人生。

有内涵的女孩，她们做事执着、心思缜密、坚强勇敢、自信乐观。

有内涵的女孩，她们体贴入微、美丽高贵、娴雅温柔。

有内涵的女孩，她们即使穿着普通的衣衫依然能够散发出夺目的光彩。

……

要想培养出这样一个具有内涵的女孩，富养教育是最合适的。因为富着养的女孩，她们对金钱有正确的认识，不媚俗、不奢侈，她们有着富足的精神世界，同时她们独立、自主、宽容、自信，对于“美”的认识更深刻。

有一位妈妈曾这样讲述自己的育女经验：

我的女儿已经上高中二年级了，从她还没出生时我就一直坚持女孩要富养的观念，当然在能力范围之内我尽了最大的能力给予她较好的物质生活。我并不认同某些父母口中的“富养女”就是不看自己的实际经济状况，超出自身负担能力地给予女儿“高贵”的生活,那样只会给家庭和孩子造成负担。

所以我在教养女儿的过程中，一直让她明白一点：无论我们家的经济状况是怎样的，你都是爸爸妈妈的“小公主”，而且更好的生活需要你自己努力去创造。与此同时，我还让女儿尽量接触音乐、舞蹈、绘画等，我觉得这对提升她的内涵非常重要。现在，她的钢琴已经过了十级，待人接物方面也非常得体，开朗的性格也让她结交了很多好朋友。

由此可见，富养打造出的内涵女孩，不一定穿金戴银，但她的精神世界一定足够丰富，而她的现实世界也一定充满更多的美好和精彩。不过，富养教育要讲究方法，富养女孩的内涵气质更要讲究技巧，不妨从打造女孩“美”的心灵开始。

塑造女孩的心灵美

一个有内涵的女孩，首先就要心灵美，这主要体现在女孩的品德、情操等方面，例如，善良、热情、温和、心胸宽广……这些美好的品德和高尚的情操，就像一道道美丽的风景，丰富了女孩的内心，也丰富了她更加美好的人生。

笑笑出生在一个很平凡的家庭，她也是一个很平凡的女孩，但她走到哪里都能吸引众人的目光。这是为什么呢？因为她总是把微笑挂在脸上，对每一个人都很友好，在家里，她懂事、乖巧，帮忙照顾弟弟和料理家务；在学校，她学习努力、乐于助人，年年被评为“三好学生”，同时还担任班里的文艺委员，经常带着同学们搞一些课外表演活动，是学校有名的“小红人”。周围邻居都说笑笑的妈妈生了一个好女儿，但笑笑很清楚地知道，自己之所以能成为这样一个善良、热情的人，是和父母的教育分不开的。

从小，妈妈就教导笑笑要做一个善良和有爱心的人，而且在生活上也很照顾她。笑笑一直对音乐等很感兴趣，但因为经济条件的限制，她根本买不起那些昂贵的乐器，即便如此，她一点儿也不沮丧，因为妈妈亲手为她制作了一支竹笛，还教她如何吹出美妙的音乐。

笑笑的妈妈很明智，她知道什么样的“富”才是女儿需要的，那就是一颗美丽的内心，像这样一个善良、热情、有爱心的女孩，又有谁不喜欢、不被吸引呢？

塑造女孩的自信美

著名影星索菲亚·罗兰曾这样说道：“如果你自信，你就美丽。一旦你的自信有充分的理由，真正的美丽便会属于你。”内涵，是一个女孩由内而外散发出的一种迷人气质，而这种气质不是靠华丽的衣服衬托出来的，而是一种源源不断的自信。

当然，女孩自信心的培养不是一朝一夕可以达到的，它需要时间，更要女孩经受生活的考验。只有充满自信，积极面对各种挫折的女孩才是具有健全人格的女孩。

所以，父母要在日常生活中不断培养女孩，让她们变得自信起来，教会她们如何在困难面前依然坚定、勇敢地走下去。

塑造女孩的常识美

所谓常识，就是那些众所周知的知识。女孩获得日常知识的最佳途径是什么呢？毋庸置疑，就是多读书。孙中山说过：“余平生嗜好，除革命外，唯有念书而已，余一日不念书，即一日不能活。”

下面这位妈妈就做得非常好：

我的女儿妮妮10岁了，别看她年龄不大，知道的东西可多了，大家平时都叫她“小百科”。妮妮之所以有这个称号，和她爱看书的好习惯分不开，当然这其中也有我这个做妈妈的功劳。当女儿还在我肚子里的时候，我就整天拿着一本《三国演义》对着“大肚子”开讲，妮妮的爸爸还取笑我说：“孩子还没出生呢，你整天给她读书，她能听懂吗？”我笑着说：“别小看这小家伙，说不定一出来就能给我讲赤壁之战。”自然，这是玩笑之语。

后来，随着女儿年龄的增长，我开始有意识地锻炼她自己去发现生活中的一些问题，然后在书中寻找答案。为此，我还专门在家里给女儿准备了一间书房，里面有各种各样的书籍，其中有适合孩子看的漫画、故事书，也有深奥一些的世界名著。如果女儿在阅读过程中遇到什么疑问，我都会和她一起商量着解决问题……

除了读书之外，妈妈也可以带女儿去参加一些社会活动，或者结交一些更有学识和见地的朋友，这些都是女孩增长知识的有效途径。

专家课堂

儿童文学家冰心认为，打造一个具有内涵的孩子，父母应从各方面努力。她的观点具体可归纳为以下几点：

1.读书，要读那些具有文化内涵的书。

2.帮助孩子树立正确的价值观和人生观。

3.一个有内涵的孩子一定要懂得自尊、自信、自立。

第24招

开阔女孩的眼界——引领女儿认识精彩的世界

俗话说："眼界决定境界。"我们不可能永远把自己的女儿"圈"在身边，她们也需要去见识更广阔的世界，而且孩子的好奇心也会不断"鼓动"她们冲破妈妈的"保护伞"出去冒险。真正的富养必定能够带给女孩更开阔的眼界和思路，引领她们进入一个更加丰富多彩、充满机遇和挑战的世界。

她是来自得克萨斯的追梦女孩，她的父亲是一位著名的法学教授，母亲是一位出色的艺术家。她从一名普通的推销员成了全球第一女总裁，她更是解决难题的女能手，美国《商业周刊》曾这样形容她："她有如簧之舌，亦富钢铁意志。"她就是卡莉·菲奥莉娜，一个在事业和家庭上都很成功的女性。

卡莉童年时期跟随父母游历过不少国家，因为她的父亲时常要到各地巡回讲课或工作，所以卡莉不得不整理行囊和父母一起一次又一次地搬家。中学时期，卡莉就换了5所不同的学校，而且分别是在美国、英国和加纳。早年在这些国家的经历让她很早就见识了各个国家的不同。平时，卡莉就很依赖做画家的母亲，而母亲也为小卡莉打开了通往艺术世界的大门。正是这种丰富的经历和艺术的熏陶让卡莉的眼界大大高于那些普通女孩，并帮助她最终成长为一位有主见、有魄力、积极向上的成功女性。

卡莉的成功可以说很大程度上来自父母对她的"富养教育"，这也说明唯有富养，才能更加开阔女孩的眼界，为她们日后的成功增加砝码。那么，妈妈怎样才能通过富养让自己的女儿变得眼界广阔、思路新颖呢？

培养女孩对大自然的观察力

任眉是一个非常聪明的女孩，小时候大家都叫她"小神童"，因为她7岁就会写诗，9岁就在报刊上发表了作品，后来她不但考上了重点大学，还多次获得国际文学大奖。

任眉小时候身体不太好，性格也比较内向，每次生病住院、输液，她都默默地躺在病床上不说话，这也使她形成了善于用眼睛观察、用耳朵倾听的习惯。任眉的妈妈是一家出版社的编辑，她通过仔细观察，发现女儿很喜欢写作，于是她开始慢慢引导女儿学会观察和思考，并让女儿开始写日记。

任眉的妈妈认为，大自然是孩子最好的老师，也是开阔孩子眼界、引起她学习兴趣的最佳场所。所以，她总是有意识地培养女儿观察大自然，同时鼓励女儿提出问题、思考问题，最后通过正确的途径解决问题。

再加上任眉的求知欲和好奇心本来就非常强，所以任眉的妈妈很好地利用孩子这一天性，经常带女儿到大自然中去，让她在尽情地玩耍之中观察万物的悄然变化。例如，去看春天复苏的万物、夏天盛开的百花、秋天丰硕的果实、冬天飘飞的白雪。任眉的妈妈还时常鼓励女儿竖起自己的小耳朵去倾听那些大自然的蝉鸣鸟唱。所有的这一切对于小任眉来说都是异常有趣的，她在其中快乐地思考着大自然的秘密。

正是由于任眉的妈妈经常带女儿走进大自然去认真地观察和思考，才不断地开阔了任眉的眼界，进而充实了她的知识和生活。这对女孩未来的成功有极大的作用。

引导女孩对科技知识产生兴趣

很多妈妈认为，科学对于女孩来说是太过高深的东西，那些航空、核能、化学等领域似乎都不太适合女孩子，所以妈妈大多不是很重视对女孩进行科技知识的培养。事实果真是这样吗？那就先听听孩子们的问题吧。

“妈妈，为什么天上有太阳呢？”

“为什么雨是从乌云里落下来的呢？”

“为什么飞机能在天上飞呢？”

……

是不是这些“为什么”也时常从你女儿的口中蹦出来？这是因为科学和生活紧密相连，而且它具有一种很神奇的魅力，会自然而然地吸引孩子们的注意并激发她们的探索欲望。所以，开阔女孩的眼界，就要引导她们对科技知识产生兴趣，进而在探索和解答的过程中学习到更多有益的知识。

培养女孩的国际化视野

一位妈妈曾这样说起自己的育女经验：

从女儿两三岁起，我就开始让她学习英语，因为生活在竞争激烈的现代社会，我很清楚英语对于一个人的重要性。但是我并没有一味地按照自己的喜好去教育女儿，我是慢慢引导她爱上英语的。例如，在家里贴上好看的英语标志的贴画，给她买一些英语的儿童原版影片和歌曲碟，利用电视、网络、杂志等让女儿了解一些国际新闻和国际形势。我还在客厅的墙上挂了一张世界地图，一有时间我们就讨论地图上哪个国家面积比较大、气候如何、风土人情如何等。虽然我们家的经济状况不是很好，但是每年我还是会带女儿出国旅行一次，让女儿见识了很多国外的东西。

现在，女儿已经高中毕业了，并成功地被国外的一所著名大学录取。

很多教育专家都认为："只有让下一代学会理解拥有不同的政治制度、文化背景和宗教信仰的民族，才能与他们和平共处，从而拥有更大的生存空间。"没错，国际的交流会日益频繁，妈妈必须高瞻远瞩，不断开阔女孩的眼界，让她们对未来的发展有更深远的认识，并做好适应的准备。

专家课堂

如何让女孩拥有广阔的视野呢？英国教育专家伊丽莎白·哈特利-布鲁尔认为，最重要的就是父母要鼓励和重视女孩发展多种技能。她提供的办法是：

1.努力扩大女孩的成就基础，让她尝试参加各种活动，发展多种技能。

2.限制女孩看电视的时间，而是让她均衡地参与各种各样的活动，获得不同的成功体验，促进其全面发展。

3.平时尽量多带女孩一起出游，增长她的见识。

第25招

培育女孩的独立性——让女孩拥有独立的人格

俄国著名的教育家乌申斯基说过：“人的性格大都是在人一生的最初几年形成的，而且在这几年中所形成的东西是很牢固的，它将成为人的第二天性。”可见，人格这种非智力因素对孩子一生的影响也是非常深刻的。一般来说，一个孩子的人格是否健全，其主要标志是这个孩子是否诚实、进取、公正、坚毅、宽容。因此，富养女孩，最重要的是培养女孩独立的人格，给予她一个强大的精神世界。

一个精神富足、人格独立的女孩更容易获得“幸福”的青睐，而青少年时期是人格形成的重要时期，如果在这个阶段妈妈没有帮助女孩打好做人的基础，那么她很容易出现任性、霸道、自私、说谎、冷漠和懒散等问题。所以，只有真正富着养，才能培养女孩的独立性和自主性。那么，妈妈应该怎样做才能实现富养女孩的目的呢？

妈妈要尊重女孩的独立人格

有一位妈妈这样讲述自己与女儿的故事：

我的女儿已经升级做妈妈了，但她依然忘不了20多年前我“当众侮辱”她的事。每次提起来，她还是满腹怨气。其实，当年我只是随口说了几句话，没想到却深深刺伤了女儿的自尊心。

记得那件事情发生在女儿7岁的时候，有一天，她主动提出要帮我干一些家务，我就让她去买馒头。但因为女儿以前从来没有做过这件事，所以我就先陪她去了。到了买馒头的地方，我看到有很多人等在那里排队，其中还有女儿的同班同学。当时，因为我单位有点儿事要赶过去，于是我对女儿的那名同学说：“我女儿挺笨的，这么大了还不会买馒头，待会儿麻烦你帮助她一下。”那名男同学看了女儿一眼，笑着答应了。我因着急走，也没顾上看女儿一眼。下午一回到家，女儿就红头涨脸地冲我喊道：“你为什么当着我同学的面侮辱我？”女儿莫名的指控让我一头雾水，我怎么会侮辱她呢？这时，女儿哭着说：“你走后，大家都用异样的眼光看着我，好像我是弱智一样，以后我还怎么出门见人！”虽然我之后一再表示自己的无心和歉意，但是这件事情对女儿的伤害好像一直都存在。

英国著名的教育家洛克说过这样一段话：“妈妈不宣扬子女的过错，那么子女对自己的名誉就会看重，他们觉得自己是有名誉的人，因而更会小心地维护别人对自己的好评；若是妈妈当众宣布子女的过失，子女就会感觉无地自容，而子女越是觉得自己的名誉受了打击，那种设法维持别人好评的心思也就越淡薄。”所以，你要想培养女孩的独立人格，就要首先学会尊重她的人格。

培养女孩的独立生活能力

富养女孩，我们才能开发出她们身上更多的潜力，给予她们更丰富的内心世界以及更坚强和独立的人格。但事实上，很多妈妈在“富养女”这个概念上走进了一个误区，认为富养女孩就是单纯地用更多的关爱和保护或者更多的金钱和物质来养育女孩，这是非常错误的。

真正的富养除了精神上让女孩富足之外，更要教会女孩如何在社会上生存。只有掌握了独立生存的能力，她才可能具备更独立的人格。因此，妈妈应从小培养女孩的独立生活能力，进而在这个过程中建立起女孩独立的人格。

专家课堂

德国教育家卡尔·威特认为，教养孩子首先要把孩子放在与自己平等的地位上。在尊重和培养孩子的独立人格方面，父母最好这样做：

1.抛弃头脑中固有的陈旧观念，因材施教，科学地培养孩子。

2.对孩子的期望要从实际出发，父母要有高瞻远瞩的眼光和见识。

3.父母要学会控制自己的不良情绪，冷静、理智地去教育孩子。

第26招

给女孩一点儿挫折——富养离不开“吃苦教育”

与男孩相比，女孩相对敏感、脆弱，如果再加上后天妈妈的娇惯或不恰当的教育方式，那么她们很容易就会变得更敏感、更脆弱，而一个这样的女孩怎么能成为自信而独立的人呢？但大多数妈妈并不这么认为，她们觉得女孩天生就是被人疼爱和呵护的，这种观点使她们迷失在富养女孩的误区里，以至于培养出一个依赖性强、自私、脆弱、冷漠和任性的女儿。

其实，真正的富养女儿，除了培养她独立的人格和良好的习惯、品德之外，还需要适当地给女孩来点儿挫折教育，让她学会在困难面前展示自己的智慧和勇气。

下面我们先来看两个面对挫折的故事。

故事一：一家公司招聘员工，一位名牌大学毕业的女学生去面试。发榜后，见没有自己的名字，便跳河自杀，被人救起。后来，这位女学生闻知自己是第一名，只是工作人员在抄分的过程中出现了失误。于是，女学生便去报到，但该公司的老板却不肯录用她，理由就是：“这么一点儿小挫折便要跳河，到公司遇到更大的挫折时你该怎么办？”

故事二：一个女孩去一家单位应聘保洁人员，职员问她：“你会写字吗？”她说：“我只会写自己的名字。”于是她没被录用。后来，她发愤图强，成了一个出色的人物，并在自己豪华的会议室举行记者招待会。记者说：“您的经历真是太动人了，您该写一本自传。”她说：“如果我会写字，也许我现在还只是个清洁工。”

同样是面对没被录用的挫折，两个女孩的结局却截然不同。这也说明一个人具备抗挫折的能力是多么重要！

那么在实际生活中，妈妈应该如何对女孩进行挫折教育，以便培养她应对困难和挫折的能力呢？

引导女孩正确认识挫折

妞妞是一个有些调皮的小女孩，平时妈妈也比较娇惯她，任由她上蹿下跳。有一次，她不小心从椅子上摔了下来，虽然没什么大碍，但是妈妈还是很紧张，急急忙忙地带着女儿去医院做了个全身检查。晚上为了给女儿压压惊，妈妈还买了一大堆好吃的东西，吃饭的时候，更是把饭送到女儿的嘴边。

后来，妞妞上了小学，然后是中学，爸爸妈妈就像她的守护神一样，恨不得一刻不离地陪着她。结果导致妞妞的自理能力很差。而且,因为她任性、刁蛮的性格，同学们也都不喜欢和她交朋友。一遇到困难，她首先想到的是妈妈如何帮她解决，自己根本不去考虑，她的“逆境商”非常低。

妞妞之所以变成这样，很大程度上和妈妈对她的教育分不开。女孩在最初接触外界事物、学习知识时，的确离不开大人的帮助，但如果这种帮助变成代替，时间长了，孩子自己就会缺乏克服困难的心理体验，一旦遇到挫折，就会产生畏惧、懒惰的情绪，造成继续学习的障碍。

因此，妈妈在富养女儿时，首先要破除女孩学习的依赖性，当孩子面对挫折时，让她直观地了解事物发展的过程，从反复体验中逐步认识到挫折的普遍性和客观性，接下来，妈妈就要引导和鼓励孩子去想办法解决问题。

故意制造一些困难，给女孩锻炼的机会

现在独生子女较为普遍，妈妈对孩子更是“含在嘴里怕化了，捧在手心怕掉了”，而在这种家庭教育下成长起来的孩子常常表现得胆小、不知所措、意志薄弱、依赖成性。所以，要改变这种现状，妈妈就要尝试利用困难和创设困难情境，给女孩锻炼解决困难的机会。

例如，女孩学走路会摔跤，妈妈不要马上去扶她，而是鼓励她自己克服困难站起来；晚上可以让女孩一个人睡觉，克服她胆小、怕黑的心理；女孩如果不爱运动，妈妈可与其制订规则，帮助她安排自己的日常生活，让她坚持运动。

不过，在妈妈为女孩创设困难情境的时候，还要注意以下几个问题：首先，必须注意困难的适度和适量；其次，在女孩遇到挫折想退缩时，妈妈要多给予鼓励和肯定；最后，对陷入严重挫折情境的女孩，妈妈要及时进行疏导，防止女孩因此产生一系列不良情绪。

教女孩学会处理挫折

法国著名作家巴尔扎克说过：“苦难对于人生是一块垫脚石，对于能干的人是一笔财富，对于弱者是万丈深渊。”由此可见，妈妈教女孩学会处理遇到的挫折是多么重要。具体的做法是，妈妈要告诉女儿，自己的事情自己做；让女儿参加实践活动，吃点儿苦；培养孩子坚强和不怕困难的意志；教会她调节自己的不良情绪……

有一位妈妈在这方面就做得很好。

女儿自从上了高中之后，突然变得沉默寡言起来，每天晚上回到家就是写作业，脸上的笑容也少了很多。这其中的原因我是知道一些的，女儿原本在小学和初中时学习成绩都非常好，也有很多好朋友。后来，女儿考上高中之后，我们因为工作调动的原因搬了家，女儿也转学到一所新的重点高中。陌生的环境和突然加重的学习压力，让女儿适应不过来，再加上几次考试她的成绩都不理想，这让骄傲的女儿受到了巨大的打击。

我觉得女儿这种灰心丧气的状态不能再继续下去了，我必须帮助她走出这个困境。于是，在女儿放学后，只要她学习不太忙，我就主动和她交谈。我告诉她，她现在遇到的状况是很正常的，她必须试着调整自己的心态，让自己的心情好起来；然后主动去结交一些志趣相同的朋友；接下来，她要慢慢总结学习中遇到的问题，找到自己成绩下降的症结，最后把它们解决掉。我还鼓励女儿将心中的苦闷和烦恼向我倾诉，告诉她我永远是她最好的朋友……

从那之后，女儿慢慢调整了过来，真的像我说的那样，她自己主动去结交朋友，并查找自己学习成绩下降的原因，现在她在新环境里已经如鱼得水，变得更快乐了。

专家课堂

教育专家孙云晓认为，女孩的生活注定会充满挑战，但现代家庭教育女孩大多以“溺爱”和“过度保护”为主，这让孩子失去了应有的承受挫折的能力。为此，他给出的建议是：

1.告诉女孩，挫折并不可怕，可怕的是逃避困难和挫折。

2.鼓励并监督女孩坚持做一些她应该做却不愿意去做的事情。

3.父母要学会狠狠心，“逼”女孩磨炼，以增强她的韧性。

第四章　好关系胜过好教育，与女孩沟通很重要

为什么女孩不愿向你敞开心扉？

为什么女孩不愿向你伸出和解的手？

为什么女孩总是和你作对？

这一切归根结底都是你没有掌握好与孩子有效沟通的方法，那什么样的沟通才会拉近妈妈与孩子间的心灵距离呢？

赞美，夸出一个好女孩；

激励，每天让女孩进步多一点儿；

批评，如何说，女孩才肯听；

……

第 27 招

沟通从信任开始——教你怎样打开女孩的心扉

我女儿9岁了，有一次，我拿了一张小学生问题调查表，其中一道问题是让孩子说出对妈妈的意见和建议。我把女儿叫过来，原以为她会痛痛快快地说出来，谁知道女儿却说："说了也是白说，反正你也做不到，我还是不说了。"

我奇怪地问："你还没说，怎么就知道我做不到啊？"

女儿撇撇嘴说："我还不知道你？"说完，女儿甩甩手就走了。

从女儿说话的语气里听得出来，她根本就不信任我。我很失望，也很伤心，我怎么会给女儿留下这样的印象呢？

这是一位妈妈在网络上写下的日志。其实这样的问题不只她会遇到，也许大多数的妈妈都会遇到。

信任是妈妈打开女儿心扉的唯一钥匙，因为只有获得她们的充分信任，她们才会把妈妈当成自己学习上的蒙师、德行上的榜样、生活上的参谋以及情感上的挚友。只有这样，她们有什么心事才愿意和妈妈诉说，有什么秘密也愿意和妈妈分享。但是生活中，很多妈妈得不到女儿的充分信任，所以女孩宁愿向朋友甚至网上的陌生人倾诉，也不愿意向妈妈倾诉。

作为女儿最亲近的人，我们为什么不能得到她们的充分信任呢？这是因为信任是相互的，我们常常不信任她们，自然也无法得到她们的信任。

蓉蓉14岁了，上初中二年级。她的爸爸妈妈怕她早恋，每次有男生给她打电话，都要查问老半天，有时候还会翻看她的日记、书桌。到后来，蓉蓉为了不让爸爸妈妈像007一样监督自己，就给自己的书桌、日记都上了锁，并且有了心事也不愿意和爸爸妈妈说。

从上面的事例我们可以看出，正是妈妈对女儿的怀疑，让女儿不再信任妈妈。所以，我们要想获得女儿的信任，首先就要先信任她们。把信任放在第一位，用信任打开女儿的心扉，这是每个妈妈必须学会的事情。

要想赢得女儿的充分信任，妈妈应该从哪些方面做起呢？

信任自己的女儿

很多时候，妈妈都表现出对女儿的不信任，我们也常常听到一些女孩的抱怨：

“爸爸妈妈根本不信任我，每次他们外出留我一个人在家写作业，都要打好几次电话，问我是不是在看电视。”

“每次我去找同学写作业，妈妈都不同意，她认为我是和同学一起去玩儿了。”

“周末我想和同学一起去野炊，但是爸爸妈妈坚决不同意，他们认为我们几个小孩子去野炊会有危险。”

“爸爸妈妈会偷看我的日记，现在我已经把日记上了锁。”

一般来讲，很多妈妈对女儿的不信任主要源于以下两点：第一，出于对女儿的关爱，怕她们无法独自应付一些事情；第二，怕给她们太多自由，导致她们光顾贪玩儿而影响了学习。其实，这些担心是没有必要的。首先，父母的不信任会让女儿产生反感，让她们觉得自己没有得到尊重，因为连她们最亲近的爸爸妈妈都不相信她们。其次，这样做无法培养女孩的独立能力，因为一直在妈妈呵护和监督下长大的孩子，将来的独立性肯定会差。所以，妈妈应该信任自己的女儿并给予她们一定的自由，因为这样做不仅是获得她们信任的前提条件，同时也是培养她们独立能力的必经之路。当然，信任女儿也不是对女儿不闻不问，我们可以通过很多方法去影响她们，而不一定非要采用监督的方式。

不要对女儿轻诺寡言

妈妈对姗姗承诺，只要她能考进班里前五名，妈妈就带她去动物园看大熊猫。为了能够去看大熊猫，姗姗学习可努力了，每天认真听讲，认真完成作业。等到期中考试，她考了全班第三名，比妈妈希望的还高两名。这下姗姗可高兴了，因为终于可以去看自己喜欢的大熊猫了。当她要求妈妈兑现诺言时，妈妈却迎头给她泼了一盆冷水:“我现在没时间，等我有时间再说吧。”后来在姗姗的一再要求下，妈妈有些烦了，生气地说:“你别老想着这件事了，我当时不过是逗你玩儿的。”从那以后，姗姗再也不像以前那样相信妈妈的话了，因为她不知道妈妈的哪句话又是逗她玩儿的。

像珊珊的妈妈一样，有时候，妈妈不能获得女儿的信任，和她们的轻诺寡言也有关系。有些妈妈常常对女儿许诺，却不去认真兑现，结果让女儿产生怀疑，不再信任她们。所以，我们一定要认真地对待自己的承诺，不能欺骗女儿，即使有些承诺确实无法兑现，我们也要向她们做出解释，并且表示自己的歉意。

和女儿平等相处

李开复在与中国大学生分享教子经验时说过这样一段话：“如果你问我的孩子：‘你最喜欢你父亲的什么地方？’他们会说：‘风趣甚至疯狂、没架子，就像我的朋友，让我许多话都愿意和他说。’”女孩是非常希望和父母平等相处的，如果妈妈总是以一种高姿态对待孩子，那她们便不会信任妈妈，也不会和妈妈成为无话不谈的朋友。所以，我们要想获得女儿的信任，就必须信任女儿，并且把她们当成自己的朋友一样对待。

专家课堂

“知心姐姐”卢勤认为，父母在面对小大人一样的孩子时，要表现出对孩子的尊重和信任，一般来说，可归纳为以下几点：

1.父母要把孩子当成真正的人，允许他有自己的行为方式、独立的人格和隐私。

2.孩子是未成年人，有时有夸大一些事情或其他的问题，父母要试着站在他的立场去理解他、尊重他。

3.孩子是一个独立的人，不论年龄大小，父母都不能替他安排好一切，要相信孩子的能力。

第28招

让关系更和谐——掌握与女儿交流的技巧

外面下了大雪，妈妈对华华说：“你上学时多穿件衣服，今天天气太冷了。”华华摇着头说：“不，我不喜欢穿羽绒服，那样太笨重了。”妈妈听到女儿犟嘴，有些不高兴地说：“你这孩子怎么这么不听话，听我的，把羽绒服穿上！”华华也有些生气了：“不穿！就不穿！”说完，背上书包撒腿就跑了。

像华华的妈妈一样，很多妈妈提到和女儿沟通，都会皱起眉头。

“我家那小丫头太刁蛮了，我说轻了她不听，说重了又会哭哭啼啼闹个不停。”

“沟通对我女儿来说起不了什么作用，她常常是左耳朵进、右耳朵出。”

“昨天我女儿又和我吵架了，我让她饭后再吃薯片，她竟然张口就对我说：‘妈妈，你真烦人。’当时把我气得够呛。”

“人们都说青春期的女孩难管，我算是真的领教了。现在我都有些不想管我的女儿了，因为我的话她不仅不听，还会和我对着干。”

……

前面我们讲过，女孩是非常脆弱、敏感的。和女孩沟通，如果不讲究技巧和方法的话，不仅无法达到沟通的目的，很可能还会伤害到女孩的心。所以，妈妈一定要掌握和女孩沟通的方法和技巧。

很多妈妈抱怨无法和女儿进行有效的沟通，还有些妈妈抱怨自己的女儿不爱说话。其实，和女儿进行沟通是很简单的。在和女儿谈话的时候，要根据不同的情况选择不同的方式，这样就能做到良好的沟通了。

多提开放式问题，引导女儿和自己交谈

很多妈妈抱怨女儿不愿意和自己交流，其实很可能是因为我们没有用对

谈话的方式。我们来看这样一个例子。

晚上，女儿告诉妈妈说："妈妈，我们学校明天要举行运动会。"第二天，女儿从学校回来，妈妈问女儿："宝贝女儿，今天举行运动会了吗？"女儿说："举行了。"说完，放下书包就回自己的房间了。

其实，这位妈妈正是没有用对沟通方式，以至于让自己和女儿的沟通一下子冷了场，如果她能用下面的方式和女儿展开对话，沟通就会进行得非常顺利。

女儿告诉妈妈学校要举行运动会。第二天女儿放学，妈妈放下手头的工作问女儿："今天举行的运动会精彩吗？"女儿兴高采烈地说："太精彩了。妈妈，你知道吗，我们班还得了全校第二名呢。"妈妈接着说："看来你很高兴啊。下一届运动会你有没有兴趣参加呢？"女儿说："当然想了，现在我已经开始练习跳远了。"

在和女儿谈话时，妈妈应该多提一些开放性的问题，这样既可以引起女儿谈话的欲望，还可以锻炼女儿的思维能力。此外，在和女儿谈话时，妈妈应该全神贯注地倾听，不要心不在焉地应付她们，因为这样会让她们觉得自己没有受到尊重，从而打击了她们谈话的积极性。另外，我们还可以用"哦""嗯""原来是这样""太好了""看来你很高兴（伤心）"等简单的词句来回应女儿的感受，从而增加女儿谈话的兴趣。

用提问代替指责和说教

为了让女儿做某件事，很多妈妈常常会无休无止地唠叨女儿，如果女儿仍是不按自己的建议做，便会指责和打骂女儿。其实这样做的效果并不好，一方面很难让女儿听话，另一方面即使女儿被迫接受了妈妈的建议，也是口服心不服，会影响母女关系。在这种情况下，妈妈可以用提问的方式代替指责和说教。

妈妈带女儿姗姗去看望姥姥，女儿玩儿得高兴，时间很晚了仍不想回去。

妈妈："这么晚了你还不想回家，你说下次妈妈还愿意带你来看姥姥吗？"

女儿："不愿意。"

妈妈："那你说怎么办？"

女儿："和妈妈一起回家。"

从上面的例子可以看出，妈妈用提问的方式让女儿的思维跟着自己的问题走，并最终让女儿听从了自己的建议，我们不得不佩服这位妈妈的高明之处。相反，如果这位妈妈一味地采取指责的方式，很可能不会取得这么好的效果。当然，如果女儿拒绝回答妈妈的问题，妈妈可以再问一遍，或者对女儿说："你还没有回答我的提问呢，请你赶快回答。"

用肯定句命令女儿

场景一：女儿拿着茶杯满屋跑，妈妈生气地说："不要拿着茶杯乱跑，你会把茶杯摔坏的！"女儿一边跑一边说："没事，我会拿稳的。"结果女儿刚说完，茶杯就掉在地上摔碎了。

场景二：女儿拿着茶杯满屋跑，妈妈对女儿说："宝贝女儿，把茶杯拿稳一点儿。"女儿怕把茶杯摔坏，马上就不乱跑了。

对比以上两个场景不难发现，虽然同是命令，但是肯定的命令比否定的命令更能让孩子接受，从而认识到自己的错误。所以，妈妈在和女儿沟通的时候，可以试着用肯定的语气来命令女儿，而不是用否定的语气来指责她。

多向女儿传达积极的信息

场景一：女儿把房间弄得乱糟糟的，妈妈生气地对女儿说："你这孩子太淘气了，快把房间收拾一下！"女儿很不情愿地收拾起房间来。

场景二：女儿把房间弄得乱糟糟的，妈妈对女儿说："宝贝女儿，你说咱们的房间要是收拾得整整齐齐会不会很漂亮啊！"女儿想了想说："妈妈，我马上把房间收拾一下。"

前面我们讲过，小女孩是很敏感的，她们非常善于捕捉那些微妙、细小的信息。所以，妈妈多向她们传达一些积极的信息，有助于她们采纳自己的建议。

用转移注意力的方法应对女儿的指责

有时候，女孩会和妈妈发生矛盾，还会说出一些让妈妈伤心的话，例如："妈妈，我讨厌你！""你们根本不喜欢我！""妈妈，我恨你！"……在这种情况下，妈妈应该用转移注意力的方法来应对女儿的指责。

让我们看一下下面这个例子。

因为没有答应给女儿买裙子，女儿和妈妈发生了矛盾。

女儿："你根本不爱我，我讨厌你！"

妈妈："我知道你很生气，不过妈妈想让你节俭一点儿。"

女儿："你总是不满足我的要求，你一点儿都不爱我。"

妈妈："怎么会呢，妈妈今天晚上还准备给你讲《喜羊羊与灰太狼》的故事呢。"

女儿："那好吧，今天晚上你给我讲《喜羊羊与灰太狼》的故事吧。"

面对女儿指责的时候，妈妈应该先接受女儿的情绪，并尽快转移女儿的注意力，不要和女儿在一个问题上纠缠。此外，如果女儿真的觉得妈妈不爱她时，妈妈应该采取措施告诉女儿，自己是爱她的。当然，如果女儿认识到了自己的错误，妈妈不要忘了给她鼓励。

专家课堂

"知心姐姐"卢勤认为，要想教育好孩子，必须掌握与孩子沟通的技巧。她总结出了9大沟通妙招：

1.让孩子倾诉——坐下来听。2.让孩子决定——学会选择。

3.和孩子平视——蹲下来看。4.与孩子商量——相互尊重。

5.向孩子学习——能者为师。6.给孩子写信——巧妙地表达。

7.替孩子着想——留点面子。8.放孩子出去——认识社会。

9.向孩子道歉——说声对不起。

第29招

会说更要会听——用心倾听女孩的心里话

曾有一部加拿大影片，讲述的是一对实际生活中沟通有障碍的母女，在一次偶然的机会下，妈妈变成了和女儿一样大的13岁少女，以自己的新身份重新融入了女儿的生活及内心世界，并利用13岁少女的视角去重新审视和了解自己女儿的生活、学习、交际圈等。最后当她重新变为妈妈的时候，母女俩终于和好如初，成了知心好友。现实中，我们虽然不能像影片中的妈妈那样真的变成和女儿年龄一样大的少女，但是我们可以通过倾听女儿的心声，走进女儿的内心世界。

有一位成年女孩曾回忆道：

我的妈妈虽然比我大两轮，但她是我人生中最亲密、最重要的朋友。我记得很小的时候，无论妈妈多忙，她都会停下手中的事情，坐下来听我倾诉。每当我心情不好或感到沮丧、失望的时候，她总是搂抱着我，并引导我把心中的苦闷向她倾诉。就这样，妈妈成了我情绪最大的“宣泄口”，我们无话不谈。也正因如此，我一直感到很快乐、很轻松、很幸福，这都是我最好的朋友——妈妈给予我的。

没错，假如妈妈成了女孩最知心的朋友，那么一旦女孩在生活中遇到什么问题，妈妈就可以及时帮助她解决，让她顺利渡过一个又一个的成长难关。那么，有哪些好方法可以让妈妈走进女孩的内心，成为她的知己呢？

运用倾听技巧，鼓励女孩说出心声

有一位小女孩这样抱怨道：

我真的不太喜欢和我的妈妈谈话，她一点儿都不尊重我。每次我想要和她进行沟通时，她总是一边听我说话一边做别的事情，眼睛从来不看我，很多时候我真的不确定她有没有在听我讲话。

像这位小女孩说的现象在现实中的确常常发生，而妈妈这种不认真倾听女孩谈话的行为直接伤害了孩子的自尊心，进而让她们放弃与妈妈谈心。那么，妈妈应该如何倾听女儿说话呢？

首先，妈妈的倾听姿态要正确，最好能做到以下三点。

1. 停下来。暂时放下正在做的事情，注视女儿，给她表达的机会。

2. 注意看。仔细观察女儿的表情、动作、语气等。

3. 用心听。集中注意力专心听女儿讲什么。

除此之外，妈妈还应表现出听的兴趣，并且在倾听的过程中恰当地表示自己的意见，多引导孩子说出自己的想法。

在女孩失败时与她谈心

妈妈要想成为女儿的朋友，除了在日常生活中多观察、多倾听、多引导和多亲近女儿之外，在她伤心、失望和遭遇失败时和她真诚地交流、谈心，则是走进女儿内心、成为其知心好友的最佳时机。

这是因为遭遇失败的女孩，会显得异常的脆弱，如果这时妈妈愿意走近她、安慰她、鼓励和支持她，那她和妈妈的关系就会有实质性的飞跃。

有一位妈妈的育女经验是这样的。

前一段时间，女儿参加舞蹈大赛出了丑，由于太紧张忘了动作，而不得不提出退出比赛。遭遇失败的女儿很沮丧，一连好几天，她都不能从失败的阴影中走出来。我觉得应该帮女儿一把，于是便找了个好机会，与女儿谈心。一开始，我假装很随意地问起那件事情："女儿，你还在为舞蹈大赛的事情难过吗？"

"是的，妈妈，我觉得很丢脸！我在学校里都不敢抬起头走路。"女儿沮丧地说。

"可是，女儿，你不觉得你有勇气参加这次大赛就已经很成功了吗？而且最初你的表现棒极了！人都会出现失误，世界上最伟大的舞蹈家也曾经忘记过动作，妈妈相信你通过继续努力，一定会成功的。"我继续开导女儿。

“真的吗？可是现在大家都笑话我。”女儿委屈地说。

我轻轻拍着她的肩膀说：“女儿，那些笑话你的同学是不对的，你不必放在心上。你要相信自己，而且笑话别人常常是不自信的表现。你要更努力地去证明自己。”女儿听了我的话突然释怀了，终于从那次失败的阴影中走了出来。

专家课堂

“知心姐姐”卢勤在“如何倾听孩子说话”这个问题上给父母提供了几点意见：

1.做出听的姿势。例如和孩子平视、身体稍向前倾等。

2.表现出听的兴趣，不要打击孩子沟通的积极性。

3.用表情和语言将你专注倾听的态度传达给孩子。

第30招

夸出一个好孩子——多给女孩一些赞美和激励

有一次，美国著名心理学家罗森塔尔到一所普通中学考察，一位老师问他：“先生，您能帮我挑出班里那些智力超常的学生吗？”罗森塔尔非常痛快就答应下来，然后在学生中间指点起来：“你、你，还有你……”那些被点到的学生从此受到老师的关怀以及同学的羡慕，逐渐树立起了自信心，学习成绩逐步提高，成了班里的佼佼者。

一年后，罗森塔尔再次造访这所学校，问那位老师：“那几个孩子的情况怎么样？”老师说：“实在是好极了。”接着这个老师又有些疑惑地问心理学家：“先生，我感到非常吃惊。在您来之前，那几个孩子只是普通的学生，可经您一点，他们一个个都变了。请问您有什么诀窍判断得如此准确呢？”罗森塔尔微笑着说：“我没有任何诀窍，只是随便点点而已。”

这就是一直被大家称道的“罗森塔尔效应”，它告诉我们一个深刻的道理：对一个孩子进行肯定的评价，能够帮他树立起自信心和自豪感，从而取得更快的进步。

生活中，女孩更敏感，更在意妈妈的评价，自尊心也更强。妈妈一句肯定或者鼓励的话，常常让她们高兴老半天，并下决心取得更大的进步；而妈妈一句否定或者批评的话，常常会打击她们的自信心，甚至让她们产生自暴自弃的想法。

我们来看看下面这个小故事，这是一个大学生的家教日记。

暑假，我找了一份家教，教一个刚上小学一年级的小女孩。

这个小女孩的学习成绩非常差，每次我提问，即使是一些很简单的问题，她也会不假思索地说：“老师，我不会，您再给我讲讲吧。”后来我问她：“这些题目你还没看，怎么就知道自己不会呢？”她有些沮丧地说：“我太笨了。爸爸妈妈经常这样说，他们说我反应慢，是个天生的笨蛋。”

我很吃惊，其实我觉得她并不笨，她能背好多儿歌，甚至有一段很长的儿歌她也能一字不错地背下来。现在我知道她的学习为什么这么差了，是妈妈说过的偏激的话对她产生了消极的影响，从而让她失去了进取的信心。

在以后的日子里，我把教学重点放在了恢复孩子的自信心上。每次她再说“我不会”的时候，我会鼓励她：“你再想想，老师相信你能把这道题做出来。”当她迟疑着说出一部分答案时，我便表现出非常惊喜的样子：“你真是太聪明了，这道题就应该这样思考。”同时再引导她说出全部的答案。慢慢地，这个小女孩逐渐找回了自信心，也重新爱上了学习。

在这两个月里，我带她把所有的课本都温习了两遍，课本里面几乎再也找不出她不会的问题。她的妈妈对我的教学成绩非常满意，她认为我能把这样一个笨孩子教到这种程度真不容易。我告诉她，并不是她的女儿笨，而是她对女儿的一再否定让女儿变“笨”的。这时候，她幡然醒悟。

从这个事例我们可以看出，肯定、鼓励孩子比否定孩子所产生的力量更

你又这么大声嚷什么，读完一本书有这么开心吗？
是不是把这本书读完了？你理解能力真不错，不过可要继续努力哟！

大，也更能够促进孩子取得进步。所以，妈妈一定要多多肯定和鼓励自己的女儿。

不要总是拿女儿和别的孩子进行比较

某家报刊曾经做过一次调查，问孩子们“最不满意妈妈的做法是什么”。孩子们给出的答案里被提及最多的一项便是“老拿我和别的孩子进行比较”。在现实生活中，很多妈妈出于攀比的心态，总是拿自己的孩子和别人的孩子进行对比，如果自己的孩子占据优势，则心中欢喜；如果自己的孩子被对方比了下去，则闷闷不乐，回家骂孩子不争气。这样的做法很不好，不但会给孩子造成很大的压力，还会伤害孩子的自尊心。所以，我们不要总是拿女儿和别的孩子进行比较。

鼓励女儿的闪光点

欣月的妈妈是某报社的主编，她希望自己的女儿能够成为一个“小小文学家”。有一次，欣月写了一篇日记让妈妈看，妈妈看完后对女儿说：“真是太棒了，妈妈在你这个年纪可没有你写得好。”女儿受到鼓励后很高兴，更爱读书、写作文了。在以后的日子里，妈妈常常鼓励女儿，并且给她一些很好的建议。在欣月 14 岁的时候，她就出版了自己的第一本小说。

一位教育家说过：你要想让孩子在哪方面做得好，就在哪方面常常鼓励他。这句话非常有道理，妈妈的肯定和鼓励会变成女儿前进道路上的动力，从而让她的优点逐渐放大。

在女儿遭受挫折的时候给女儿鼓励和支持

小洁是班里的学习委员，学习成绩向来数一数二，但是最近一次考试却考得非常糟糕。小洁难过极了，她从来没有受过这样的打击，好多天都没有从这次考试的失败中走出来。

有一天，妈妈看到女儿愁眉不展地坐在书桌前，拍了拍她的肩膀说：“女儿，还在为那次考试难过吗？”

“是啊，我是班里的学习委员，但是却考了全班的倒数几名，真是太丢人了。”

“你不要那样想，每个人都有失败的时候，只要能好好总结失败的经验，你就是一个成功的人，”妈妈抚摸着女儿的头说，“妈妈相信你下次一定能够取得好成绩。”

“妈妈，我一定努力学习，把第一名的宝座抢回来。”女儿终于舒展了眉头，充满自信地对妈妈说。

在女孩遭受挫折的时候，她们最需要的是鼓励和帮助。在这种情况下，如果妈妈再批评她们，会非常打击她们的自信心，从而使其越来越不相信自己。所以，此时，妈妈应该给予她们鼓励和支持，帮助她们尽快从失败的阴影中走出来。

专家课堂

儿童心理专家海姆·G.吉诺特认为称赞包括两部分：我们对孩子说的话，以及孩子听了我们的话后在心里对自己说的话。因此，他认为称赞采用的最好方法是：

1.表达中要充满欣喜和赞赏。

2.言辞中要传达对孩子努力的承认、尊重和理解。

第31招

批评是门技术活儿——妈妈如何说，女儿才肯听

生活中，妈妈会遇到一个教育难题：当女儿犯错的时候，批评轻了，女儿根本听不进去；批评重了，又怕伤女儿的自尊，使她哭哭啼啼地闹个不停。很多妈妈都没有掌握好批评女孩的方法和技巧，结果不仅没有起到很好

的教育效果，还让批评“变了味”。

7岁的小敏常常一边写作业一边看电视。每次遇到这种情况，妈妈都会说：“先写作业，等写完作业再看电视。”小敏嘴上虽然答应，但是依旧我行我素，完全把妈妈的话当作耳旁风。

有一次，妈妈生气了，把电视关掉后狠狠地批评女儿：“你这孩子怎么回事，我都说好多次了，你怎么就是不听……”妈妈的话还没有说完，小敏就咧开嘴哭了，一边哭一边伤心地抹眼泪。

这一下妈妈慌了神，赶紧把电视打开：“你看吧，妈妈不管你了。”小敏不说话，仍是哭个不停。妈妈掏出10元钱，塞到小敏手里：“乖女儿不要哭，到小卖部买只你最喜欢吃的冰激凌好不好？”这下小敏才止住了哭声。

从那以后，小敏仍是一边写作业一边看电视，而妈妈再也不敢管她了。

这个故事中的妈妈批评女儿的方式是绝对错误的，她不仅没有让女儿改正错误，甚至还让女儿产生了一种误解：一边看电视一边写作业不仅是正确的，而且还会得到妈妈的奖励（妈妈批评她之后给她买了冰激凌）。如果都这样教育孩子的话，就大错特错了。

批评孩子（尤其是女孩）是一门学问，如果运用不当，不仅达不到教育的效果，甚至还会产生相反的作用。很多时候，女孩一被批评就哭哭啼啼，是因为她们敏感、自尊心强，在乎自己在妈妈心目中的地位。其实，我们完全可以根据女孩的这一心理特征，对她们进行正确的教育和批评。

批评是一把“双刃剑”，用得好了，能够起到积极作用；用得不好，反而会起到消极作用。妈妈在批评女儿的时候，一定要选对方式，这样才能让批评发挥功效，更有利于女儿改正错误、健康成长。

赏罚一定要分明

妈妈批评女儿，是为了让她改正错误，明白一定的道理。但是在很多时候，女儿一哭鼻子，爸爸妈妈就不忍心批评她了，还会用买食物、买玩具等方法哄她不要哭。其实这样做是非常错误的，它容易让女儿产生一种误解：自己做的是正确的，要不然爸爸妈妈怎么会“奖励”自己呢？结果那些错误不仅得不到改正，还会被继续扩大。如何避免这种弊端呢？这就需要父母一定要做到赏罚分明，当某种规矩一旦订立，就一定要严格地执行下去，该赏的时候一定要赏，该罚的时候一定要罚，否则以后的规矩也会被女儿打破，从而无法对女儿产生约束力。

批评女儿时告诉她："爸爸妈妈是爱你的。"

在批评女儿时，妈妈可以搂着她的肩膀，或者握着她的手讲道理给她听。还可以告诉她："爸爸妈妈是爱你的，但是不希望你这样做。"或者说："爸爸妈妈这样做是为你好，我们不希望你以后……"这样做，可以打消她的顾虑（她怕父母不再爱她），即便说出一些指责的话，她也能够欣然接受。因为她明白，父母是出于爱才批评她的。

给批评加一件"表扬"的外衣

6岁的晓兰非常喜欢吃零食，她常常在吃饭前吃一大堆薯片、巧克力豆、栗子羹等，结果在吃饭的时候就没有食欲了。有一次，妈妈对她说："我家晓兰最近表现越来越出色了，如果在吃饭前不再吃零食，那就更好了。"结果晓兰吃零食的次数真的少多了。

晓兰妈妈的这种做法无疑是很明智的。我们可以尝试她的这种做法，在批评女儿的过程中，可以先表扬她的优点，再委婉地指出她的缺点。这样做，既不会让女儿产生逆反心理，还会让她在心情愉悦的情况下接受批评，然后认真地去改正。

批评女儿时要给她们"留面子"

涵薇上一年级了，和小姨特别亲近。有一次，小姨来家里做客，妈妈在厨房里做饭，涵薇就和小姨在卧室里聊天。妈妈想到卧室拿东西，她听见涵薇对小姨说："小姨，现在我的学习成绩可好了，上次语文考试我还考了100分呢。"妈妈意识到涵薇在说谎，因为上次语文考试她只得了70分，根本不是100分。妈妈没有进屋"揭穿"女儿的谎言，而是在小姨走后，给女儿写了一张纸条:希望薇薇能够做一个诚实的小姑娘,因为小姨不喜欢说谎的孩子。

涵薇看到这张纸条后非常惭愧，每次看到妈妈都欲言又止的样子。妈妈看得出来，涵薇是怕自己把她说谎的事告诉大家，尤其怕小姨也知道这件事。过了些日子，涵薇看到妈妈没有和任何人说起这件事，心中对妈妈充满了感激，并且改掉了说谎的毛病。

女孩的自尊心非常强，所以在批评她们的时候一定要给她们“留面子”。尤其在人多的情况下，妈妈最好不要批评她们，因为这样会深深伤害她们的自尊心。如果女儿犯的错误不太严重，妈妈不用全盘说出来，只要稍稍提示她就可以。这样做，既可以保护女孩的自尊心，还会让她对妈妈充满感激，从而努力地去改正自己的错误和不足。

专家课堂

德国教育家卡尔·威特在教育儿子的过程中时常采用夸奖和鼓励的方法，但有时也会批评儿子，不过他的批评方式总是让儿子心服口服，因为他是这样做的：

1.教育孩子的过程中，一定要仔细地观察孩子所做的事，尽量理解他。

2.如果就某件事需要批评孩子的时候，一定要在弄清真相后再作评价。

3.真正关心和帮助孩子，而不是采取打骂的方式。

第32招

拒绝该拒绝的——对女儿说“不”的学问

一位妈妈给教育专家打电话讲述了自己的教育困惑。

我女儿各方面表现一直不错，学习成绩也非常优异。可是自从上了高中后，见到班里的同学玩 MP5 播放器，就缠着我要买，说是学英语用。我就给她买了一个，结果她的考试成绩反而下降了。我发现原来女儿把网络小说下载到 MP5 里面，整天都在看小说，所以我一气之下就把播放器给没收了。

女儿当然不接受，开始和我对抗，一开始是不吃饭，接着又扬言不给她播放器就不做作业、不学习。最初我也以为这孩子只是说说，结果发现她回家真的不学习了。我非常着急，本来女儿的成绩就在下降，这样下去怎么得了。可如果为了让她学习就答应她的条件，把播放器还给她，这样下去还有什么教育效果呢？况且给她播放器她肯定又去看网络小说了。所以在给她还是不给她这个问题上，我非常矛盾，真不知怎么办才好。

上述事例中的妈妈收回女儿的播放器不能解决根本问题，如果只是还给女儿播放器，也不能解决问题。那么，她应该怎么做呢？教育专家给她的建议是，当她发现女儿用播放器看网络小说导致成绩下降时，要试着平心静气地和女儿“约法三章”：要合理使用播放器，要把它用在学习上；看网络小说或听音乐要限制时间，切忌沉迷；如果女儿做到以上两点，成绩也提上去了，那么播放器就可以由她继续保管，否则就由妈妈保管。

总之，妈妈不要事事顺着自己的女儿，对她的某些无理要求一定要拒绝。适当约束女孩、拒绝女孩，对她的健康成长是有益的。当然，拒绝孩子也是有学问的，你不能在伤害女孩自尊心的基础上去拒绝她，要不然很容易让她对你产生怨恨。拒绝孩子，你就要让她知道自己被拒绝的原因。这样不但能提升妈妈在女儿心目中的威信，同时也会使她懂得更多生活和做人的道理。

以下建议可以供妈妈参考。

对无理取闹的女孩说“不”

很多时候小女孩会利用撒娇、任性等手段来满足自己的某种要求，例如，不想上学、赖床、想要最新款的玩具……这些要求有的是妈妈能够满足的，但有的就显然是无理取闹了。如果遇到小女孩提出无理要求，妈妈切忌百依百顺，一定要坚定地表达自己的拒绝态度。

一个不曾经受失望和痛苦的女孩，她的抗挫能力是很低的，而且如果妈妈不能及时制止女孩的一些不良行为，就会让孩子形成多种不良习惯。因此，作为妈妈，一定要对无理取闹的女孩说“不”。

浓浓的妈妈平时很少对孩子生气，但这天却忍不住打了女儿浓浓。事情是这样的，浓浓非要在周三的时候让妈妈带她去动物园，但周三妈妈还要上班，她也要上学。妈妈答应她周末再去，但是小丫头死活不同意，哭着闹着非要周三这天去。早上妈妈叫她吃饭，她也懒得答应。等到在一旁的爸爸厉声喊她时，她才不耐烦地喊道：“管我干吗？”妈妈一听很生气：“叫你吃饭就吃饭，怎么不能管你了！”

浓浓气呼呼地从客厅又跑到自己的房间。过了一会儿，她的房间里传来乒乒乓乓的响声。浓浓出来之后，妈妈打开门一看，女儿的房间一片狼藉，原来这丫头把书桌上的东西都扔在了地上。此时妈妈真的生气了，动手揍了女儿一顿。

这位妈妈虽然坚决地拒绝了女儿，但她的做法也是不对的。我们在拒绝女儿的要求时，应该平静、理智地给孩子分析原因，不能一看女孩无理取闹就骂她一顿、打她一顿，这种教育方式是非常不可取的。

真诚地告诉女孩拒绝的理由

很多时候，妈妈习惯用“谎言”来作为拒绝女孩的理由。例如，当女儿站在儿童服装店门口，非常渴望地看着那件粉色的裙子，妈妈就会说：“怎么办，今天没带这么多钱，我们改天再来吧。”结果改天再也没来，或者来了也假装忘记了这件事情。

最离谱的是还有很多妈妈为了拒绝孩子的要求，编造更奇怪的谎言：“看到没，那个老板是坏人，你要是一直站在他的店门前不走，就会被他抓走卖掉。”像这类吓唬小孩子的话在女孩的幼年时期或许奏效，但这对孩子的身心健康是无益的。

其实，妈妈拒绝女孩的要求，完全没必要利用谎言、吓唬等这些手段，你只需要真诚地告诉她自己拒绝她的理由。例如，她已经有了一件粉色的裙子，这件不值得去买。

妈妈制订的规矩不能轻易打破

很多家庭为了更好地规范孩子的日常行为和习惯，就给她制订了一定的规矩。例如，出门不能要求买这买那、每天晚上按时睡觉、看电视时间不能超过1小时……这些家庭制订的规矩，不但要求孩子严格遵守，妈妈也要严格执行，不能孩子一哭一闹，就立马心软了，然后放弃原则，答应女孩的要求。因此，妈妈一定要做好女孩的监督者，不要轻易打破为孩子制订的规矩。

专家课堂

很多时候，父母不知道怎么拒绝孩子的无理要求，害怕拒绝会伤害孩子。如何巧妙地解决父母的这一难题？王金战老师给父母的建议是：

1.做事之前先与孩子订立规矩。

2.转移兴趣，引导孩子做一些有意义的事情。

3.孩子提出不合理要求，要对孩子说“不”，并坚持到底。

第33招

犯了错误就要惩罚——如何规范女孩的行为

生活中，我们常常会听到有些妈妈这样说：

“女儿犯错误时，我就罚她面壁思过，并不许她吃饭。”

“女儿不听话，我就打她。”

“女儿做错事，我就禁止她外出玩耍或者采用罚站的方式惩罚她。”

“女儿任性、无理取闹时，我就狠狠骂她一顿，然后罚她做家务一星期。”

……

当女孩做错事、说错话时，妈妈在约束孩子的言行举止方面，绝不要对她的身心造成伤害。因为惩罚不是教育的关键，改变才是目的。有这样一个故事：

一天，一位女老师要去给那些有过失的女生上第一次课，她很担心。所以当她走上讲台的时候，一不留神就被绊了一下，很难看地摔倒了，课堂里的女生们顿时哄堂大笑。但这位女老师并没有惩罚那些嘲笑她的学生，而是慢慢站起来，直起身子，说："我给你们上的第一课就是一个人会摔倒趴下，但她依然可以再次站起来。"此时，教室里寂静无声，女孩们接受了这位老师的教诲。

生活中，妈妈应该像这位老师那样，当女孩有错时，不是用威胁和惩罚，而是用智慧的力量影响她的行为。

不要惩罚女儿的失败

场景一：阳阳是一个很懂事的小女孩，有一天，她看到妈妈工作特别辛苦，于是决定主动帮妈妈洗碗。可是因为放了洗洁精的碗比较滑，阳阳一不小心就把碗摔碎了。妈妈听到声音，马上走进厨房看着她说："你这孩子怎么回事，整天就知道给我添乱！出去出去，以后别进厨房了！"

场景二：阿茶的学习成绩一直很不错，可有一次期中考试没有发挥好，班级排名下降了很多。妈妈生气地对她说："平时就知道整天抱着电视看，这次成绩考不好，活该！从今往后不准再看电视了！"

女孩有时敏感、脆弱，尤其是当她某些事情做得不好或失败的时候，她的心情会非常糟糕，感到十分自卑、自责和后悔。这时候，也是她最需要妈妈理解、安慰和支持的时候，如果妈妈给她的只是一顿打骂或其他惩罚，那么她的心中会留下永远的阴影，并且很难再去尝试、去努力。因此，作为妈妈，你可以去惩罚她的懒惰、逃避、依赖和不负责任等不良行为，但不要惩罚她的失败。

用"同情心"化解女孩的错误及不良情绪

一位妈妈讲述了下面的事例。

一天，我的女儿从学校回到家，一进家门就开始大声嚷嚷："我讨厌我的老师，她竟然当着全班同学的面冲我大声叫嚷，说我扰乱课堂秩序，然后还惩罚我，让我整节课都站在走廊里。我再也不去学校了。"女儿的怒气也使我失去了平静，这个丫头平时上课注意力就不集中，老师跟我反映很多次了。所以我不假思索地脱口说道："你是学生，本来就应该遵守课堂纪律，上课不能乱讲话，你不知道吗？如果你犯错，你就应该受到惩罚，我希望你现在已经接受了教训。"谁知，女儿听完我说的话，开始生我的气了。

假如事例中的妈妈没有说上面那些话，而是对女儿说："站在走廊里多尴尬啊！当着全班的面批评你也很让人丢脸！怪不得你要生气，没有人喜欢被那样对待。"那么小女孩可能在得到妈妈的同情之后，愤怒的心情就会平复很多，同时她能感到妈妈对她的理解和爱。接下来，妈妈再用恰当的方法指出女儿的错误，并鼓励她改正，那么教育效果就大不一样了。

自然惩罚法

18 世纪法国著名的教育家卢梭提出了这样一种教育方法，即"自然教育法"。所谓"自然教育法"，就是自然后果惩罚法，可理解为当女孩在行为上发生过失或者犯了错误时，妈妈不必过多批评她，而是让她自己承受行为过失或者错误直接造成的后果，并感受到不愉快甚至是痛苦的心理惩罚，从而使女孩引起自我悔恨，自觉弥补过失，纠正错误。

当然，自然惩罚法并不是对每一个女孩的每一种行为都适用。通常来说，当女孩的那些过失后果不会损害她的身心健康时，妈妈才可以运用这种方法让她尝到这种后果带来的惩罚。例如，当女孩偏食时，妈妈可以偶尔让她尝尝挨饿的滋味；当她臭美不多穿衣服时，让她尝尝受冻的滋味等。

专家课堂

儿童心理学专家海姆·G. 吉诺特曾发出这样的疑问："如果打孩子这么有效，为什么对它有如此不安的感觉呢？"所以，他认为：

1.我们不应该把体罚作为对孩子的挑衅或者我们自己的愤怒情绪的回

应，而是应该向孩子展示我们的聪明才智，为愤怒的情绪找一个更文明的发泄渠道。

2.体罚的最大副作用就是可能会阻碍孩子道德良心的发展，轻易地消除孩子的内疚，因此，父母应学会用更好的方法对孩子的行为进行一定的限制。

第34招

沟通不仅靠语言——学会进行“非语言沟通”

美国著名心理学家艾伯特·梅瑞宾提出过一个著名的公式：沟通的总效果＝7%的语言＋38%的声音＋55%的表情。在这里，声音和表情都是非语言沟通的方式。由此可以看出，非语言信息在沟通过程中起着非常大的作用。

对于敏感、感性的女孩来说，她们非常喜欢这种非语言沟通的方式。她们喜欢爸爸妈妈拥抱自己，喜欢爸爸妈妈拉着自己的小手一起去散步，喜欢在睡觉前得到爸爸妈妈的吻……

在教育女孩的过程中，如果妈妈能够巧妙地运用非语言沟通方式，往往能够收到意想不到的效果。

一位妈妈曾经这样谈到自己的育女经验：

在女儿刚刚学会走路的时候，有一次，她想走到一个斜坡上去。那个斜坡稍稍有些陡，女儿有些害怕，便回头看着我。我当时没有说话，只是朝女儿微微笑了笑。女儿似乎从我的微笑中得到了鼓励和支持，非常勇敢地朝那个斜坡走去，尽管中途摔了一跤，但她没哭也没闹，最终走上了那个斜坡。

从那以后，我认识到了非语言沟通的重要性，并且非常注重和女儿进行非语言沟通。在女儿取得一定成绩的时候，我会给她一个会心的微笑，鼓励她再接再厉，取得更大的成绩；而当她遇到挫折的时候，我会拍拍她的肩膀或者给她一个拥抱，让她迅速地从失败的阴影中走出来；在闲暇的时候，我会拉着女儿的手，带她一起去散步、去逛街……现在，我感觉自己和女儿的关系更亲密了。在很多时候，我不用说话，只用一个眼神，女儿便能够理解我要表达的意思。

从上面这个事例我们可以看出，巧妙地运用非语言沟通方式，不仅能够加强和女儿的关系，还能够让女儿从自己这里得到鼓励、支持，从而取得更大的进步。所以，妈妈应该学会和掌握这种沟通方式，并且应用到日常生活之中。

非语言沟通是一种很好的沟通方式，但是妈妈和女儿之间要讲究默契，这样才能增进双方的感情。如果妈妈以前很少用这样的方式和女儿沟通，女儿在开始的时候可能无法领会妈妈的用意。不过，妈妈不要灰心，慢慢地，你就会和女儿形成默契了，感情也会变得更好。

增加和女儿的身体接触

英国著名教育家斯宾塞在他的作品《斯宾塞的快乐教育》中说过：“如果对自己的孩子多一些拥抱、抚摸，有时甚至是亲昵地拍打几下，孩子在对外交往以及智力、情感上都会更健康。我认为，拥抱、抚摸、牵手也是教育的一部分。”斯宾塞的话非常有道理，尤其适用于小女孩。如果妈妈在日常生活中常常和女儿拥抱、抚摸、牵手，可以给她们安全感，也可以让她们感受到浓厚的爱意，从而拉近她们和妈妈的距离。所以，妈妈应该增加和女儿的身体接触，把自己的爱意传达给她们。

时常给女儿留一张充满爱意的便条

小茜的妈妈平时忙于工作，很少有时间和女儿待在一起。但是尽管如此，两个人的关系仍然非常亲密，因为妈妈经常用写便条的方式和女儿交流。每天早上，妈妈会把小茜的中午饭做好（妈妈中午不回家），然后给女儿写下便条：“今天的午饭是西红柿炒鸡蛋，放在冰箱了，用电锅热一热再吃。”有什么事情要交代，妈妈也会给女儿留下便条：“明天你有体育课，记得穿上运动鞋。”如果发现女儿犯了什么错误，妈妈也会给她写便条：“妈妈希望你做个细心的小姑娘，不要老是丢下东西。”每次看到妈妈的便条，小茜都会有一种幸福感，因为她感受到了妈妈对自己的爱。

用便条和女儿进行交流，也是一种不错的沟通方式，因为这是心与心的交流，远非语言所能表达。因为女孩对文字十分敏感，所以非常喜欢这种方式。所以，妈妈可以经常用一下这种沟通方式（尤其是当女儿犯错的时候可以用这样的方式和她交流），让女儿感受到妈妈深深的爱意。

用默默的行动来感染孩子

美兰 15 岁了，上初中三年级。由于马上就要参加中考，美兰的学习任务非常重，常常写作业到九、十点钟。每次美兰学习到深夜，妈妈都会给她温一杯牛奶，并把台灯调亮一些。第二年，美兰以全班第四名的好成绩考入一所重点高中。每当回忆起这段中考经历，美兰都会感动地说："是妈妈默默无闻的爱给了我学习的力量，要是没有妈妈的支持和鼓励，我一个中等生根本不可能考出这样的好成绩。"

大爱无言，越是那种默默无闻的爱，越能打动女孩的心，让她深深感动。所以，在女儿需要帮助的时候，妈妈要永远站在她身边，用默默无闻的行动来鼓励她、感染她。

专家课堂

沟通不仅仅是用“嘴”这一种方式，人的眼睛、耳朵和动作等都可以成为沟通的方式，对此英国教育专家伊丽莎白·哈特利布–鲁尔给父母提供的方法是：

1.当女儿想跟你说点儿什么的时候，你要放下手中的家务或工作，用眼睛注视她。

2.观察孩子的面部表情，发现其背后的含义，同时注意她的坐姿或站姿以及她说话的语气。

3.让孩子感受到你是在认真对待与她的谈话，激起她继续谈话的兴致。

第五章　好相貌不如好气质，打造女孩的优雅气质

气质能给人带来多种美感：

敢于标新立异会让女孩有一种脱俗的美；

温文尔雅的谈吐会让女孩有一种高贵的美；

穿衣打扮得体会让女孩有一种亲切的美；

……

无论是哪一种气质美，都需要后天的引导和培养。但你知道怎样才能让女孩做到气质美吗？那就走进本章去寻找答案吧！

第35招

“请”字不离口——气质女孩要懂得文明礼让

讲文明、懂礼貌是为人处世的基础。中国大教育家孔子说过：“不学礼，无以立。”英国著名教育家斯宾塞也说过：“礼仪修养是一个人全部品德的基础。”由此可见，无论是在东方还是在西方，大家都把文明礼貌看得非常重要。

一个人是否懂礼貌，不仅代表着他本人的素质，也体现着他从小受到的家庭教育。在生活中，那些讲文明、懂礼貌的人往往容易受到大家的欢迎和尊敬，也容易建立较好的人际关系；而那些不讲文明礼貌的人，则不会有较好的人缘，有时甚至会被大家厌恶。

场景一：过完新年，9岁的静香和8岁的表妹玉珍去给姥姥拜年。姥姥早给两个外孙女准备好了礼物，一个毛毛熊玩具和一块电子手表。谁知两个女孩不仅没有向姥姥道谢，还因为争抢礼物发生了矛盾。她们都想要电子手表，谁也不肯让谁，最后还打在了一起。姥姥无可奈何地说：“孔融7岁就知道让梨了，你们这么大了，怎么不知道谦让啊？”

场景二：公交车到站，一位老爷爷和6岁的孙女上了车。这位老爷爷年纪已经很大了，还为孙女背着沉重的书包。一个小伙子见了，赶紧站起来让座。谁知小伙子刚站起来，那个小女孩就坐到座位上。小伙子不满地说：“我是把座位让给你爷爷的。”那个小女孩说：“你把座位让给爷爷，爷爷一定会把座位让给我的。”小女孩的爷爷也附和着说：“让她坐吧，我不坐了。”小伙子非常不满意，小声说：“这小女孩真不懂礼貌。”

对于女孩来说，讲文明、懂礼貌显得更为重要。试想一下，如果一个女孩不懂礼貌，甚至开口就说脏话，这样的女孩又怎么会受到大家的欢迎和喜

我吃个苹果。
谢谢阿姨，我自己拿就行。
我平时都是怎么教你的！一点儿规矩都不懂！
谢谢阿姨！
好的，谢谢妈妈！
谢谢阿姨！
女儿，帮妈妈一下，给你的好朋友发水果了！

爱呢？所以，我们要培养女儿从小养成讲文明、懂礼貌的好习惯，让她成为一个真正受欢迎的人。

妈妈自身要懂礼仪

妈妈是孩子的第一任老师，也是孩子学习的榜样。身教大于言教，榜样的力量是无穷的。如果妈妈平时不注重自己的礼仪修养，在公共场合大声喧哗，在街上随地吐痰，张口就说脏字，这些都会“传染”给自己的孩子。所以，妈妈在平时一定要注意自己的礼仪修养，给孩子树立一个好的榜样。此外，值得一提的是，妈妈应该摆正礼仪教育观念。现在大多数家庭都是独生子女，妈妈对孩子比较娇惯。有的妈妈怕孩子吃亏，事事都纵容孩子，这就很容易让孩子形成以自我为中心的倾向，从而常常做出“失礼”的行为。我们应该明确这样一个教育观：我们要培养的是讲文明、懂礼貌的人，而不是骄纵、任性的“小公主”。

教会女儿使用文明用语

一位妈妈曾经这样谈到自己的育女经验：

在女儿2岁的时候，我就开始教育她使用“请”“谢谢”等文明用语。我教育她的方法非常简单，就是把这些文明用语用到女儿身上。例如我让女儿帮我递一件东西，我会对她说：“嘉嘉，请把衣服递给妈妈。”等女儿把衣服递给我后，我会说：“谢谢嘉嘉。”慢慢地，女儿也学会使用这些词语了。在以前，女儿总是用命令的语气和我说话：“妈妈，把苹果递给我，快一点儿。”后来，她会这样和我说：“妈妈，请把苹果递给我。”当我把苹果递给她后，她还会说一声“谢谢妈妈”。

儿童心理学家研究表明，在孩子一两岁的时候，就可以有意识地教他们使用“再见”“对不起”“谢谢”“早上好”等文明用语。通过反复的强化练习，孩子会慢慢形成习惯，从而成为一个讲文明、懂礼貌的人。另外，在教育孩子使用文明用语的时候，我们不应该使用说教、批评的方式，这样的效果并不好，甚至可能会引起孩子的反感。

小姨给梦洁买了一个毛绒玩具，梦洁非常高兴，伸手就要去拿。妈妈拨开她的手，生气地说："我怎么教你的？接受别人的礼物应该怎么说？"梦洁非常不情愿地说："谢谢小姨。"

用这样的方式让女儿说出"谢谢"，女儿肯定不是发自内心的，下次一定还会忘记。在这种情况下，妈妈可以对小姨说："谢谢你送给梦洁这么可爱的玩具。"女孩是非常敏感的，当她听到妈妈说出"谢谢"两个字时，马上会意识到自己没有感谢小姨。此外，妈妈还可以在事后引导女儿："小姨送给你这样可爱的玩具，你是不是应该给小姨打个电话谢谢她呢？小姨接到你的电话后一定会非常高兴的。"通过妈妈的引导，女儿会发自内心地感谢小姨，并且养成使用文明用语的好习惯。

理解女儿偶尔失礼的行为

场景一：3岁的凌薇坐在床上，让妈妈把牛奶递给她。妈妈正在收拾餐具，没有时间，凌薇用小手指着妈妈说："大坏蛋！"

场景二：3岁的涵涵让妈妈给自己买一个玩具。妈妈没有答应她，涵涵就用小手打了妈妈几下说："妈妈不给我买玩具，妈妈坏。"

生活中，孩子有时因为一时疏忽，或者为了发泄情绪，也可能会做出一些失礼的行为。这时，妈妈不要马上指责、批评孩子，这样做不仅不能从根本上解决问题，还容易激发孩子的逆反心理。出现这种情况的时候，妈妈应该平静但坚决地对孩子说："咱们家不应该有不讲礼貌的孩子。"然后再表达自己的要求："如果你需要妈妈帮助，应该用礼貌的方式和妈妈说话。"这样，孩子就会逐渐改掉失礼的行为。

专家课堂

儿童文学家冰心一直崇尚“爱的哲学”，而对于怎么培养女孩的淑女气质，她给出了自己的建议：

1.让女孩从小注意个人礼仪，包括仪容仪表、仪态举止、谈吐、着装等几个方面。

2.要帮助女孩掌握必要的文明礼貌常识。

3.帮助女孩建立自尊和尊重他人的意识。

第36招

做优雅的公主——培养女儿温文尔雅的谈吐

很多妈妈都希望自己的女儿能够成为一个谈吐优雅、举止有仪的小淑女。谈吐优雅、举止有仪带给女孩的好处实在太多了，这样不仅增加了女孩自身的魅力，还赋予了女孩高贵的气质，让她们获得更多的赞赏和尊敬。

在我们的身边，经常会看到一些女孩有失文雅的现象。例如有些女孩谈吐粗俗、脾气暴躁，更有甚者还会像男孩一样打架斗殴。这的确是很让人头疼的事情，相信有些妈妈正为此而烦恼呢！

有一位妈妈就这样抱怨说：

我女儿7岁了，是一个大大咧咧的女孩。别人家的小姑娘说话都是细声细气的，但是我女儿却是个“皮猴子”，有时候还和小男孩去摔跤、爬树，没有一点儿女孩的样子。现在我非常着急，如果她一直这样发展下去，将来怎么办才好呢？

要想让女儿做到举止优雅，成为新时代的小淑女，就要告诉她们淑女的标准，并且引导女儿去执行。在举止方面，妈妈对女儿的影响非常大，所以妈妈应该为女儿树立一个良好的榜样。

妈妈要为女儿树立一个良好的榜样

天瑜的妈妈是一家建筑公司的项目经理。由于工作的关系，她非常豪爽，说话粗声粗气，有时候还大声地批评下属。在妈妈的影响下，天瑜也变得“不拘小节”，大喊大叫地唱歌，把玩具弄得缺胳膊断腿，有时候还带着小伙伴去和其他的小孩打架，俨然成了“孩子头儿”。

在气质塑造上，妈妈对女儿的影响是十分大的。女儿常常把妈妈当作自己的模仿对象，如果妈妈不注意自己的言谈举止，那么女儿也会变得“不拘小节”，并最终演变成一种常态。所以，要想把女儿培养成谈吐优雅、举止有仪的小淑女，妈妈首先要做一个优雅女人。

告诉女儿成为淑女的标准

很多妈妈都希望女儿能够成为一个人见人爱的小淑女。在生活中，当女儿的一些言谈举止不符合淑女的标准时，妈妈常常提示甚至批评她们：

“不要这样大声说话！”

“不要挖鼻孔，文明一点儿！”

“淑女一点儿好不好！”

……

这样做是不对的，一方面，我们用批评、说教的方式去引导女儿，容易引起她们的反感；另一方面，我们没有告诉她们怎样的言谈举止才符合淑女的标准，女儿没有规则可遵守。所以，我们应该告诉她们做淑女的标准。

第一，行为举止方面。站立的时候要身体直立、挺胸收腹，不要耸肩、塌腰，更不要表现得无精打采、萎靡不振；行走的时候要不急不缓，不要表现出慌乱、着急的样子；坐着的时候要挺直上身，不要半坐半躺，更不要抖腿、晃脚。另外，在待人接物的时候要从容大方，不要慌慌张张。

第二，神情方面。在和人交往时，要常常面带微笑，表现出对他人的尊重和理解。另外，在公共场合不要做出剔牙、挖鼻孔、掏耳等不雅动作。

第三，谈吐方面。和人说话时不要粗声粗气，说话语气要温柔和缓，给人一种如沐春风的感觉。另外，在和人交往时，要多用文明用语。

总之，告诉女儿淑女的标准，并在生活中反复练习。例如在吃饭前，妈妈可以对女儿说："小淑女在吃饭的时候总是不急不忙，我看一下我宝贝女儿是不是一个小淑女呢？"有了妈妈的提醒，女儿一定会认真去做。通过妈妈的引导和反复练习，女儿肯定能将优雅的举止和谈吐变为一种习惯，成为一个人见人爱的小淑女。

为女儿寻找一个偶像

现在的孩子都热衷于"追星"，这在小女孩身上尤为明显。如果让女儿盲目地去崇拜那些明星大腕，会对她的学业、价值观、审美观造成一定的消极影响。在这种情况下，妈妈不妨顺应女儿追星的心理，找一个言谈举止优雅、事业成功的女性让女儿去喜欢、去模仿。这样，女儿不仅找到了自己崇拜的人，还会学习她身上的气质和优点，最后自己也成为一个优雅的小淑女。

专家课堂

女孩说话粗鲁怎么办？王金战老师给父母提供的教育建议是：

1.找到造成孩子行为粗鲁的原因，然后对症下药，帮助孩子解决问题。

2.当发现孩子行为、语言粗鲁时，不要否定孩子，而是要选择合适的方式批评孩子粗鲁的行为和语言本身。

3.做个拒绝粗鲁的父母，为孩子做个好榜样。

第37招

提升审美力——告诉女孩穿衣打扮要得体

在穿衣打扮上，很多妈妈都会和女儿发生矛盾。爱美是女孩的天性，无论她是两三岁还是十几岁、二十几岁。正是因为爱美，女孩十分注重自己的穿衣打扮，并且总爱去模仿大人。

妈妈带13岁的彦妮去买衣服。彦妮在童装店里左挑右选，一件也看不上。最后，她看中了一件成年女性的上衣，背部和胸部都有些裸露。妈妈说："不能买这样的衣服，这不符合你的年龄。"妈妈又让彦妮重新挑选，但是彦妮每次选中的衣服都是有些裸露的。妈妈生气地说："你这孩子怎么老是挑选这样的衣服，太不适合你了！"

心理学家研究表明，女孩在两三岁时就会产生审美需求，并且迎来自己的审美敏感期。例如在三四岁的时候，她们会穿妈妈的鞋子、用妈妈的口红。等到年龄再大一点儿，她们爱美的心更强烈了，有的小女孩宁可挨冻，也要在冬天穿裙子。另外，由于年龄小，女孩还容易受各种媒体的影响，在穿衣打扮上尽量把自己打扮得妖艳、性感。当女儿出现这些情况时，父母会严厉斥责女儿。但是这样真的能够起到很好的教育作用吗?

雅琳14岁了，正是爱美的年龄，但是她从来不穿裙子，即使妈妈给她买来她也拒绝穿。出现这样的情况，和妈妈的责骂有关系。在雅琳6岁的时候，她非常喜欢穿裙子，即使到了冬天，也不肯脱下来。开始时，妈妈给女儿讲道理，但是雅琳死活不听，后来妈妈发了火："你这丫头这么小就这样臭美，长大了一定会长成狐狸精，只有狐狸精才喜欢穿裙子。"妈妈说这句话本来想吓吓她，但是却给雅琳留下这样一个印象：喜欢穿裙子会成为坏女人。从那以后，雅琳每次穿裙子的时候都有一种罪恶感，到后来干脆再也不穿了。

爱美是女孩的天性，如果妈妈在女儿刚刚产生审美需求时就粗暴地干涉、阻止、限制她，会影响她的审美观和审美能力的发展。但是女孩又极容易受各种媒体、同学、朋友的影响，如果妈妈不闻不问，她的审美观也很可能会被扭曲，形成一种错误的审美观。所以，穿衣打扮这件事看似不大，却直接会影响到女儿的审美观，妈妈一定要认真对待。

减少电视媒体对女儿的影响

据《银川新闻网》报道，在银川街头上一些类似男孩打扮、年龄在十几岁的女中学生越来越多。这些女孩崇尚中性装扮，并且把这当作一种时尚。出现这种情况，和电视媒体有很大关系。电视中一些女明星打扮成这样，很多女孩便纷纷效仿，也把自己打扮得很中性。除此之外，很多女孩喜欢穿性感、暴露的衣服，喜欢化很浓的妆，这也和电视媒体的影响有直接的关系。孩子的年龄小，没有形成成熟的审美观，自然容易受电视媒体的影响。这时，妈妈应该积极引导女儿，让她免受电视媒体的影响。

一位妈妈曾经这样谈到自己的育女经验：

我5岁的女儿非常喜欢看电视。有一天，她对我说："妈妈，你能不能给我买一支口红？我想抹口红。"我问女儿："你为什么想抹口红啊？"女儿说："电视中的姐姐都抹口红，非常的漂亮。"我说："适合姐姐的未必适合你，你想一想，电视中的姐姐都20多岁，而你才5岁，你们能一样吗？"女儿看着我半信半疑。我说："你如果不信，可以去问问爸爸，看看爸爸怎么说。"女儿真的跑去问爸爸了。爸爸说："我女儿的嘴唇红红的非常好看，如果再抹上口红，红色就太重了，反而显得不自然了。我认为还是不抹口红的女儿好看。"从那以后，女儿再也没有和我提买口红的事。

一位教育家说过："媒体猛于虎。"确实是这样，媒体常常在潜移默化中影响孩子，让妈妈防不胜防。作为妈妈，我们要和女儿多沟通（如聊一聊电视节目等），及时纠正女儿错误的审美观，让她健康地成长。

让女儿在穿衣打扮上充满自信

雪慧的家庭条件不是很好，妈妈很少给她买新衣服。但是妈妈看得出来，女儿非常希望能够穿上新衣服，她甚至因为自己总是穿旧衣服而感到自卑。这让妈妈十分内疚。后来妈妈鼓励女儿说："我家雪慧是一个有气质的女孩，穿上什么衣服都漂亮可人。有些女孩尽管衣服光鲜，但是人却缺乏气质，一样得不到大家的认可。"妈妈常常和雪慧这样说。雪慧也相信了妈妈的话，更加注重自己的气质培养，再也不为穿旧衣服而感到自卑了。

作为妈妈，我们应该告诉女儿，气质才是女孩最鲜亮的衣裳。这样，女儿会注重自己的气质培养，而不再只是关心穿什么样的衣服、戴什么样的首饰、用什么样的化妆品。当她认为自己拥有了不俗的气质的时候，她在穿衣打扮上也会有自己的想法，会形成健康的审美观。

教育女儿要衣着端庄、打扮得体

蒋佩蓉老师是著名的儿童礼仪专家，也是麻省理工学院在中国的面试官。她在自己的作品《佩蓉姐教儿童礼仪》中曾经谈到女孩着装的问题。她认为，每个女孩都希望被人珍爱，她们用衣着方式表示自身保有尊严和尊重，然后再从周围的人那里获得这种尊重。如果一个女孩衣着过于暴露，这就大大地贬低了自身的价值。她同时指出，穿着端庄不是要显得寒酸或者昂贵，一个衣着简单但是举止优雅的女人，远比那些珠光宝气的人更美丽动人。

专家课堂

美化女孩的外表是美化生活的一部分，教育家陶行知先生也认为应该注意孩子的穿着打扮。他在这方面的观点可总结为以下几点：

1.孩子的穿着打扮应符合其年龄特点。

2.孩子的穿着打扮应有利于其生长发育。

3.孩子的穿着打扮应适度。

第38招

保持仪容美——仪表整洁，处处受欢迎

詹姆士·杜布森博士是美国一位著名的教育家，也是“爱家”的创建者和会长。“爱家”是一家教育机构，致力于家庭的保护和发展。每个月，他都会收到数以万计的电子邮件和信函。有一次，他收到了一个叫作伊丽莎白·克里斯廷·海斯的9岁女孩写来的一封信，标题是《女孩比男孩好》，非常有趣。

女孩闭着嘴巴吃东西；

女孩不挖鼻孔；

女孩的头发梳得更漂亮；

女孩没有那么多的体味；

女孩不会把房间弄脏；

女孩看上去比男孩漂亮；

女孩用的除臭剂比男孩多；

女孩打喷嚏时会用手捂住嘴；

女孩不会把头发弄得一团糟；

女孩修面的次数比男孩多；

……

这个小姑娘列举了31条之多，其中有一半在讲女孩比男孩更干净整洁、讲卫生。然而，干净整洁、注重仪表虽然是女孩的优点，但是并非每个女孩都能做到。

有一位妈妈曾经这样谈到自己的女儿：

我女儿9岁了，长得漂亮，学习也好，但是就是不爱干净。每天早晨，

她既不刷牙也不梳头，吃完饭顶着一团乱发就去上学了。家里买了水果，她常常洗也不洗就往嘴里送。有时候，我们让她洗手洗脸，她在水龙头下冲两下就算完事了，有时连手背都没有沾到水。我和她爸都非常发愁，一个小女孩不爱干净哪行啊！更让我们担心的是，由于女儿不爱干净，她常常闹肚子，而且长了蛀牙，我们真应该让她从小养成讲卫生的好习惯。

我们都有这样的感受：一个女孩，无论她长相如何，只要干干净净、衣装整齐地出现在大家面前，很快就会博得大家的好感；而一个女孩即使长得再漂亮，如果邋里邋遢、衣装不整，她肯定不会赢得大家的喜爱。所以，女孩注重干净整洁，不仅关系到她自己的精神面貌、人际交往， 还关系到自己的身体健康。所以，我们一定要让女儿从小养成干净整洁、讲究卫生的好习惯。

一个习惯的养成不是一朝一夕的，需要很长的时间，而且越是在小时候养成的习惯，越不会轻易丢掉。所以，我们在女儿很小的时候，就要去引导她，让她慢慢养成好习惯。

妈妈要以身作则

每个妈妈都希望自己的女儿干干净净、人见人爱。有些妈妈为了培养女儿干净整洁的好习惯，常常教训女儿：

“饭前要洗手，怎么又忘了？”

“刷牙了没有？不刷牙不准睡觉。”

“该洗澡了，快去洗澡！”

“把你的屋子收拾一下，乱死了！”

这种批评式的教育方式非常不好，它不仅很难起到教育作用，还会引起孩子的反感。其实对妈妈来说，最好的教育方式就是以身作则。如果妈妈在生活中总是干干净净、注重自己的仪表，女儿通过耳濡目染，也会养成干净整洁的好习惯。反之，如果妈妈非常邋遢，女儿也就“见怪不怪”了，再脏再乱的环境都能忍受下去。所以，妈妈要想培养女儿干净整洁的好习惯，自己首先要以身作则，做到干净整洁，给女儿树立一个良好的榜样。

让干净整洁成为女儿的一种“习惯”

惠茜6岁了，是一个干净整洁、讲究卫生的小姑娘。每天早晨起床，她不用妈妈提醒，自己就去刷牙洗脸，然后把头发梳得好好的。吃东西之前，她会把手洗得干干净净。她自己的衣服、玩具也总是收拾得整整齐齐的，一用就能找到。惠茜能够养成这样的好习惯，和妈妈的教育是分不开的。在她3岁的时候，妈妈就给她买了儿童牙膏，让她和自己一起洗脸、刷牙、梳头。等她长大一些，妈妈开始教她叠衣服、收拾玩具，并告诉她把这些东西放在哪里。慢慢地，惠茜养成了干净整洁的好习惯，不用妈妈提醒就能做得非常出色。

心理学家研究证明，孩子在12岁之前可塑性是非常强的，如果妈妈能够抓住这个时机培养孩子的好习惯，将会使孩子终身受益。在培养孩子干净整洁、讲卫生方面，妈妈应该从小抓起，让他们尝试着刷牙、洗脸、梳头，并告诉他们饭前便后要洗手。等孩子长大一点儿，再教他们叠衣服、收拾屋子。在开始的时候，孩子可能不愿意学，也可能做不好，在这种情况下，妈妈不要批评孩子，也不要表现出不耐烦，而要耐心地去教导他们。等孩子慢慢养成了干净整洁的好习惯，不用妈妈提醒，他们也能做得非常出色。

严格按“规定”执行

为了培养女儿干净整洁的好习惯，很多家庭都会制订相应的规矩，例如早晨要刷牙洗脸、饭前要洗手等。但是很多女孩并没有养成干净整洁的好习惯，这和妈妈的“执行不力”有很大关系。

场景一：妈妈买了女儿最爱吃的天津麻花，女儿抓起来就要吃。妈妈说：“我不是告诉过你嘛，吃东西前要先洗手。”女儿急匆匆地跑到洗手间，用水龙头冲了两下就跑了回来。妈妈说：“你没洗干净，再去洗洗。”女儿仍是“故技重演”。最后妈妈无可奈何地说：“真拿你没办法，就这样吧。”

场景二：7岁的雪丽把屋子弄得乱糟糟的。妈妈生气地说：“快把你的屋子收拾一下，太乱了！”雪丽说：“妈妈，我要写作业了，要不然就完不成了。”妈妈没办法，只好自己动手为女儿收拾屋子。

从上面这两个事例可以看出，由于妈妈的娇惯和放纵，最终让女儿打破了自己所订立的规矩。当这些规矩一旦被打破，也就失去了对女儿的约束力，最后也无法让女儿养成干净整洁的好习惯。所以，当我们订下这些规矩之后，一定要让女儿严格执行，不能有丝毫的妥协和退让。由于女儿年龄小，有时候会发脾气、哭闹，出现这种情况的时候，妈妈不要责备她，但要给她一个坚定的暗示：不按规矩执行是不行的。例如，女儿想吃苹果却不想洗手，被妈妈拒绝后又哭又闹，这时候妈妈可以心平气和地对她说："洗完手才可以吃苹果，不洗手就吃苹果是不卫生的。"妈妈用这种描述性的语言和女儿说话，既不会引起女儿的反感，同时也给了她一个暗示：必须按规矩去执行。渐渐地，女儿会明白这些规矩是不能被打破的，就会严格地去执行，并最终养成干净整洁的好习惯。

专家课堂

仪表美是一个孩子精神面貌、内在气质的外在表现。对此，教育家陶行知先生认为，培养孩子的仪表美可从下面这些方面去做：

1.要追求秀外慧中，达到外在美和内在美的和谐统一。

2.要强调孩子的整体形象效果，不要只追求局部的美。

3.要让孩子讲究个人卫生，注意仪表的整洁。

第39招

能歌善舞惹人爱——艺术修养为气质加分

9岁的雅芙非常喜欢唱歌、跳舞，在她的一再要求下，妈妈给她报了一个舞蹈班，每个周末都去学习。渐渐地，妈妈发现雅芙的身材更加苗条、匀称了，而且身上多了一股活泼、灵动的气质。这让妈妈感到非常喜悦，再也不以耽误学习为理由反对女儿唱歌、跳舞了。

气质是女孩最鲜亮的衣裳。如果一个女孩缺少灵动的气质，即使长得再漂亮，穿上再华丽的服饰，也会给人呆板、肤浅的感觉。而一个有气质的女孩，即使穿着简朴，也会吸引大家的关注。

气质是一种内在的东西，它从心灵深处散发出来，很快就能感染周围的人。和容貌相比，气质显得更加重要。首先，无论哪个女孩都无法决定自己的容貌和长相。其次，谁也不能让自己容颜永驻。无论哪个女孩，即使她年轻时具有姣好面容，也会有老去的一天。但是气质则不同，只要通过努力，每个女孩都可以让自己拥有高贵、优雅的气质，并且让这种气质伴随自己一生。所以，我们一定要注重女儿气质的培养，让她们优雅、端庄。

如何才能让女儿具有优雅、端庄的气质呢？清代名臣曾国藩就认为读书可以改变气质。他说过："人之气质，由于天生，本难改变，唯读书则可变化气质。"曾国藩说得确实非常有道理，多读书可以让女孩拥有书香之气，多一些古典、知性的美。当然，培养女孩气质的方式还有很多种。除了读书外，唱歌、跳舞、绘画等也能培养女孩优雅、端庄的气质。

培养女儿对艺术的兴趣和爱好

一位妈妈曾经这样谈到自己的育女经验：

在女儿2岁的时候，她突然对画画产生了兴趣。她常常在纸上、书上甚至墙上画出一些谁也看不懂的图画，并且乐此不疲。对于女儿的胡乱涂鸦，我和老公没有批评她，也没有告诉她应该怎么画，而是给了她很多的鼓励。我常常对女儿说:“丫丫画得真好。”有时候，我们还把女儿画的画贴到墙上。因为得到了我们的鼓励，女儿对画画的兴趣更浓厚了。

等女儿长大一些,我开始对她进行引导。例如女儿刚看完《米奇妙妙屋》，我会对女儿说：“丫丫，你不是很喜欢米奇吗，那就用笔把它画出来吧。”在开始的时候，女儿感觉有些难度，我会给她一些指导。等女儿画完的时候，无论她画得怎么样，我都会表扬她。再后来，我对女儿提出了更高的要求。例如我家养了一只小猫喵喵，我就对女儿说：“给喵喵画一张像怎么样？”女儿便按照我说的去画，画得还挺好。

在女儿6 岁的时候，她已经能够画出很多常见的动物，并且可以加进自己的创意。

由于经常画画，女儿的审美能力要比同龄的孩子高。她自己很会搭配服饰，有时候还会在着装问题上给我提建议：“妈妈，你不要老是穿牛仔裤，牛仔裤不适合你，你穿裙子才好看。”

现在，女儿已经10岁了，对画画的兴趣依然很浓厚。前些天，我和女儿商量了一下，给她找了一个美术老师。至于女儿以后是否能在绘画方面有所突破、有所发展，这要看她自己的意愿。我们将来也不会给她施加任何压力。但是无论何时，我和老公都会是她最忠实的支持者。

这位妈妈在女儿对绘画表现出兴趣的时候，她没有去干涉女儿，也没有给女儿施加任何压力，而是给女儿很多鼓励和引导。这样做是非常正确的。其实，让小女孩爱上唱歌、跳舞并不难，但是妈妈错误的做法会让孩子对这些艺术活动失去兴趣。所以，我们应该向这位妈妈学习，鼓励和引导女儿，而不是按照自己的想法指挥她们。

培养女儿的艺术感受力

法国著名雕塑家罗丹说过：“世界上并不缺少美，只是缺少发现美的眼睛。”罗丹在这里所说的“发现美的眼睛”，就是指艺术感受力。我们应该有这样一种感觉：那些搞艺术的人，如音乐家、画家等，一般都具有很好的气质。为什么会这样呢？这是因为他们的艺术感受力比一般人更敏感、更强烈，所以他们更能捕捉生活中的美，并且把它们融入自己的气质中。所以，我们仅仅培养女儿对艺术的兴趣和爱好是不够的，还要培养她们的艺术感受力。

在培养女儿的艺术感受力方面，我们可以采取以下几个方法。

第一，让女儿多读文学名著。每位文学大师都有一双敏锐的眼睛，善于捕捉生活中的美，然后再把它们记录到自己的作品中。让女孩多读文学名著，不仅可以丰富她的文学知识，同时也可以增强她的艺术感受力。

第二，带女儿寻找生活中的美。艺术虽然高于生活，但也源于生活。可以说，一切的美都存在于生活之中。我们应该教育女儿热爱生活，关注周围的事物，并且善于发现生活中的美。等女儿具有了发现美的眼睛，艺术感受力也会变得非常敏锐。

第三，让女儿多接触大自然。雄伟的山峦，淙淙的流水、青翠的树木、霏霏的细雨……大自然的美丽是无法用语言描述的。让女儿多接触大自然，可以让她们感受到大自然无穷无尽的美丽，从而提升审美能力。当女儿的审美能力得到提升后，她们的艺术感受力也会变得更加敏锐、更加强烈。

专家课堂

英国教育专家伊丽莎白·哈特利-布鲁尔对于父母怎样培养女孩的艺术气质给出了自己的建议，具体归纳为以下几点：

1.让女孩多接触美好的事物，培养其自身的审美意识。

2.让女孩体验多元生活，塑造她的艺术气质。

3.经常让女孩参加野外写生、音乐竞赛之类的活动，挖掘女孩的创造潜能。

第40招

女孩要有点儿书香气——阅读让女孩更知性

古语曰：“腹有诗书气自华。”英国著名的戏剧大师莎士比亚也说过：“人的美丑是先天带来的命运，有没有素养则是书籍造就的命运。”可见，一个女孩是否有知性气质与她是否读书有很大关系。

一位妈妈的育女经验是这样的：

我有两个女儿正在读小学，无论和谁聊天，这两个小丫头的话题都很丰富。

“易中天对历史的见解很幽默！”

“××是我的偶像，她不但口才好，做事也很有魄力。”

“乔丹打球就像跳芭蕾那么优美。”

……

当别人问我是“如何让女儿如此博学”时，我总会笑着说：“你去我们家看一看就知道了。”我之所以这样说，是因为在我们家里，到处都可以看到杂志和各种各样的书籍，两个女儿还有属于她们的书房。她们热爱读书，并且从书中汲取到很多的知识。在外人看来，她们身上比同龄的小女孩多了一些东西，我想那就是知性气质，也是女孩的魅力之一。

事例中的妈妈是非常睿智的，她为女儿们营造了一个良好的读书环境，让女儿们随时可以读到自己感兴趣的书。相信在这样一个书香家庭环境中成长起来的女孩，一定会成为内涵丰富的知性女孩。

那么，如何让女孩爱上阅读呢？妈妈不妨从以下几方面进行努力。

妈妈要成为女孩的榜样

美雪遇到困难不知怎么解决时，妈妈都会这样告诉她：“来，让我们一起到书里找找答案！”就这样，美雪便有了强烈的读书欲望。

在平时，美雪的妈妈还经常与美雪共读一本书，并用交流的方式引导女儿积极地去思考。例如，在每次阅读中，妈妈都会问女儿："美雪，现在到底发生了什么？你觉得后边会怎样发展呢？"阅读完之后，妈妈也会问她："女儿，你喜欢这本书吗？喜欢哪些地方？你能不能说说这本书的内容？有没有想起同类型的书？"

如果家里来了小客人，美雪的妈妈就会鼓励美雪："女儿，你刚从书上看到的那个故事不是特别有意思吗？讲给小朋友听吧。"每次美雪绘声绘色地给小朋友讲完故事后，她都会特别有成就感，自然也越发喜欢读书了。

妈妈是女孩模仿的对象。如果妈妈喜欢与书为伴，那么耳濡目染之下，女孩也会渐渐地爱上读书，并把读书当成人生中一件快乐的事情。因此，妈妈要想培养出一个具有知性气质的女儿，就要成为女儿热爱读书的好榜样。

创造良好的家庭阅读环境

一个轻松、自在、有趣的阅读环境对于塑造女孩的知性气质非常重要。所以，妈妈要尽量为女儿营造出这样的读书环境，最好把图书放在孩子伸手可及、取放自如的地方，同时，也要注意提醒女孩阅读时要保持正确的姿势。

当然，除此之外，我们还可以利用节假日带女儿去图书馆、书店，相信丰富多样的图书会让她们兴奋不已。但是妈妈要注意一点，不能为了让女儿读书，就盲目地去买很多书回家，毕竟图书种类庞杂，女孩不可能对所有书都感兴趣。所以，妈妈在为女儿选书时，一定要先选那些女儿心仪的图书，而且每次只能买一本或一套书，然后引导女儿去阅读更多的书籍。

让爱读书的伙伴来引导不爱读书的女孩

一位妈妈的育女经验是这样的：

前一段时间，我给刚上小学三年级的女儿品品买了很多课外读物，但是女儿却不喜欢读。一个周末，跟女儿上同一年级的侄女杨阳来家里做客，杨阳很爱看书，就给品品讲了很多书中的故事。看着杨阳讲得眉飞色舞，笑翻了天，女儿读书的兴趣一下被激发出来了。此后，每个周末我都会请杨阳来家里做客，渐渐地，女儿开始翻阅我给她买的课外读物了。

有时候，孩子们相互之间的影响更直接、更大。因此，作为妈妈，应该时常鼓励自己的女儿和那些爱读书的孩子交朋友。相信在那些爱读书的小朋友的熏陶下，原本不爱读书的女孩也会对读书感兴趣的。

专家课堂

要想培养女孩的知性气质，就要让她多读书。对此，英国教育专家伊丽莎白·哈特利-布鲁尔给父母的教育建议是：

1.让女孩多阅读非小说类作品，增加她的常识，强化她对细节的关注。

2.让睡前阅读成为女孩的乐趣。

3.为女孩创造读书的家庭环境，尽量让她多和你在一起读书。

第41招

敢于与众不同——培养女孩的脱俗气质

这是一个真实的故事：

有一个中国女孩大学毕业后到美国的一所著名学府攻读环境工程硕士学位。课余时间，她在一所跨国贸易公司做兼职中文翻译，并因此结识了一个帅气、热情的洋小伙。这个洋小伙为了追求中国姑娘想了很多办法，而且当他得知自己喜爱的中国女孩非常喜欢动物时，马上就邀请她到自己家的私人动物园参观。

但这家动物园因为附近新建的一个大型游乐场的冲击，经营状况并不好，甚至每况愈下，动物园的负责人——洋小伙的妈妈想了很多办法，仍然回天无力。不过，这个中国女孩仍建议她开辟一些新的项目，吸引游客。等女孩离开后，那个妈妈就对儿子抱怨说：“新项目？新项目在哪里呢？她说得多么轻巧！”并且她也不同意儿子和这个女孩交往。

不过，很快这个外国妈妈就改变了自己狭隘的看法，因为那个中国女孩的主意真是太“与众不同”了。为了改善动物园的状况，中国女孩想到了一个迎合美国人独特想法的绝妙办法，那就是给动物办婚礼，以此招揽游客。

最后，这所动物园受到了前所未有的欢迎，很快就扭转了亏本的局面，而这个中国女孩也在异国收获了一份美好的爱情。

由此可见，女孩与众不同的气质，不但能提升她的魅力值，还能帮助她创造出一个别人想不到的神奇世界。但生活中可能有些妈妈会说：“我家女儿还小，没有什么知识，怎么能够与众不同呢？”

其实，很多时候，一些简单的教育方法就可以帮助妈妈培养女孩“与众不同”的气质。

鼓励女孩的“标新立异”

一位妈妈的育女经验是这样的：

我的女儿10岁了，读小学五年级。平时她总爱异想天开，常常对我们提出一些奇怪的问题，做出一些怪异的事。例如，月光的光为何是白色的呀？天上为什么会有星星啊？汽车为什么不飞着走呀？有一次她把鸡蛋放在温暖的被窝里孵小鸡……我对女儿的这些“非凡”的问题和“怪异”的行为，要么给予她肯定和赞美，要么引导她去思考。我希望女儿的这种“智慧”能发展下去。因为只有鼓励孩子的“标新立异”，她们的创新精神、脱俗气质、个性魅力才会获得发展。

其实，只要妈妈注意倾听，就能从女孩每天向妈妈提出的许多问题中发现她们新颖的思考，而且这些古怪的问题中包含着女孩创造性的心理品质。所以，要想培养女孩的脱俗气质，妈妈就应该鼓励和支持女孩“标新立异”。

保护女孩的个性

每位妈妈都希望打造出一个具有美好气质的女孩，以至于常常按照大众化的标准去规范和教养女孩，却忽略了对女孩“个性化”的培养。一个有个性的女孩在生活中往往显得更加自信，敢于表现她与众不同的一面。但妈妈在培养女孩的独特个性时，一定要及时纠正女孩对“个性”的误解以及她们个性中不好的一面，以便让其健康发展。

例如，很多女孩以为个性就是衣着打扮上的不同。于是，为了彰显自己的个性，她们打唇环、文身……这些行为都是对“个性”的误解造成的，无法体现自然的青春美。

培养女孩洒脱的性格

女孩如果过于斤斤计较和拘泥于细节，那么她很难成为一个洒脱的人，自然也很难有什么大成就。因此，妈妈应有意识地培养女孩的洒脱性格，让她学会放弃，学会做事分轻重。当然，我们在教女孩学会放弃时，一定要掌握好这其中的“度”，以免对女孩造成消极影响。

一位妈妈的育女经验是这样的：

从小我对女儿的教育就是不拘一格的，我希望她能成长为一个有独立意识、自我见解的女孩。我曾经教给她的最重要的一句话就是：“你不是超人，必须学会舍弃，然后去做你内心真正想做的事。”

所以，在上大学的问题上，我们让她自己选择去哪所学校——是那所专业不太对口的重点院校，还是专业师资力量很强的次重点院校。最后女儿洒脱地选择了后者。

虽然这件事情令周围的人很不解，但女儿不后悔自己的选择，而且她看起来更快乐、更轻松。她说相信自己在专业实力这么强的学校里，一定会学到更多的东西。现在，女儿已经大学毕业了，并且获得了留校任教的机会，原先不理解她的那些同学如今都非常羡慕和钦佩她。

专家课堂

关于如何培养女孩的脱俗气质，英国教育专家伊丽莎白·哈特利-布鲁尔给父母的教育方法是：

1.强化女孩的诚实正直感，让她诚实地对待自己和他人，并且拥有理想，学会按照自己的想法生活。

2.强化女孩的个性，而不是“随大流”的倾向。

3.鼓励女孩关爱他人，但不要因此否定自己的需求，将自己界定为一个单纯的给予者。

第六章　情商决定成败，塑造女孩的阳光心态

哪些方法可以巧妙地帮你塑造出一个高情商的女孩？

如何帮助女孩管理自己的情绪？

开发女孩情商的关键又是什么？

……

或许有些女孩的情商天生就比其他人高，但妈妈后天的教育更为重要。

第42招

不做自卑的奴隶——帮助女孩建立自信

自信是一种修为，也是女孩获得成功的要素。很多人都有这样的共识——自信的女孩才是最美丽的！

为什么这样说呢？道理其实很简单，自信的女孩有主见，不会人云亦云；自信的女孩对自己充满了信心，敢于在众人面前展示自己的魅力；自信的女孩不怕艰难困苦，敢于冲破一切障碍，并且最终获得成功。

《一个都不能少》是张艺谋导演的代表作，也是大家广为熟知的一部电影。片中女主角的扮演者魏敏芝是一个普通的农村女孩，然而她正是用自己的自信获得了张艺谋导演的青睐，并且从此改变了自己的人生。

张艺谋导演到河北某偏僻农村拍摄影片，当地人没见过拍电影，都跑出来看热闹。张艺谋对着围过来看热闹的村民说："你们想不想拍电影，要想就站出来。"他一连问了几句，村民们没有一个人吱声，甚至还后退了几步。

这时候，一个女孩站了出来，大声说："我想去。"这个女孩长相并不漂亮，红红的脸蛋上透着一种山区孩子特有的淳朴。张艺谋盯着她，问道："你会唱歌吗？"

女孩非常大方地说："会。"

"那就唱一首。""行！"女孩开口就唱："我们的祖国是花园，花园的花朵真鲜艳……"

由于唱歌跑调，并且到最后还忘了词，村民们哄堂大笑起来。但出乎村民们的意料，张艺谋指着这个女孩说："就你了。"

自信为这个女孩赢得了机会。这个女孩就是《一个都不能少》中的女主角的扮演者魏敏芝。后来这部影片大获成功，魏敏芝成了媒体关注的人物，一夜间成了名人。7 年后，她考入西安某电影学院学习编导，现在已经拍摄了自己的电影和电视剧。

但是在现实生活中，很多女孩往往信心不足。美国作家艾里姆夫妇在《养育女儿》中解释了其中的原因：女孩非常注重人与人之间的关系，她们在做一件事之前，常常会考虑周边的关系，从而变得左顾右盼、犹豫不决。正因为如此，她们无法建立起足够的自信心，并且容易迷失自己。

一位妈妈曾经这样谈论自己的女儿，并且表示了自己的担忧。

我女儿是一个聪慧漂亮的女孩，但是非常缺乏自信心。她常常无缘无故对自己产生怀疑，认为自己不如别人。前些天，学校要组织一场歌唱比赛，这是我女儿的强项，她当时也跃跃欲试，我们也鼓励她参加。但是过了两天，她竟然退出了，因为她怕自己没有别人唱得好。听了女儿的话，我非常担心，现在的社会是一个充满竞争的社会，谁有信心谁才会有更多的机会。如果女儿长期这样发展下去，将来怎么能够在社会上立足呢？

这位妈妈的担心并不是多余的。在这个充满竞争的社会中，谁有自信心谁才会有更大的发展，因为自信是获得成功的第一步。如果一个人连自己都不相信，他又怎么能获得成功呢？所以，我们要让女儿做个自信的人，信心满满地去面对人生的竞争和机遇。

一个人是不是自信，不是天生的，而是后天养成的。当一个人（尤其是在小的时候）总是获得成功、获得表扬，她的自信心就逐渐建立起来了。所以，我们对女儿要多鼓励、少批评，逐渐建立起女儿的自信心。

不要否定自己的女儿

我们每个人都有被肯定的心理需要，孩子当然也不例外。心理学家研究发现，孩子对自己的评价大多源于周围的人对自己的评价。如果周围的人给他的评价是肯定的、积极的，他就觉得自己能行，并且会在生活中逐渐建立起自信心来；如果周围的人给他的评价是否定的、消极的，他就会觉得自己一无是处，从而在心理上产生自卑感，甚至会有自暴自弃的想法。

对于生性敏感、注重人际关系的女孩来说，更是如此。所以，妈妈不要用“你真笨”“你不行”这样的话来否定自己的女儿，而是要多给她们鼓励和支持。

鼓励孩子做一些力所能及的事情

妈妈正在择菜，5岁的敏芬凑过来对妈妈说：“妈妈，让我来帮你择菜吧。”妈妈怕女儿择不干净，对女儿说：“宝贝，你还小，择不干净，还是去玩儿吧。”

吃过午饭，敏芬看到妈妈正在洗衣服，就对妈妈说：“妈妈，让我来帮你洗衣服吧。”

女儿刚想凑过来，妈妈一把抓住她说：“你别过来，要不然会把衣服弄湿的。宝贝听话，还是去一旁玩儿吧。”

看着妈妈一副“不可以”的样子，敏芬只得委屈地走到一边去了。

上面这位妈妈的做法是不对的。这种做法会让女儿产生一种消极的想法：妈妈认为我什么都做不好，我是不是很笨啊？慢慢地，女儿会越来越怀疑自己，从而对自己丧失信心。

遇到上面这种情况，妈妈应该真诚地鼓励孩子：“宝贝，你这么小就知道帮妈妈做家务，你真棒！”然后再教女儿怎么做。此外，我们还可以主动让女儿做一些力所能及的事情，等她们做好的时候再给她们一定的鼓励。由于常常得到妈妈的鼓励并能够圆满地完成任务，女儿不仅会养成爱劳动的好习惯，还会逐渐培养起自己的自信心。

发现并培养女儿的专长

鑫鑫是一个没有自信的女孩，因为她相貌平平，学习成绩也一般，更没有什么特别的才艺。妈妈发现这一点后，给鑫鑫报了一个舞蹈班，让女儿学习舞蹈。

后来，每当大家聚会的时候，妈妈都会让鑫鑫给大家跳支舞。由于有了自己的特长，并且常常得到大家的夸奖，鑫鑫逐渐建立起了自信心。

孩子的兴趣爱好是各不相同的，在天赋和能力方面也各有千秋。但是进入小学后，妈妈衡量孩子的标准往往聚焦在学习成绩上，那些学习成绩优

这么简单的题都不会做，真是太笨了！
妈妈，这道题我不会做。
妈妈，这道题我不会做。
好好想想，试着往下做，妈妈相信你一定能做出来。

异的孩子常常受到表扬，而学习成绩稍差的孩子常常受到批评。由于常常受到批评，那些学习成绩差的孩子就会产生自卑心理，从而丧失自信心。要避免这种情况，妈妈就不能“以分数论英雄”，而是要鼓励孩子的闪光点，多给孩子积极的评价。此外，我们还可以培养孩子的特长（如唱歌、跳舞、绘画、运动等），孩子在某方面有了竞争优势，他就会逐渐变得自信起来。

专家课堂

父母应如何纠正女儿的自卑心理呢？王金战老师给出的建议是：

1.改变形象法。穿整洁大方的服装，走路昂首阔步，与人交谈要落落大方等。

2.语言暗示法。平时父母可以有意识地用“你真聪明”“你一定行”“非常好”之类的积极语言为孩子打气。

3.预演胜利法。每当女孩遇到困难或不敢接受挑战时，父母可以引导她在头脑中想象自己完成任务时的胜利情景。

4.发挥长处法。生活、学习中父母要善于发现孩子的长处和优势，并为她提供发挥长处的机会和条件，如果女儿爱跳舞，就让她为大家表演等。

第43招

别被抑郁网住心——帮助女孩寻找快乐人生

在北京召开的第28届国际心理学大会上有专家提出，中国目前约有20%的孩子出现抑郁症状，其中4%为临床抑郁，即需要接受临床治疗的重症抑郁。可见，抑郁症正严重威胁着中国青少年的心理健康，让孩子稚嫩的脸上失去笑容，让欢乐的家庭布满阴霾。

13岁女孩依依聪明伶俐，她的学习成绩一直很好，每次考试都是优秀，全家人都为有这样的孩子而骄傲。可是,就在依依初一上半学期期中考试时，她患上了重感冒。为了不耽误考试，依依坚持来应试。由于身体不适、精神不振，再加上心情紧张，依依英语只得了60分，其他科的考试成绩也不好。

对于一向成绩优秀的依依来说，这无疑是沉重的打击，她变得沉默寡言、精神萎靡、悲观失望，连吃饭也提不起精神了，甚至害怕去学校见老师和同学。后来，她整天在家睡大觉，干脆不去上学了。

依依出现了意志行动障碍，这类症状的孩子大多在一帆风顺、赞扬声中长大，再加上父母的过度期望和不适当的教育方式，使其意志薄弱、抗挫折能力差，禁不起一点儿打击。

一般来说，孩子的抑郁大多表现为情绪低落、心情悲观、闷闷不乐、郁郁寡欢、思维迟缓、反应迟钝等。而且抑郁的女孩很容易在认识上表现出负性的自我评价；在生理上会表现出明显的不适感，食欲下降或食欲猛增，失眠或过度嗜睡等；在动机上表现出对各种事物缺乏兴趣，依赖性很强。

如果女孩长期过度抑郁，则会导致抑郁症。那么，如何帮助女儿赶走“抑郁”呢？

引导女儿转移调节

所谓转移调节就是根据自己的要求，有意识地把自己的已有情绪转移到另一方面上，使消极情绪得以缓解。简单来说，就是当女儿心情低落的时候，妈妈寻找一些令女儿开心或振奋的事情，和她一起做。

例如给女儿讲笑话，带她出去运动、旅游、踏青等，让愉快的活动占据女儿的时间，让积极的情绪来抵消消极的情绪。随着时间的推移，女儿心中的积郁也会被转移和调节。这样一来，女儿就不会一个人闷在自己的世界里，或陷入不良情绪而无法自拔了。

对女儿进行目标激励

有一位妈妈讲述了自己女儿的情况：

我女儿10岁了，上小学三年级。我发现近段时间以来，她不做作业，不去我给她报的辅导班上课，也不想去学校。不仅如此，女儿的脾气也变大了，动不动就和家人大吵。老师家访时，她就说头痛。我带着她到医院检查身体，却发现没有任何器质性异常，医生认为我女儿可能患了心理疾病，应该到心理科就诊。

由此可知，当女孩被抑郁情绪困扰时，她就变得什么也不想做，什么也不愿做，没有目标和方向，完全处于一种迷茫状态。这时，妈妈应为女儿树立一个目标，最好是一个短期目标。这样可以使她有方向感，而不会感到无事可做。当然，妈妈在引导女儿为自己树立目标的时候，一定要根据女儿的实际情况，帮她树立在近期内能够完成的目标，否则效果也不大。

教女儿宣泄自己的不良情绪

作家罗兰在《罗兰小语》中写道："情绪的波动对有些人可以发挥积极的作用。那是由于他们会在适当的时候发泄，也会在适当的时候控制，不使它们泛滥而淹没了别人，也不任它们淤塞而使自己崩溃。"所以，教女儿学会适当地宣泄不良情绪，会对她产生积极的作用。

宣泄情绪的方法有很多种，比如哭泣、高喊、倾诉、运动等。适度的宣泄可以让女孩将心中不愉快的情绪释放出来，使她心情平静。所以，当女儿心中抑郁、烦闷时，妈妈要教导女儿向老师、家长、同学、朋友诉说，也可以用写日记的方式进行倾诉，当然也可以选择大哭一场，或者出门运动，让自己出出汗，使自己精神振奋。

当然，妈妈一定要告诉女儿，在宣泄自己情绪的同时，要注意时间和场合，不要伤害到别人和自己。

专家课堂

著名教育专家孙云晓认为心情的好坏对女孩的成长起着至关重要的作用，所以他提供了一些帮助女孩防止抑郁的方法：

1.目标激励法。父母可为女儿树立一个近期目标，让孩子有事可做，这样被抑郁困扰的女孩就会找到方向感，有了前进的动力和行动的欲望。

2.兴趣转移法。父母要培养女儿广泛的兴趣，如阅读、做游戏、唱歌、跳舞、演讲等，并让女儿尽可能与其他孩子一起玩儿，多参加集体活动，这些活动能让女孩变得更加快乐。

3.心理治疗法。如果女孩的抑郁症状很严重，或者父母找不到合适的方法，这时就要求助于经验丰富的心理医生，并在医生的指导和建议下让孩子尽早摆脱抑郁的纠缠。

第44招

走出悲观情绪——教女孩营造乐观的心境

乐观是一种积极的生活态度。心理学家研究证明，乐观的人不仅身体更健康、事业更成功，也会获得更多的幸福感。对于女孩来说，乐观更是一种不可或缺的心态，它甚至比聪明、漂亮更重要。

看看下面这位母亲是怎样看待自己的女儿的。

也许是从她爸爸那里继承来的乐观基因，我女儿雨婷是个天生的乐天派，遇到什么事情都往好的方面想。

有一次，我和女儿去游乐场玩儿，半路上手机、钱都丢了。当时我就慌了：肯定是遇上小偷了，这可怎么办才好啊，连家都回不了了！女儿当时只有12岁，不仅没有慌张，还安慰我说："妈妈，你别着急，捡到钱包的好心人一定会把钱包还给咱们的。"我和女儿在丢钱的地方等了1个多小时，还真是遇到了好心人，把丢失的钱物还给了我们。

因为女儿的乐观，她的同学们都愿意和她做朋友。开始，我还觉得奇怪：女儿学习成绩一般，长相也不是非常出众，为什么这么多孩子都喜欢和她一起玩儿呢？有一次，我私下里问女儿的朋友："你们为什么喜欢和雨婷在一起呢？"她们给出了各种各样的答案："婷婷特别阳光。""和婷婷在一起感觉特别快乐！""婷婷爱笑，我也被她感染了。""婷婷在遇到困难的时候不慌张，会安慰我们。"……

在以前，我常常"取笑"老公："就知道天天笑，也不知道哪有这么多让你开心的事。"现在，我明白了，乐观的人不仅能够让自己经常保持心情愉快，还会把快乐传递给别人，让他们也感觉到快乐和光明。现在，我常常为自己有一个乐观的老公、一个乐观的女儿而感到自豪。

坏了，我的手机和钱包都
不见了，怎么办呀？
那怎么办呀？这下我们什
么也做不了了。

咦！我的手机和钱包不知忘到什么
地方了！
妈妈，你别着急，捡到钱
包的好心人一定会把钱包
还给咱们的。

有一句谚语说："乐观使你倾向于幸福、健康、事业顺利；悲观使你倾向于绝望、患病、失败、忧郁、孤独、怯懦。"确实是这样，乐观的人总能够保持心情的愉悦，在遇到苦难的时候看到的也是光明和希望，所以他们常常能够获得事业上的成功和人生中的幸福。悲观的人恰恰相反，他们认为好事总是暂时的，坏事才是必然的，所以常常感到悲观、失望、挫败，进而在事业上也无法取得成功，更不能得到人生中的幸福和快乐。

一个人是乐观还是悲观，和生活环境有着很大的关系。作为女孩的妈妈，一定要给她一个快乐、温馨的成长氛围，这样更有利于她身心健康地成长。所以，为了我们的小公主能够一生幸福、快乐，我们必须对她进行正确的引导，让她做一个乐观的孩子。

不要让自己的消极情绪影响女儿

馨雨的妈妈是一家大公司的文秘，每天都有忙不完的事情，有时候还会受到老板的批评。每天回家，她都会向丈夫抱怨："工作太忙了，我都快累死了。""每天都要看老板脸色行事，做这份工作真不容易！""今天又让老板批评了，真不想干这份工作了！"

由于受到妈妈的影响，馨雨小小年纪就学会了唉声叹气。例如每次写作业，她都要抱怨说："天天都有这么多的作业，我都快累死了，人活着真累啊！"

随着生活压力的增大，妈妈也会有苦恼、抱怨的时候，但是发泄这些情绪的时候应该尽量避开女儿。小女孩非常敏感，而且善于模仿妈妈，如果我们过多地让女儿幼小的心灵体验到挫败、失望、忧伤、愁苦等负面情绪，她们就很容易形成悲观的性格，并且会以消极的态度来面对生活。所以，妈妈要学着给女儿树立一个良好的榜样，积极、乐观地面对生活。

及时排除不良情绪对女儿的干扰

女儿放学回来，情绪一直不对劲儿，把自己关在房间里不肯出来。妈妈敲开了女儿的房门，关切地对女儿说："宝贝女儿，妈妈看你今天心情很不好，能和妈妈说说是怎么回事吗？"

“没什么事。”女儿显然不想和妈妈说。

“妈妈看到宝贝女儿不高兴，心里也非常难受，如果宝贝女儿有什么事需要妈妈帮助，尽管和妈妈说好了。”妈妈装作要退出房门，其实是在等女儿开口说话。

“妈妈，”女儿有些委屈地说，“今天班里竞选班长，我没有连任成功。”

“其实，这两年来，我女儿的班长还是做得相当出色的，以前你们班的学习、卫生成绩都排在学校后几名，现在已经排到学校的第二名了。”

“是啊，要不我怎么会失望呢！”

“其实你也不用伤心失望。在这两年里，你不是也学到了不少管理经验嘛，另外还交了不少朋友。只要你在以后的日子里好好表现自己，在下次竞选的时候，一定能够把班长的宝座夺回来的，妈妈相信你有这个实力。”

“嗯。”女儿点了点头，心情好了很多。

生活中，如果女孩长期处于消极的情绪之中，很容易形成悲观的性格，甚至造成心理障碍。所以妈妈要多留心她们的情绪变化，当她们烦恼、忧愁、闷闷不乐的时候，要和她们聊聊天、谈谈心，让她们把心中的烦恼说出来。这样，烦恼很快就会消失，女儿也会重新快乐起来。

让女儿多交朋友，多些兴趣、爱好

乐观开朗的孩子心中的快乐源泉来自各个方面。试想一下，如果一个孩子只喜欢看电视，而某一天恰巧没有他喜欢的电视节目，他就会闷闷不乐。如果他同时有很多爱好，并且有很多朋友，他就可以选择看看书、听听歌，或者和朋友一起打打球等。他获得快乐的方式多了，获得的快乐自然也会更多。所以，我们要想培养女儿乐观开朗的性格，就应该让女儿多交朋友，让女儿多点儿兴趣、爱好。

专家课堂

美国儿童教育专家塔尼可对于“父母如何培养孩子乐观开朗的性格”这一话题，给父母的教育经验是：

1.不要对孩子限制过严。　2.鼓励孩子多结交朋友。

3.教孩子与人融洽相处。　4.避免在物质上太放宽。

5.培养孩子各方面的兴趣。6.教孩子学会摆脱困境。

7.让孩子拥有适度的自信。8.创建快乐的家庭气氛。

第45招

保持进取心——用积极心态赢来幸福人生

由于性别差异，男孩和女孩在集体中的关注点是不同的。当进入一个新集体，男孩想到的第一件事就是谁当“头儿”。如果没能当上“龙头”，他们会暗暗努力，并暗自和“龙头”较量，想着超过并取代他。而女孩进入一个新集体，首先想到的是各种关系。谁喜欢我、谁讨厌我、谁可以和我成为朋友，她们对当“头儿”的欲望不是那么强烈，即使有些女孩希望自己能够当上班长、学习委员，也往往是为了获得妈妈和老师的青睐，而不是对权力本身的追求。

伊璇是一个聪明伶俐的小女孩，像其他的女孩一样，她也不太喜欢竞争。前些天，妈妈到邻居家做客，才知道伊璇的班里正在选班长。伊璇邻居家的小孩童童和伊璇在一个班，他对伊璇的妈妈说：“阿姨，我们班正在选班长，伊璇报名参加了吗？我是班里第一个报名的，我一定要把班长的宝座抢到手。”

看着童童自信满满的样子，伊璇妈妈非常羡慕，再想想自己的女儿，根本没和自己说过有这么一回事。回到家，伊璇妈妈问伊璇：“听童童说，你们班正在选班长，你报名参加了吗？”

当时伊璇正在看动画片，看都没看妈妈一眼，说：“我才不报名呢，当班长有什么好的。”

妈妈说：“当班长怎么不好，不仅会得到老师的器重，同学们也会非常羡慕你的。”伊璇依旧看自己的动画片，一边看一边不以为然地说：“我才不羡慕呢，谁喜欢当谁就当去吧。”

现在的社会是一个竞争激烈、优胜劣汰的社会，谁进取心强、谁对成功充满渴望、谁不害怕竞争，谁才有可能在社会上脱颖而出，成为社会中的人才和精英。所以，为了我们的女儿能够获得成功，我们应该培养她们积极进取的心态，让她们成为一个进取心强、喜欢竞争和挑战的人。

进取心每个人都有，例如有些小女孩，在考试成绩不理想的时候甚至还会哭鼻子。但是，女孩有时又害怕压力，害怕竞争。所以，妈妈应该多鼓励女儿，让她们积极参加各种比赛，在比赛中提升自己的进取心。

鼓励女儿参加各种竞赛

让女儿多参加竞赛活动，既可以让她们适应激烈的竞争，还可以培养她们的自信心。有些女孩不愿意参加竞赛类活动是因为缺乏自信，害怕在大庭广众之下丢面子。这时候，妈妈需要多给她鼓励，并告诉她，比赛的成绩并不重要，重要的是比赛的过程以及在比赛过程中得到的锻炼提高。当女儿参加完比赛，无论比赛成绩怎么样，妈妈都要提出适度的表扬，这样可以提高女孩参加比赛的积极性。

我们应该相信，当女儿勇敢地迈出展现自我的第一步，她就会慢慢变成一个自信、积极进取的人。另外，如果你的女儿非常缺乏自信，可以让她参加一些她比较有优势的比赛。这样，孩子的自信心才会慢慢培养起来，从而有勇气和信心去和他人竞争。

为女儿树立理想和目标

方菲是一个聪慧的小女孩，但是由于不用功，学习成绩只能在班里排到中下等。

有一天，妈妈趁着女儿高兴，对她说："新学期到了，妈妈给菲菲制订一个学习目标，好不好？"方菲非常爽快地答应了。妈妈说："上次期末考试菲菲的成绩在40个人里面排名第23位,这次期中考试能不能排到20位呢？"方菲想了想说："一共才前进3个名次，没问题。"妈妈说："既然菲菲同意妈妈制订的学习目标，那我们就用笔写出来，贴在菲菲的书房里。"妈妈找来纸和笔，把制订的学习目标写出来，贴在了女儿的书房里。以前，方菲十分贪玩儿，但是每当看到这张贴在墙上的学习目标时，她马上就不玩儿了。方菲本来就非常聪明,再加上学习比以前用功,她的考试成绩一下子前进了14名。

方菲的妈妈是一位非常聪明的妈妈，她懂得为女儿制订学习目标的重要性。有一句名言是这样说的："理想是前进的动力，是照亮道路的火炬。"一个人树立了理想和目标，在前进的道路上就会充满动力，并且不会迷失方向。所以，妈妈要引导女儿树立远大的理想，并且鼓励女儿为自己的理想去拼搏、去奋斗。如果女孩年龄还小，或者暂时没有自己的理想，妈妈可以帮她制订一个学习目标或者学习计划（当然，也可以是其他方面的），让她明确前进的方向。当女儿有了自己的理想和目标，她不仅会变得积极进取，并且也不会再怕那些前进道路上的艰难险阻了。

另外，在给女儿制订目标方面，妈妈应该遵循下面两点原则：第一，不要把自己的意愿强加给女儿。如果这项目标是妈妈单方面制订的，孩子不仅没有执行的兴趣，甚至还会产生厌烦的感觉，这项目标自然也不会得到很好的执行。第二，制订的目标要适中，最好是女儿"跳一跳"就能够到的那种。如果我们把目标制订得太高，女儿不仅不能完成，还可能会挫败她的积极性和进取心。

多给女儿积极的评价

晓梅是一个学习非常努力的孩子，但是数学成绩一直不好。有一次，她的数学只考了62分。当她把成绩单给妈妈看时，心里忐忑不安。但令她吃惊的是，妈妈看了看成绩单，不仅没有批评她，反而拍着她的肩膀说："虽然你的数学不太好，但是你的语文非常棒。而且你是一个学习努力的孩子，只要你再接再厉，你的数学一定会学好的。”听了妈妈的话，晓梅悬着的心终于放下了，并且没有对数学失去信心。

常常有妈妈抱怨：“我家女儿就知道玩儿，学习成绩也不好，连一点儿进取心都没有。”不知大家想过没有，很多时候女儿没有进取心是我们一手造成的。例如，当女儿做某件事没有达到我们的要求时，我们没有鼓励她，而是给了她太多的责备。由于不断受到妈妈的否定，女儿早已失去了做下去的兴趣，甚至还会产生一种想法：无论我怎么做也达不到妈妈的要求，还不如不努力的好。由于女儿产生了这样的想法，进取心自然就没有了。所以，妈妈要多给女儿积极的评价，让她从妈妈的鼓励中获得前进的动力。当她逐渐建立起自己的自信心，就自然会变得积极向上了。

专家课堂

苏联教育家苏霍姆林斯基说过：“育人的唯一诀窍就在于激发学生的上进心。”家庭教育更是如此。在这个问题上，苏霍姆林斯基提出了以下几点教育经验：

1.为孩子创造一个丰富、轻松的家庭环境，鼓励孩子多参加集体活动。

2.父母要用自己对事业的进取精神去影响孩子，对孩子产生积极的、潜移默化的作用。

3.培养孩子自信、乐观的心态，并对其提出合理的要求。

第46招

忌妒很可怕——引导女孩拔出这根毒刺

忌妒心理在女孩中间是普遍存在的，再加上现在独生子女比较多，她们很容易形成以自我为中心的心理，认为所有的人都应该向着自己、关注自己，好东西都应该是自己的。心理调节能力差、社会经验不足、过分羡慕他人、渴望受到师长重视和周围人的羡慕等，这些都是忌妒心理形成的因素。

由于家里还有个哥哥，9岁的美美总觉得爸爸妈妈不喜欢自己。无论是外出、生日派对，还是跟父母在一起时，她总是抱怨父母偏心。当妈妈解释自己花了很多时间和她一起玩儿，或她做了哪些错事而哥哥却没有做的时候，美美就撅着嘴说哥哥有的玩具自己却没有，或者强调哥哥犯过哪些错而自己却很乖。

很多女孩都有美美这样的心理，当她看到别人有自己所没有的东西，包括衣服、玩具，甚至是受欢迎程度和能力等，都可能会诱发这种忌妒心理。有些妈妈认为，这种表现会随着孩子年龄的增长而自然消失，但教育专家指出，过分忌妒会影响女孩正常的心理发育，使她在自己与别人的对比中感到自卑，妨碍孩子自信心和自尊心的建立。

通常来说，对女孩的忌妒心理，妈妈只要很好地教育引导，便可以让女孩将压力变为动力，激发她努力上进，以便其形成健康的性格。相反，如果妈妈不能很好地引导，就会影响孩子的健康成长。更有相关研究人员指出，忌妒心过强的孩子性格怪僻，难与同伴相处，若不及时纠正，人格会进一步扭曲，甚至可能会失去理智、泯灭良知。这样的孩子一旦进入社会，很难有融洽的人际关系，在事业、社交、家庭等方面会遇到意想不到的困难。那么，妈妈如何帮助女儿远离忌妒呢？

关注女儿的暗示，并表示同情

当女儿忌妒心理爆发的时候，她的行为经常会出现相应变化，比如搞破坏、哭泣或者说忌妒对象的坏话、爱打小报告等。有时忌妒心理也会反映在女儿的心理和身体方面，如难过、焦躁、情绪低落、胃疼、浑身没劲儿……这时，妈妈需要对女儿表示同情和理解，并倾听女儿说出内心的想法。

一天，爸爸带着6岁的儿子玩秋千，站在一边的4岁的女儿委屈地哭了起来。这时妈妈走过来对女儿说："看，爸爸一直陪着哥哥玩儿，把我们都冷落在一边了，这真不公平，对不对？"女儿点点头。于是，妈妈便对她说："我知道你觉得忌妒，是不是？不过这没什么的。你看，妈妈现在不正陪着你吗？"接着，妈妈开始安抚女儿的情绪，不一会儿，女儿就开心起来。

当女孩忌妒心爆发的时候，她需要的往往不是欲望的满足，而是妈妈耐心的倾听，以及对她内心感受的肯定。所以，作为妈妈最好时刻注意这一点。

尽量不要拿女儿与别的女孩比较

妈妈可能注意不到，你在谈论其他孩子时，一句无心的话，或者只是一个微笑、一个眼神、一个耸肩的动作，甚至抬一抬眉毛，都可能被女孩解读为"比较"。尤其是当她自认为在某方面没有别人做得好的时候，就很容易诱发对他人的忌妒。

有一位妈妈就遇到过这样的情况：

一天，我跟秋秋妈妈说，秋秋的卷发很可爱，可惜自己女儿的头发却是直的。没想到，第二天，我女儿就要求我带她去美发厅要把头发烫成卷发！我一下子就意识到是自己的评价引发了女儿的忌妒心理。从此之后，我再也没有评价过女儿的头发，同时也非常注意不拿女儿和别的孩子做无意义的比较。

这位妈妈改正得非常及时，而且很明智地平息了女儿的忌妒心理。各位妈妈也应注意，千万不要随意拿自己的女儿和别的孩子比较。

帮助女儿发现自己的长处

缺乏自信心的女孩总喜欢强调自己的弱点，而且那种低人一等的感觉更容易引发她的忌妒心理。因此，妈妈必须帮助女儿建立自信，帮助她发现自己的长处，让她有为自己而骄傲的资本。假如女儿在音乐方面有天赋，妈妈就应该多多鼓励；每当女儿自己解决了一个问题或者取得了一点儿进步，哪怕只是背会了一首唐诗，你也应该让她知道你注意到了，并且为她而骄傲。

有关专家指出，当女孩为自己感到骄傲的时候，她就更容易接受别人在某方面比自己优秀的情况。这种自信不但可以帮助女孩克服自己的忌妒心理，更有利于她塑造自我。

专家课堂

父母应该如何应对女孩的忌妒心理呢？教育专家郑委给出的建议是：

1.应该避免在孩子之间进行比较。每个孩子都有好胜心，如果把自己的孩子与他人进行比较，那么很容易诱发孩子的忌妒心。

2.应该承认孩子的感受。女孩表现出忌妒时，父母不应该立刻站出来否定，而是应该理解孩子的感受，然后再进行引导。

3.应该让孩子自主解决纠纷。预先给孩子设立底线，比如不能打架等，一旦孩子与他人发生争执，在没有发展到打架的程度时，大人最好在一旁观察，让孩子自己解决纠纷。

第47招

不比吃穿和玩具——帮助女孩丢掉虚荣心

很多妈妈反映，随着女孩逐渐长大，虚荣心也随之增长，穿衣服非名牌不穿，手机要最新款，还总与同龄人互相攀比。攀比的内容从吃喝用到零花钱数量，甚至妈妈的工作、所开汽车的品牌，都成了女孩们对比的话题。

有一位妈妈这样讲述自己的育女经验：

我女儿自从上初中后，除了学校硬性规定上学期间必须穿校服外，其余时间穿的都是名牌。如果不给她买各种名牌，她就以绝食、不上学来抗议。

去年，我刚为她买的手机没用多久，她就吵着换一款新手机，还说自己现在用的手机落伍了。我平时每星期都固定给她零花钱，上初中后，她的零花钱从 100 元变成 150 元，现在是 200 元。但最近她老是说钱不够用，要求每星期再多点儿零花钱。我问她那些钱怎么花了，她说有时与同学们出去吃饭，有时买点儿小饰品，钱就没了。我没答应她增加零花钱的要求，她居然气得几天不跟我说话，还摔了一个杯子。最终我还是妥协了。

现在女儿不让我开车载她上学，只让她爸爸载她。问她为什么，她说我开的是 QQ，丢她面子，她爸爸开的是本田，与其他同学的父母相比，还算过得去。真不知道女儿怎么变得这么爱慕虚荣了！

如果妈妈为自己孩子的问题感到困惑，那应该先反省自己的教育方法是否有问题。一般来说，女孩的虚荣心理，常表现为下列几种攀比行为：比美，如要买新衣服、新鞋子就是为了跟别人比较；比富，常夸耀自己家的电器多么高级，妈妈的职业多么令人羡慕等；比能力，认为自己什么都会，只听得进去表扬和赞美，受不了批评，否则大哭大闹，失去心理平衡。

柏格森在《笑》中说过：“虚荣心很难说是一种恶行，然而一切恶行都围绕虚荣心而生，都不过是满足虚荣的手段。”因此，妈妈应想办法纠正女儿的虚荣心。

具体来说，有以下几种方法可以尝试。

创造机会，让女儿通过努力获得想要的东西

一天，女儿来到妈妈的房间说：“妈妈，我想要一辆自行车！”妈妈不解地问：“为什么突然想要自行车？”女儿说：“张梅她们每天都骑自行车回家，而且还能锻炼身体！”妈妈想了想说：“这个要求我可以答应，但你接下来两个月要负责家里的家务，晚上要刷碗，这就当作你为那辆自行车分期付款，你同意吗？”女儿略微思考了一下，欣然地答应了。

从这个事例我们可以得出，如果女儿的要求是合理的，那么你完全可以为她创造一些机会，让女儿靠自己的劳动“挣钱”，购买所需要的东西。如上例中的妈妈一样，让女儿做家务，或者帮助爷爷浇花，帮爸爸擦鞋，等等。要让女儿明白，一分劳动一分收获，世界上没有免费的午餐。

要客观地评价自己的女儿

女孩会变虚荣，有一部分原因是妈妈不客观的评价造成的。例如女儿完成了一件很小的事情，妈妈就把她当成神童、天才看待。其实，妈妈不应该过分夸大女儿的优点，也不要掩盖女儿的缺点和失误。对那些符合道德规范的行为，妈妈应给予女儿适度的表扬，而对于女儿的缺点，妈妈要及时指出，帮助她分析原因，并鼓励其逐渐克服。

不要经常带女儿去商场

对于年幼的女孩来说，她还无法理性地判断什么是自己需要的东西，更何况现在很多商场和厂家为了吸引孩子的注意，把儿童商品设计得非常漂亮，女孩看到后，自然什么都想要，什么都想买。渐渐地，她的虚荣心也会随之膨胀。如果妈妈要带女儿去商场的话，一定要事先和她商量好买什么，不要买多余的东西，让女儿学会克制自己的欲望，学会抵制诱惑。

专家课堂

父母该如何应对虚荣心强的女孩呢？“知心姐姐”卢勤给出的建议是：

1.父母应以身作则，不要同别人攀比，以免孩子模仿。父母要摆正自己的心态，也不要总是给孩子买东西。

2.父母应告诉女儿：拥有名牌并不意味着拥有了较高的地位，只有依靠自己的努力，才能获得别人的尊重。

3.要创造机会，让女儿通过劳动获得自己想要的东西，满足自己合理的要求。

第48招

戒骄戒躁——教女孩学会遇事不焦躁

和同龄女孩比起来明显胆小、怕生人，喜欢黏着妈妈；

爱做一些咬指甲、抓挠皮肤或头，揪头发、磨牙等以前不做的小动作；

情绪烦躁，容易哭、爱发脾气、难安抚；

喜欢纠缠妈妈，一旦远离妈妈，就表现出莫名的恐惧和紧张；

不愿上学，经常找借口说自己肚子痛、头痛；

出现严重的身体不适，如心悸、呼吸困难、手抖、出汗、恶心、尿频、昏倒、胸闷等；

入睡难，失眠，经常做噩梦；

注意力不集中，拒绝反应强烈；

……

以上这些，都是女孩典型的焦虑症状。焦虑是孩子较常见的一种情绪障碍，会让女孩感到恐惧、烦躁、紧张、痛苦，严重时还伴有生理反应。过度的焦虑往往会影响女孩的智力发展，并且容易诱发抑郁、孤僻、自卑等心理疾病。因此，父母发现女孩出现焦虑情绪后，应予以科学引导，以便孩子尽早摆脱焦虑的困扰。

有一位妈妈在求助了心理医生后，终于缓解了女儿的焦虑情绪。

女儿采萱上初二了。在学习上，她的各科成绩都较为理想，但就是怕考数学。为什么呢？因为初一第一次期中考试时她就在数学上栽了跟头——她只考了59分。从此之后，只要考数学，采萱就吃不下饭，睡不好觉，生怕数学考不好。一到考数学的时候，她就十分紧张，尽管女儿一再告诫自己静心答题，可每次都紧张得直冒汗。若有一点儿不顺利，她还会出现耳鸣的现象。其实，女儿小学时数学成绩很好，经常是100分，只因为初一的那次期中考试的失误，才变成现在这样，一考数学就紧张害怕。我告诉她不必这样，应放松，但就是不管用。

后来，我带她去看心理医生。医生听了女儿的叙述，告诉她这是一种反射性心理异常，通常被称为焦虑症。对于女儿采萱的情况，医生建议我平时多对采萱进行有针对性的训练。比如，自己设计几张数学试卷，星期天时，让采萱像应对真正的考试那样考一下，而且要尽量模拟学校考试的氛围。

后来，在老师的配合下，采萱班上的几个同学一同参加了针对采萱的矫正训练，一段时间之后，她终于不再害怕考数学了。

通常情况下，多数人的焦虑体验是暂时的，而且具有一定的防御作用，一般来讲，焦虑并不会对人体产生太大的影响，但是当焦虑变得日益严重并影响女孩的日常生活时，妈妈就要注意了。

下面就给妈妈提供一些解决相关问题的方法。

对女儿的期望与要求要合理

现在，大多数家庭只有一个孩子，所以，妈妈难免会对女儿提出这样那样的要求，但妈妈一定要注意提出的要求要顺应女儿的生理和心理特点，否则可能会对孩子产生不良影响。

另外，妈妈要学会尊重和理解女儿，多站在孩子的角度看问题，对女儿不要太苛求、太严格。尤其是当她未达到要求时，妈妈千万不要嘲讽挖苦或者冷漠相对。这样会使女儿感到压抑，或是出于逆反心理而对抗，从而加重她的焦虑。妈妈应给女儿一定的自主权，与她平等地交流，对她进行耐心教育和科学引导。

努力为女儿改善家庭环境

一个轻松、自由、和谐的家庭环境是防止女儿过度焦虑的“良药”，而妈妈有责任和义务提高自己对女儿的管理、教育能力，并及时发现和解决女儿身上的问题。

所以，妈妈每天要尽量抽出一些时间与女儿谈心，这不仅会拉近妈妈与女儿的距离，而且会增进母女感情。如果你想把女儿培养成自信、豁达、活泼、开朗的人，那就要做到：创造整洁、有条理的家庭环境；家庭成员之间要保持和睦、民主，营造一个良好的生活环境和家庭氛围。这是让女儿远离焦虑、健康成长的重要条件。

教会女儿正确地看待问题

假如你的女儿容易紧张、焦虑和恐惧，那你一定要引起重视，帮助她正确地看待问题。因为，很多时候女孩的焦虑并不是由真实的困难造成的，而是夸大了困难令她在内心贬低了自己的能力。

因此，妈妈应帮助女儿识别和监测过分的担忧，教会她客观地看待问题。例如对那些胆小怯懦、优柔寡断的女孩，妈妈应多给予其鼓励和肯定，促使她尝试探索，变得更加自信和沉着。

专家课堂

英国教育专家伊丽莎白·哈特利–布鲁尔认为孩子们实际上面临双重压力：一是来自他们自身生活中的事件，比如学业、交友问题等；二是来自成年人对他们的期望。因此，她认为父母应该这样做：

1.多抽时间陪伴孩子，帮助他提升自信心，确保他睡眠充足。

2.认真对待孩子的焦虑，重视他对事态的预期。

3.及时告知孩子事情的变化及你对此做出的决定，让他觉得你对事态有很强的控制力。保持生活常规不变，以强化他的安全感。

第49招

化解心理压力——赋予女孩心灵动力

美国心理学家华生说过：“适当的压力有助于提高孩子学习的动力，但是过度的压力则会使孩子身心俱累，反而降低学习效果。”事实的确如此，过度关爱、期望过高、学习压力过大，是导致女孩心理失衡的重要原因。4岁弹钢琴，6岁学绘画，7岁请家教，8岁入题海；回家有做不完的作业，双休日有补不完的课；有的女孩考了九十几分，招来的还是妈妈的一顿骂……

一个初三的女生向心理医生这样讲述道：

我的学习成绩一直名列前茅。可上了初三以后，三天一大考、两天一小考的紧张学习生活，让我身心疲惫，觉得生活没有阳光和希望。这可能和我自身的性格有关吧，我一直追求的就是满分，哪怕是差一两分，都会怀疑自己是不是不够优秀。事实上，初三以后每次考试成绩出来，只要不是满分，回家以后，我都会扔下书包，躺在地板上，闭上眼睛，什么都不愿意去想。至于为什么躺在地板上，可能是感觉地板比较踏实吧。

以前我政治考试总是满分，可有一次却由于马虎得了98分。当时看到这个成绩时，我感觉好像自己什么都不会了。回家以后，扑通一下躺在地上，不一会儿我妈回来了，看到我这样，以为我精神出问题了，非要领我去医院。其实，她哪懂我心里的苦呢？

有研究表明，在中小学生中普遍存在厌学、考试焦虑以及青春期烦恼等问题。有不少孩子还存在性格孤僻、任性和懒惰的问题。心理学家曾指出，对孩子来说，妈妈是最重要的影响力量。因此，妈妈应该重视对女儿进行情商教育，及时帮助她缓解心理压力。这里，就给妈妈提供一些方法，相信对缓解女孩的心理压力会有帮助。

指导女儿正确面对得失

有一位妈妈的育女经验是这样的：

我的女儿妙彤上小学五年级了。有一次，老师推荐她去参加市里的演讲比赛，女儿显得非常紧张。

我觉察到女儿的异常后，便对她说："妙彤，不要担心！只要你努力过就没什么可遗憾的，我们做事情，结果并不重要，重要的是过程。"女儿听了之后，立刻就释然了。她告诉我："妈妈，我会认真地面对比赛，尽力发挥自己的水平，最后的结果我不在乎。"

世界上没有永远的成功，也没有永远的失败。如果你的女儿只追求成功，只注重最后的结果，很容易让自己产生心理压力，最后功亏一篑。

因此，妈妈要指导女儿正确面对得失，谁都会遇到挫折和失败，只有摆正心态，不懈努力，才能获得最后的成功。

认真倾听女儿的心声

倾听，是妈妈了解女儿内心压力的有效途径。很多时候，面对心理压力大的女孩，你不需要多说什么，只需要做一个好的倾听者，去用心、细致地了解女儿的心理压力及其来源。

当然，要做个好的倾听者，你就必须多和女儿在一起，多与女儿交谈，做女儿的知心朋友，站在她的角度考虑问题，以便打开女儿的心扉。只有这样，你才能了解女儿的心声，并帮助她打开心结。

帮助女儿制订一份学习计划

在这个世界上，每个人都会有烦恼、压力，也都会遇到一些暂时无法解决的问题，女孩也是如此。作为妈妈，要帮助女儿正视自己的问题，并从消极情绪中解脱出来。此外，妈妈还要帮助她制订一份学习计划，以便她在学习中取得更大的进步。

下面这位妈妈做得就非常好。

我女儿上高一，成绩处于中下游。因为她初中时学习基础不好，所以一上高中她就感到学习很吃力。经过半年多的努力，她的学习成绩还是没有什么起色。于是，女儿就变得有些消极，甚至开始变得讨厌学习、讨厌学校。了解到这一切之后，我决定好好帮助女儿，于是就为她制订了一个短期学习计划。女儿按照计划，一步一步朝前走，慢慢地，她的学习成绩有所提高了，整个人也变得开朗、自信了许多。

的确，计划会让女儿的生活变得更有条理性，也会提升她的自信心，这样一来，孩子的心理压力自然会减少很多。

专家课堂

父母用哪些小妙招可以让心理压力过大的女孩变得轻松、快乐呢？德国教育家卡尔·威特给出的方法可归纳为以下几点：

1.提醒孩子每天集中精力几分钟，比如现在的工作就是做好一道数学题，其他的一概抛在脑后。

2.让孩子说出或写出他的担忧，最佳方法就是写日记。

3.不要对孩子太严肃，放慢说话的速度，最好每天给他讲个小笑话。

4.至少一周让孩子真正彻底地放松一天，可以带他出去玩儿等。

第七章 性格影响女孩一生，给女孩一个好性格

好性格养成好习惯，好习惯创造好生活。性格培养是女孩人生的必修课，也是妈妈最为重要的亲子教育课，因为：

积极乐观的性格会让女孩充满活力，心态阳光；

坚强勇敢的性格会让女孩战胜痛苦和悲伤；

自信独立的性格会让女孩变得更加接近成功；

……

第50招

不耐烦的小丫头——培养女孩的耐心

我女儿12岁了，拥有匀称高挑的身材，是个天生练舞蹈的好材料。她对舞蹈也很感兴趣,让我给她报舞蹈班。但是女儿练了一个星期就不想练了，带着哭腔对我说："妈妈，我不想去了，那儿天天都要压腿，我现在一走路就腿疼。"看着女儿可怜的样子，我非常心疼，便对她说："既然你不想去了，那就算了吧。"

过了一段时间，我又给女儿报了一个绘画班，心想画画又不用花费很大的力气，女儿应该能够坚持下去。可是这次女儿坚持的时间更短，只去了5天就不去了，她对我说："妈妈，咱家离学校太远了，为了不迟到我每次6点钟就要起床，总是睡不醒。"

随后，我又让女儿学钢琴、学唱歌……她没有一个能够坚持下来的，并且还找出各种不参加的理由。

我非常担心，如果女儿总是这样没有恒心和毅力，她长大了该怎么办呢?

这是一位妈妈在网络上写下的博文，表达了自己心中的忧虑。其实，这种担忧是可以理解的，因为一个没有恒心和毅力的人，做什么事稍稍遇到困难就会半途而废，最终很可能落得一事无成。而那些取得伟大成就的人都无一例外地具备超乎常人的恒心和毅力。

有的孩子缺乏恒心和毅力，除了自身因素之外，还与妈妈的娇惯有很大的关系：

女儿好半天没有算出一道数学题，妈妈看时间有些晚了，就对女儿说："别算了，还是明天再说吧。"

女儿练习芭蕾舞，每天回来都脚尖疼，妈妈看见了有些心疼地说："吃得消吗？要是吃不消就别练了。”

……

由于妈妈的娇惯，女孩变得吃不了苦，遇到困难的时候，想到的不是迎难而上，而是知难而退。这样发展下去，女孩的耐心便渐渐被消磨掉了。所以，要想培养女儿的耐心，妈妈首先要做的就是不娇惯女儿。

带女儿多参加体育锻炼

体育锻炼不仅能够强健人的体魄，也能培养人的耐心，因为它的核心精神是拼搏、竞争、坚持不懈、永不放弃。而这几方面，是一个有耐心的人必须具备的。所以，我们可以让女儿长期坚持某项体育活动（如晨练等），一年四季都不间断，这对培养女儿的耐心很有帮助。

教女儿做事情要有始有终

一位妈妈这样谈到自己的育女经验：

女儿上五年级的时候，学校兴趣班报名。女儿告诉我们，她想报篮球班。当时我和老公都非常支持她，但是也有一些担心：篮球班又跑又跳的，文弱的女儿能吃得了苦吗？

果然，没过两个星期，女儿就开始向我诉苦：“妈妈，我不想学篮球了，每次上课太累了，我现在浑身都疼，而且学篮球还容易受伤。”女儿把胳膊伸给我看，那里果然有一块瘀青。

我微笑着对女儿说：“妈妈知道学篮球很累，但是如果你现在就选择退出，那就证明你是一个失败者。妈妈希望你是个坚持不懈、永不向困难低头的孩子。”女儿点了点头，没有再提不学篮球的事。

从那以后，我常常鼓励女儿，并且买回来一个篮球，让老公和她一起练，我做他们的裁判员。由于我的鼓励以及长时间的练习，女儿对篮球产生了浓厚的兴趣，再也不说“累人”这样的话了。

后来，女儿还十分感激地对我说：“妈妈，当时多亏你鼓励我不要退出，否则我就没有这么好的一个爱好了。”

由于女儿的年龄小，在遇到困难时难免会选择退却。这时，妈妈要告诉她，做每件事都要有始有终，而不能半途而废。当然，严格要求并不等于强制女儿做某件事，妈妈可以在女儿遇到困难的时候给她鼓励，还可以给她分析一下遇到困难的原因。等女儿能够游刃有余地处理这件事了，她就不会觉得难了，并且会有始有终地做下去。

让女儿学会承担责任

6岁的芬芬和爷爷住在一起。由于爷爷年龄大了，腿脚不灵便，每次下楼都要有人搀扶。有一次，芬芬对爷爷说："以后爸爸妈妈不在家时就让我搀您下楼吧。"爷爷听后非常高兴，不住地夸赞芬芬孝顺。

但是芬芬只坚持了半个月就有些不耐烦了，和妈妈说："我以后不想搀爷爷下楼了，太浪费我的时间了。"

妈妈拍拍女儿的肩膀说："妈妈知道搀爷爷下楼很累，也很费时间，但是你已经答应了爷爷，你要对自己的话负责任啊。再说爷爷很爱你的，你也要关心、照顾一下爷爷啊。"

芬芬想了想，最后点了点头。从那以后，芬芬每天都搀扶爷爷下楼，到现在已经坚持两年了。

家庭教育专家蔡笑晚老师在《我的事业是父亲》一书中说过："做什么事情都必须让孩子负责任。不用负责任的事情，不可能有恒心和毅力去完成它。因为反正没有责任，对他来说就不存在紧迫感。"确实是这样，如果孩子没有责任心，他就不会全力以赴地做某件事，遇到困难的时候也更容易退缩。所以，我们要让女儿学会承担责任，从而培养她的耐心。

专家课堂

女孩做事有时容易半途而废，因此锻炼她的耐心和毅力就显得尤为重要。英国教育专家伊丽莎白·哈特利-布鲁尔给父母提供的教育方法是：

1.当女孩遇到困难一筹莫展时，父母不要告诉她答案，而是正确引导她，让她自己寻找答案，并获得信心。

2.一旦女孩显现出兴趣减弱的征兆，父母就要让孩子给你讲述自己在某个兴趣上取得的成果或者遇到的问题。

3.帮助女孩确定目标，并协助她制订科学有效的计划，让她按照计划朝着目标前进。

第51招

公主可以不刁蛮——引导女儿远离任性

婷婷10岁了，是一个非常任性的女孩。在家里，爸爸妈妈什么事都要依着她，要不然她就会没完没了地吵闹下去。因为每天都长时间看电视，婷婷的眼睛有些近视，妈妈劝她多休息少看电视，她随口就说："我想看就看，不用你管！"前两天家里来了客人，妈妈做好饭后，让爸爸和客人先吃，把婷婷放到了后面。这下婷婷不高兴了，当着客人的面就摔了筷子，气得妈妈直跺脚："你这孩子太任性了，真是快把我气死了！"

从心理学角度来说，孩子的年龄小，心智发育不成熟，对很多事情都缺乏判断能力，所以多少会有些任性。当他们的要求得不到满足时，会用哭闹、摔东西、在地上打滚儿等方式来表达自己的情绪和要求。可以说，任性在某种程度上是孩子的普遍现象。但是如果我们放纵孩子的话，很可能对孩子的性格造成消极的影响，甚至会影响到他们长大后事业的成功，因为一个任性的人很难和他人进行友好的合作和协商，而往往把自己放在中心位置。

生活中，许多女孩平时被爸爸妈妈爷爷奶奶娇惯着，稍不如意就耍脾气，完全是一副刁蛮公主的派头。

一般来说，孩子骄纵任性主要与以下因素有关：

妈妈过分娇惯和迁就

在很多家庭中，妈妈都把孩子放在中心位置，在孩子提出不合理要求时，妈妈也不忍心拒绝，而是放任、迁就她。慢慢地，孩子就形成了骄纵任性的心理以及行为定式。

孩子对他人的模仿

当几个孩子在一起时，如果一个孩子出现了任性的表现并且取得了不错的结果，其他孩子就会进行模仿。

妈妈不尊重孩子

有些妈妈对孩子要求非常高，孩子无论怎么努力都达不到妈妈的要求，慢慢地，孩子会产生逆反心理，从而变得任性起来。还有些妈妈动不动就斥责自己的孩子，孩子为了保全自己的面子，从而产生任性、对抗的行为。对于妈妈来说，谁也不希望自己的女儿成为刁蛮、任性的小公主，最后连一个朋友也交不到。所以，当女儿产生任性行为时，我们要及早发现，并给予适当的引导。这样，才能让她远离骄纵任性。

不能一方批评女儿，而另一方袒护女儿

5岁的嘉佑看到同伴都在吃口香糖，也让妈妈给自己买。妈妈说："口香糖不适合小孩子吃，妈妈不能给你买。"嘉佑一看妈妈拒绝了自己的要求，马上躺在地上打起滚儿来。看到女儿如此任性，妈妈也生气了："你这孩子怎么这么任性，快点儿起来！"因为听到了嘉佑的哭声，爷爷奶奶赶忙赶了过来，非常心疼地扶起孙女，安慰嘉佑说："宝贝孙女想买什么？爷爷奶奶给你买。"爷爷还有些生气地对妈妈说："你说你这么大人了，跟孩子怄什么气，真是的。"

当孩子受到批评时，往往有人偏袒她。有时候是爸爸批评妈妈护着，有时候是爸爸妈妈批评爷爷奶奶护着。久而久之，孩子感觉自己有了"靠山"，就会越来越任性起来。所以，大人在教育孩子方面，应该保持一致性，即使遇到不同意见，也应该避开孩子去商量。

你想吃口香糖？可口香糖不适合小孩子吃，妈妈不能给你买。
我就要买！我就吃！

你想吃口香糖？妈妈可以给你买，但是吃多了会让牙齿受伤害的。上次你的牙齿痛，是不是很痛苦呀？
哦！那我不吃口香糖了，要不牙齿又该痛了。

教育女儿分清是非，不去模仿他人

妈妈带5岁的女儿到超市买东西，看到一个小男孩因为爸爸没有答应他的要求，正躺在地上打滚儿。妈妈对女儿说："好孩子不应该骄纵任性，你看这个小男孩又哭又闹，大家都在看他，多不好啊！"

很多时候，孩子的骄纵任性是和其他同伴学来的。当她看到同伴用哭闹的方式逼迫爸爸妈妈满足了自己的要求，她也会使用同样的方法。所以，我们应该让孩子分清是非，并对任性产生一种排斥的心理，这样，她就不会模仿自己的同伴了。

妈妈不要过分迁就自己的女儿

现在大多数的孩子都是独生子女，而且在人们心目中，小女孩更需要妈妈的关心和疼爱，所以很多妈妈过分娇惯和迁就自己的女儿，即使她提出一些不合理的要求也答应下来。正是这种无原则的迁就，让女儿形成了骄纵任性的心理以及行为定式。在和女儿相处时，妈妈应该和她"约法三章"：当女儿有了某种要求时，应该和妈妈讲道理，而不是用哭闹的方式逼妈妈"就范"。如果女儿不同意妈妈的意见，可以和妈妈进行讨论，也可以请其他家庭成员发表看法，但是不能发脾气、耍小性子。

尊重女儿，让她多和朋友交流

妈妈的苛求和责骂也会让孩子形成骄纵任性的性格。所以，我们应该尊重自己的女儿，为她营造一个宽松的家庭氛围。另外，随着居住环境的进一步改善，现在很多孩子生活在高楼里面，没有机会和他人进行交流。这也在某种程度上让她形成唯我独尊、骄纵任性的个性。所以，我们应该鼓励女儿多交朋友，学会和他人如何相处。

专家课堂

父母用什么办法来教育骄纵任性的女孩呢？教育专家李中莹给出的建议是：

1.安静缓和法。女儿发脾气时，父母应持平静的态度，要求孩子停止哭闹，让她安静下来，然后用平缓的口吻对她进行批评教育。

2.通俗讲解法。对任性的女儿讲道理要深入浅出，可用讲故事、讲笑话的方法来缓和矛盾，并用有针对性的故事去触及孩子的心灵。

3.转移法。这种方法适用于年龄较小的女孩。父母可把孩子的注意力从她坚持的事情上转移到其他新奇、有趣的物品或事情上。

第52招

赢了不骄傲——谦虚会让女孩走得更远

钰彤16岁，是一个非常优秀的女孩。她不仅学习好，在绘画方面也很出色。她参加了全省少年儿童绘画大赛，并且取得了第一名的好成绩。有些记者问她："你能够取得全省少年儿童绘画大赛第一名，是不是感觉自己在绘画方面非常有天分呢？"

钰彤非常谦虚地说："我和很多孩子一样，只是个喜欢画画的女孩，我并不感觉自己非常有绘画的天分。我能取得这样的好成绩，我感觉和爸爸妈妈的支持以及老师的教导是分不开的。在这里，我要谢谢他们。"钰彤的表现给在场的记者留下了很深刻的印象，大家都说她是个谦虚的孩子。

古人说过："谦受益，满招损。"谦虚是一种美德，它带给人的好处是非常多的：谦虚的人具有博大的胸怀，更宽容、更理智；谦虚的人容易和人相处，更受大家喜爱；谦虚的人明白自己的优点和缺点，从而也更容易取得更大的进步。

让女儿认识到骄傲的危害

女孩谦虚还是骄傲，和外部环境有关，也和她自己的内心有关。如果一个女孩不能全面认识自己，很可能会盲目骄傲起来。如果她总是被夸奖，也可能会骄傲起来。妈妈要想让女儿谦虚，就要让女儿全面认识自己，并且让她认识到骄傲的危害。

一位妈妈曾经这样谈到自己的育女经验：

我女儿是个爱学习的小女孩，成绩一直排在班里的四五名。通过自己的努力，她在这次期末考试中考了全班第一名。这让女儿非常得意，在暑假也不安心学习了，看见亲友们就说："叔叔阿姨，我考了我们班的第一名。"听到亲友们的称赞后，她就更加骄傲、自满了。

我感觉这样很不好，就对女儿说："宝贝女儿，你想过没有，是什么原因让你考取了全班第一名？"女儿想了想说："每天努力学习，不贪玩儿。"我说："是啊，每天努力学习才能考出好成绩，但你现在光顾着向大家炫耀而忘了努力学习，下次还能考第一名吗？"女儿有些羞愧地低下头。我接着说："那些被你超过的同学一定不甘心，一定会在这个暑假好好复习功课。你要想总考第一名，就不能放松学习，更不能骄傲、自满。"女儿点点头说："妈妈，我知道了，我再也不向大家炫耀成绩了。"

妈妈是孩子学习的榜样，我们首先要做到谨言慎行，给孩子树立一个良好的榜样。当孩子产生骄傲情绪的时候，妈妈应该提醒她，并且让她充分认识到骄傲的危害。这样，才能让孩子远离骄傲、自满，做一个谦虚、谨慎的人。

帮助女儿全面认识自己

一位妈妈曾经这样谈到自己的育女经验：

我女儿是班里公认的小才女，她不仅学习成绩优秀，在唱歌、跳舞方面也很有天赋。这让女儿十分得意，常常不把同学放在眼里。尤其是她的同桌君萌，由于学习成绩不好，女儿更是看不起她，常常说她如何如何笨。有一次，女儿又这样谈论君萌，我对女儿说："每个人都有自己的优、缺点。比如在学习方面，你要比君萌强，但是在体育方面，你却赶不上君萌。"听了我的话，女儿低着头思索了好半天，从那以后，她再也不说君萌笨了，也不像以前那样骄傲、自满了。

孩子产生骄傲的情绪往往源于自己某方面的优势或者特长。妈妈应该让她认识到，每个人都不是完美无缺的，每个人都有自己的优点和缺点。此外，妈妈还应该让孩子明白"天外有天，人外有人"，她的这些优势只是限定在一个小圈子、小团体内，并不是那种绝对的优势。当孩子能够全面看待和衡量自己，她就不会骄傲、自满了。

用正确的方法表扬女儿

在生活中，有些女孩由于聪明、乖巧、讨人喜欢，常常会得到大家的表扬。但是表扬孩子也是一门艺术，如果表扬的方法不正确，不仅不会起到积极的作用，还会滋长女儿骄傲、自满的情绪。

在吉诺特博士所著的作品《孩子，把你的手给我》中，曾经谈到了表扬孩子的方法。吉诺特博士认为，表扬孩子时应该注意以下两点：

第一，夸奖孩子的努力和成就，而不要夸奖孩子的品性和人格。例如女儿把屋子收拾得干干净净，妈妈可以对女儿说："刚才屋子太脏太乱了，但经过你的收拾整理，它又变得干干净净、漂漂亮亮了。"这样称赞的话会让女儿为自己的劳动感到高兴，甚至会高兴老半天。

第二，用描述性的话语夸奖孩子。例如女儿考了第一名，妈妈可以说："你每天都努力学习，考出这样的好成绩是对你的回报。"这既会让女儿感到高兴，又会让她继续努力学习。但如果妈妈说"你真是个好孩子，班里的同学谁也比不上你"，这可能会让女儿感到不安，也可能会让女儿产生骄傲、自满的情绪。

专家课堂

当被称为“天才”的小卡尔·威特变得傲慢起来的时候，他的父亲老卡尔·威特是这样教育他的：

1.让孩子改变对人的傲慢态度，并且尝试让他吃一点儿苦头。

2.等到孩子为自己的傲慢付出代价后，适时地给他说明事情的实质——傲慢、自大是在为自己的将来设置障碍。

3.引导孩子扔掉自己的傲慢，以友好的方式对待他人。

第53招

何不开朗一点儿——教女孩告别内向、羞怯

有的女孩内向、羞怯，这一点很多妈妈都深有体会。在生活中，我们常常听到妈妈抱怨自己的女儿：

“我女儿在家里挺能说的，但是出了家门，连问个路都不敢。”

“我女儿最害怕生人，家里一来了客人，赶紧躲到自己的书房去。”

“我女儿在学校是个‘落后分子’，她上课从来不举手回答问题。我问她为什么，她说当着这么多同学回答问题怪不好意思的。这有什么不好意思的，我真想不明白。”

心理学家研究发现，在孩子1～2岁时出现害羞的现象是正常的，但是超过这个年龄仍然如此，妈妈就需要多加关注、多加引导了。

一些女孩常常不敢见生人，这往往是由于家庭教育不当引起的。

场景一：小茹是个内向的孩子，每次和妈妈到朋友家做客，小茹都非常紧张。有时候朋友逗她玩儿，她不是支支吾吾说不出话来，就是放声大哭，

这让妈妈感觉非常尴尬。后来，妈妈再也不愿意带小茹外出了，而小茹也乐得不见生人，从来不向妈妈提出一起外出。

场景二：小芸6岁了，在一家幼儿园上学。每天早上去上学的时候，妈妈都要嘱咐她："在路上不要搭理任何人，现在拐卖小孩的坏人可多了。"小芸对这一点"执行"得非常好，从来不和陌生人说话，即使家里来了陌生人，她也赶快躲到自己的房间里。

如今，很多妈妈仍然受到一些错误观念的影响。例如，为了防止女儿受到伤害，很多妈妈常常用危言耸听的话"吓唬"她。当然，加强女儿自我保护的意识是对的，但是常常用危言耸听的话吓唬她，会让她对陌生人产生一种恐惧感，影响其交往能力的发展。值得强调的是，很多妈妈认为"含蓄"是女性的优点，并且用这两个字去要求女儿。但是含蓄并不是内向，更不是羞怯，妈妈一定要将它们区分开来。

现在是一个开放的社会，那些开朗的女孩不仅更容易得到广泛的认可，而且更容易交到朋友。尤为重要的是，开朗的女孩更能适应这个充满竞争的社会，而那些内向、羞怯的女孩，在这个社会中会处于竞争的劣势。所以，我们要有意识地把女儿培养成一个开朗的女孩。

多带女儿走亲访友

文雅是一个内向的小女孩，一遇到陌生人就感到拘谨、不自然。有时候家里来了客人，文雅就赶快躲到自己的屋子里。妈妈发现这一点后，就"故意"带她去走亲访友。在走访亲友前，妈妈会这样对文雅说："张阿姨特别喜欢你，她家还有很多好玩儿的玩具，我们到张阿姨家去做客，好不好？""李阿姨说想你呢，我们去看看她吧！"有时候文雅见到亲友仍然会不自然，妈妈会对她说："阿姨早就想见你了，快和阿姨打个招呼，她喜欢懂礼貌的小孩。"在走访亲友的过程中，妈妈还会鼓励文雅和亲友交谈或者表演节目。无论女儿表现怎样，回到家妈妈都会对她提出表扬："你今天舞跳得真好，王叔叔不停地夸你呢。"慢慢地，文雅再也不腼腆了，而且学会了很多社交礼仪。

很多妈妈嫌小孩"累赘"，走亲访友的时候不愿意带他们。其实走亲访友时带上女孩非常有利于培养她的交往能力，让她摆脱内向、羞怯的性格。对于本来就内向、羞怯的女孩，妈妈更应该多带她到亲朋好友家走一走、转一转。另外，值得强调的是，如果女孩不愿意和亲友打招呼，妈妈不要批评她，也不要给她贴上“这孩子害羞”的标签，更不要显示出无所谓的态度。妈妈可以鼓励、引导她，就如上文中的文雅妈妈一样。

多带女儿去“见见世面”

歆瑶 7 岁了，是一个懂礼仪、落落大方的女孩。歆瑶能做到这一点，和她妈妈的教育方式是分不开的。每到周末,妈妈都会带她去参加一些音乐会、画展。到了寒暑假，妈妈还会选择一两个名胜带她去参观、游玩儿。在她 3 岁的时候，妈妈还带她参加了电视台的节目录制。一些盛大、隆重的场合，能很好地培养女孩的社交能力。当她“见多识广”了,自然会变得落落大方，见到陌生人也不会感到拘谨、不自然了。

所以，当参加一些大型聚会的时候，我们应该尽量带上自己的女儿。

树立女儿的自信心

一些女孩之所以形成内向、害羞的性格，主要原因是她们缺乏自信心。细心的妈妈可能会发现，那些内向、羞怯的女孩虽然不愿意接触陌生人，甚至也不喜欢和同龄的孩子一起玩儿，但是非常愿意帮助那些比自己年龄小、也更柔弱的小孩。为什么会出现这种情况？这是因为和这些更柔弱的孩子相处，她们能够找到一种优越感和自豪感，让自己的内心得到满足。所以，当女儿不愿意和人交往时，妈妈首先要树立她的自信心，这样才能为培养她的社交能力打下良好的基础。当女孩摆脱了那种自卑心态，她才能够真正做到落落大方、开朗阳光。

专家课堂

父母用什么办法可以更好地解开女儿害羞、怕生的情结呢？王金战老师给出的建议是：

1.心理准备法。比如女儿害怕陌生人，父母不妨在客人上门前先为女儿做好心理准备，如今天有多少客人，都是些什么人，到时孩子应有的礼节等，或者父母先和孩子模拟待客之道，缓解女儿恐惧、怕生的心理。

2.故事法。父母可以通过讲故事，开启害羞女儿的心扉。如害羞、没自信的丑小鸭，是如何变成美丽又受欢迎的白天鹅的。

3.机会法。父母要多给害羞的女儿提供参加集体游戏的机会、与性格开朗的孩子交往的机会等。

第54招

不能太软弱——如何让女孩变得更坚强

悦悦是一个爱哭的女孩。偶尔一次考试没考好，她会哭上半天；爸爸妈妈批评她一句，她会哭得更厉害；甚至连学校打预防针，她也哭。前些天，学校举行辩论比赛，大家推举悦悦作为班里的代表，但她在首轮就输掉了比赛。因为这件事，悦悦哭了整整一个晚上，爸爸妈妈怎么劝也不起作用。悦悦的妈妈无可奈何地说：“悦悦这孩子怎么这么爱哭鼻子呢，她要是坚强点儿就好了。”

生活中，有的女孩往往表现出软弱、爱哭鼻子、抗挫折能力差等特征。这些特征不仅成了妈妈担忧的“心病”，也成了女孩成功道路上的“拦路虎”。

场景一：忆晴升入中学后参加军训，站了两小时的军姿就感觉坚持不住了，向教官提出了休息的申请。由于没有得到教官的允许，忆晴回家后向妈妈哭哭啼啼地抱怨了老半天，并让妈妈帮她撒谎，说自己病了，以此来逃避军训。

场景二：家悦是一个成绩优秀的女孩，因为在中考时发挥失常，她只考取了一所普通的高中。家悦觉得没脸见妈妈了，竟然在公布成绩的那一天离家出走了。

现在的社会是一个竞争激烈的社会，如果女孩自己不能变得坚强起来，不能直面人生的困境和挫折，她的人生道路就不会走得顺畅，获得成功的概率也不会很高。

女孩不够坚强虽然和性别因素有着一定的关系，但是和妈妈的后天培养、后天教育有着更重要的关系。我们在商界、政坛看到许多优秀的女性，她们的坚强、抗压程度并不逊于任何男性。

在对女孩的教育方面，很多妈妈觉得女孩娇嫩、弱小，便对她们过度保护。例如有些妈妈送女儿上学，常常对老师说："我女儿爱哭，请老师不要严厉批评她，有什么事找我就好了。"还有些妈妈在女儿遇到困难时对她说："乖女儿别怕，让妈妈来帮你忙。"正是由于妈妈的过度保护，剥夺了女儿克服困难、战胜挫折的机会，使她根本不懂得何谓坚强。另外，这样做也会给女儿一个消极的暗示，让她感觉女孩就是弱小的、需要保护的，从而无法坚强。所以，要想让女儿变得坚强，首先要做的事就是拿开放在女儿头上的"保护伞"。

多给女儿积极的暗示

两个小女孩在公园玩耍，看到翩翩起舞的蝴蝶，都追了过去，结果不小心撞在了一起，摔倒了。

一位妈妈赶紧跑到女儿身边，把女儿扶了起来、抱在怀里，心疼地揉揉这儿揉揉那儿，不安地问："摔疼了吧？"孩子哇哇大哭起来："疼！"另一个孩子看到这个孩子哭，眼睛一红，也想哭。但她妈妈蹲下来对她说："草地很软，摔一下不会疼。我女儿是一个坚强的小姑娘，自己站起来，妈妈带你去玩儿！”听了妈妈的话，这个孩子真的从地上爬起来，若无其事地继续玩儿去了。

儿童心理学家研究发现，暗示可以使孩子在心境、情绪、兴趣、意志等方面发生变化。如果妈妈传达给孩子的是积极的暗示，孩子将会变得更乐观、自信、坚强、积极向上；如果妈妈传达给孩子的是消极的暗示，孩子将会变得更脆弱、消极、害怕困难和挫折。所以，我们在平时不要把女儿当作弱者，这样会给她传递一种消极的暗示，不利于她性格的发展。

在女儿遇到困难和挫折的时候，我们要多给她肯定和鼓励，让她勇敢地面对人生的挑战。

让女儿在受挫中体验成功

学校举行歌唱比赛，雨涵报了名，并且下了很大的功夫，但是却没有取得理想的成绩。雨涵有些沮丧地对妈妈说：“这些时间都白费了，以后再也不学唱歌了。”妈妈说：“虽然你没有得奖，但是你这些时间并没有白费啊。现在你学会了不少新歌，而且唱得越来越好了，隔壁的王奶奶非常喜欢听你唱歌呢。”听妈妈这么一说，雨涵心中释然了，并且喜欢上了唱歌。

孩子的年龄还小，不懂得“失败是成功之母”，所以常常在挫折面前感到沮丧。作为妈妈，我们应该让女儿明白，偶尔的失败并不代表永远不会成功，如果坚持下去，离成功就不会很远了。女儿明白了这些，就不会再惧怕挫折，反而会变得越发坚强起来。

培养女儿的意志力

我们大家都明白，艰苦的环境更能锻炼人的意志力，让人迅速地坚强起来。但让妈妈为难的是，现在已经没有合适的环境让孩子去“艰苦”了。其实，艰苦的环境不一定非要衣不保暖、三餐难继，妈妈可以创造一些合适的环境去锻炼女孩。例如让孩子帮自己做些家务，出行的时候让她自己拎包，也可以让她坚持晨练等。只要妈妈舍得让孩子吃苦，这样的机会还是很多的。

专家课堂

王金战老师认为当孩子灰心、丧气时，父母应帮助孩子调整心态，激励孩子，他的具体建议是：

1.父母不要苛求孩子完美无缺、屡战屡胜，要允许孩子失败。

2.引导孩子向那些比自己出色的人学习，将他们的优点转化为自己学习的动力。

3.帮助孩子制订解决问题的办法，逐步建立起他对抗困境的自信心。

第55招

女孩要有主见——优柔寡断的性格怎样改

恬恬上六年级了，是个学习成绩出色的小女孩。但是她非常缺乏主见，做什么事都喜欢问爸爸妈妈或者老师同学。到商场买衣服，她会问妈妈："这件衣服适合我吗？我穿上会不会很难看？"到理发店理发，她会问同学："你说我留什么样的发型好呢？"甚至早上穿什么样的衣服去上学，她也要问一下妈妈："妈妈，我今天上学穿什么？是穿裤子还是穿裙子？"

和恬恬一样，很多女孩都缺乏主见，做什么事情之前总喜欢问别人，而不是自己去判断和思考。由于缺乏主见，她们在面临选择的时候，常常会彷徨和迷茫，并且容易被别人的意见所左右，因此错过了很多展现自己的机会。

李丽是一个能歌善舞的小姑娘，她不仅歌唱得好，还会编排动作、设计舞蹈。有一次，省电视台举行歌舞比赛，李丽非常想参加，但又怕水平太低被人笑话。她问朋友："我参加省电视台的歌舞比赛会不会被人笑话啊？"她的朋友说："省电视台的比赛肯定高手如云，我看还是不要参加的好。"朋友的一席话打消了李丽参加比赛的念头，她甚至还有些庆幸，因为自己不会当众出丑了。

但是等比赛开始后，她非常后悔，因为那些参赛选手的水平和她旗鼓相当。即使她现在再伤心、再后悔，也没有办法弥补了。

从恬恬和李丽的经历可以看出，一个女孩如果缺乏主见，不仅会丧失很多发展机会，甚至连自己的生活和学习都不能安排好。尤其在长大之后，她们面临的选择将会更多：选择什么样的大学、学习什么样的专业、做什么样的工作、结交什么样的男朋友……可以想象的是，一个女孩如果长大了仍不能自己拿主意，仍要被动地听话、等别人帮她作决定，那么她进入社会后，就无法在这个充满竞争和变数的社会中立足。妈妈不可能每件事都为女儿拿主意，也不可能照顾她一辈子，所以妈妈一定要逐渐培养女儿的自主意识，让她成为一个有主见的优秀女孩。大部分女孩都十分在意别人的评价，而且在做一件事之前总喜欢听听别人的意见。对于缺乏主见的女孩来说，妈妈应该如何做呢?

改变教育女儿的观念

受传统观念的影响，妈妈最大的愿望就是自己的女儿"乖""听话"。在教育女儿的时候，妈妈常常会说："乖女儿，听妈妈的话。"甚至送女儿去幼儿园，也会叮嘱女儿："要乖，听老师的话。"女孩非常在意妈妈的评价，妈妈经常用"乖""听话"这样的词语来对女儿进行评价，会给她传递一种错误的暗示：只要服从妈妈的意愿就是对的，就会得到表扬。

所以，我们在教育女儿的时候，尽量不要用"乖""听话"来要求和表扬女儿，而是用具体的评价语言来表扬她。例如女儿不再用妈妈喂饭，妈妈可以这样表扬她："女儿这么小就不用妈妈喂饭，你真棒。"用这样的语言表扬女儿，既可以使她知道哪里做得好，还不会给她传递错误的暗示。

给女儿自主选择的机会

一位妈妈曾经这样谈到自己的育女经验：

出于对女儿的娇惯，女儿的所有事情都由我和丈夫包办，我们从来不用她费心费力。渐渐地，我们发现了这种做法的弊端，因为女儿像一只人云亦云的“小鹦鹉”一样，完全没有自己的思考力和判断力，你说什么她就做什么，你讲什么她就信什么。尤其让我们忧心的是，女儿一会儿也离不开我和丈夫，因为离开了我们，就没人帮她拿主意、为她做选择了。

为了改变这种局面，我给女儿提供了很多自主选择的机会，以此来培养她的思考力和判断力。例如在买衣服的时候，我让她自己选择款式、颜色；在吃饭的时候，我让她选择吃什么。其他的事情也是如此。在刚开始的时候，女儿明显不适应，动不动就问我：“妈妈，你说我该怎么选择呢？”我对她说：“你自己的事情还是由你来决定，你觉得哪一种更好，你就选择哪一种。”渐渐地，女儿有了自己的主意，再也不像以前那样人云亦云了。现在我们一起去买东西，她不仅能够选择自己喜欢的商品，还会说出这种商品的好处呢！

很多时候，妈妈习惯于为女儿做出选择，从而剥夺了女儿思考的权利。这样做是不对的。女孩子在小时候是以自我为中心的，如果妈妈不注意她的自主要求，而是代她做出决定，很容易让她形成依赖性。所以，妈妈要多给女儿提供自主选择的机会（例如穿什么衣服、买什么玩具、吃哪种饭菜、生日请哪几个小朋友等），从而培养她的思考力和判断力。

用启发式的话语代替命令

在生活中，我们习惯于命令女儿，例如“你该去写作业了”“快把你的屋子收拾一下，脏死了”用这样的语气和女儿说话，既没有表现出对她的尊重，也不利于培养她的思考能力。我们可以把这些命令式的话语改变成启发式的话语，例如常常用“你是不是该写作业了”“屋子脏了，你是不是收拾一下显得更整洁呢”这样的话语和女儿说话，不仅可以锻炼她的独立思考能力，也有助于培养她的自主意识。

就买这件吧，我看着挺好看。
究竟哪件衣服才适合我呢？看了那么多，也没买到喜欢的。
究竟哪件衣服才适合我呢？看了那么多，也没买到喜欢的。
看到喜欢的为什么不去试试呢？要相信自己的眼光。

专家课堂

如果女孩没主见，凡事都让父母拿主意，该如何改变她呢？王金战老师给出的建议是：

1.多给孩子锻炼的机会，并对其作出的决定表明自己的态度。

2.孩子决定的正确与否其实没有固定标准，父母不要以自己的意见为标准。

第56招

做人要勇敢——帮助女孩打开勇气之门

一堂口语训练课上，老师给出了这样一个训练话题："说说谁是最勇敢的孩子。"

孩子们争先恐后地举起手，很明显大家的积极性都非常高，但似乎男孩的声音和踊跃性更高一些。李强说："我上学路上遇到大狼狗，根本不用木棍和石块就能把它吓跑。"他的发言博得一片掌声，能够独自一人面对凶恶吼叫的狗，这的确需要勇气。

接下来又有一个男生说起了自己的勇敢经历……最后，老师终于忍不住问："为什么没有女孩举手发言呢？"这时，一个女孩怯生生地说："老师，我不勇敢。"

老师走到这个女孩的面前，坚定地告诉她："你能说出这样的话，就表明你非常勇敢啊。"

这个女孩眼睛里突然注入了神采，她兴奋地问道："老师，真的吗？我也可以很勇敢吗？"

"当然，女孩也有女孩的勇敢。"

德国著名的诗人歌德说过：“你若失去了财产，你只失去了一点儿；你若失去了荣誉，你就丢掉了许多；你若失去了勇敢，你就把一切都失掉了！”可见，勇气对于一个人来说是多么重要，它是女孩能否真正取得成功的关键。

那么，妈妈应该如何做，才能让女孩变得勇敢呢？

从处理女孩的恐惧感开始

生活中，有的女孩不敢触摸小动物的皮毛，害怕一个人待在家里，惧怕生人，课堂上不敢举手回答老师提出的问题……很多时候妈妈并不清楚那些看似很平常的小事，为什么会让女孩感到害怕、恐惧。

通常来说，人害怕是因为“未知”或者遇到过伤害。那么，妈妈应该怎样帮助女孩清除心中的恐惧感呢？首先，你要清楚女孩害怕的最根本原因是什么，然后根据原因去寻找对策。

带女孩参加一些训练勇气的项目

很多妈妈为了保护女孩，使她免受任何伤害，于是很少去培养她的勇敢精神。但勇气是女孩必备的成功要素，妈妈不妨和她一起去参加一些训练勇气的项目。

下面这位母亲就做得非常好。

女儿小时候经常生病，胆子也特别小，为了使女儿变得更加勇敢，我就经常带她去参加体育锻炼，而且有意加入一些训练勇气的项目，而她也渐渐在这个过程中增长了勇气，学会了如何保护自己。

给女孩安全感和可预见性

娜娜上小学一年级了，是一个极度缺乏安全感的女孩，她在家的时候，什么事情都喜欢依赖自己的妈妈。妈妈让她和邻居的孩子们一起玩儿，但是娜娜只是拽着她的衣角，死活都不撒手。晚上睡觉的时候一定要妈妈陪着她。每天早上送娜娜去学校，是妈妈最头疼的一件事情，因为要花很长时间哄她才行，而娜娜总是又哭又闹地非要妈妈陪着上课，妈妈只能每次狠心地把她推进教室，然后快速离开。

生活中，总有一些女孩像娜娜这样缺乏安全感，而且随着年龄的增长，如果妈妈不加以正确引导，她们会更加害怕挫折、害怕批评、害怕失败，甚至害怕与人交往，这些对女孩未来的发展是极为不利的。因此，妈妈给予女孩一定的安全感和可预见性就显得尤为重要。因为安全感会让女孩有一种被保护的感觉，这样做起事情来，她会更有自信和勇气；而可预见性会让女孩消除因害怕失败而产生的恐惧感，在这个过程中还会增强她做事的勇气。

专家课堂

德国教育家卡尔·威特在训练儿子的勇气时，采用的教育方法可归纳为以下几点：

1.父母不要出于担心孩子安危的考虑，而忽略对他进行勇敢精神的培养。

2.从小就应该想办法让孩子明白勇气的价值。

3.父母不要过度保护孩子，而去阻止孩子做事，这会让孩子失去自信心和勇气。

第八章　拥有八种良好习惯，女孩将受益终身

习惯造就性格，性格决定命运。看似不起眼的“小”习惯实则决定着女孩的“大”命运。知道这一点还不够，你还应该知道：

细心，可以让女孩发现更多的成功机会；

懂礼貌，可以让女孩得到更多的赞赏和朋友；

知错就改，可以让女孩学会承担责任；

……

第57招

拖延是进步的大敌——为人处世要利落

生活中，最让父母头疼的就是家里有个慢性子的女儿，很多时候是你急她不急，似乎总有太多的事情能够分散她的注意力。

下面这个妈妈就有这样一个“慢性子”的女儿。

我的女儿玲玲上小学三年级了，平时学习成绩不错，但这个小丫头就是做作业时很磨蹭。本来20分钟能够完成的作业，她非要磨蹭一个晚上，常常是晚上12点了，她还坐在书桌前写作业。更要命的是，这还是我在旁边“监督”她的结果，如果哪一天我没有在一旁看着她写作业，估计一个晚上她也完不成作业。女儿之所以每晚写作业到这么晚，并不是老师给她留了很多作业，而是她写两个字就开始玩橡皮、玩彩笔，一小时也写不了几个字。

像玲玲这样爱磨蹭、爱拖沓的女孩在实际生活中有很多，很多妈妈也为孩子做事没有效率而着急。例如，父母早上着急上班，一家人本来正在吃早饭，忽然有只小鸟停在了窗户外边，小女孩非要放下饭碗去看个究竟，而且无论父母怎么催她，她就是磨磨蹭蹭地不想回到餐桌旁。

面对这样的“小磨蹭”，妈妈最常用的做法就是重复地提醒女孩或不断地冲着她大喊大叫：“下次再这样磨蹭就不管你了！”“你准备好了吗？”“你就不能快点儿！”……然而，女孩的这种磨蹭行为并没有因为妈妈的恐吓或提醒而有所改变。

其实，作为妈妈，你有没有想过这样一个问题：女儿为什么会‘慢’？是她天性如此吗？当然不是，这是因为小孩子还没有时间观念，她还不清楚自己的慢会产生怎样的不良后果。假如长此以往下去，她可能真的会变成一个爱磨蹭、没有时间观念的“慢性子”。

那么，有什么好方法可以让女孩改掉这种磨蹭、拖沓的坏习惯，养成做事利落的好习惯呢？

让女孩自己承担拖延行为所带来的后果

很多女孩因为习惯了凡事由妈妈提醒、催促，她便理所当然地按照自己一贯磨蹭、拖沓的方式去做一切事情。例如，早上没有妈妈叫她，她根本不会去想上学会不会迟到；没有妈妈的提醒，她根本不会事先去准备……在这种情况下，女孩怎么可能养成做事利落的好习惯呢？所以，妈妈不要成为女儿的“定时闹钟”和“善后军团”，而是应该让她自己承担磨蹭行为所带来的后果。

下面这个妈妈的经验就很有启发性。

女儿很小就有做事磨蹭的坏毛病。现在,就是在早上时间最紧张的时刻，她也快不起来。这让我感到很烦恼，不过我还是想了一个好办法。

这天早晨，女儿照样是慢吞吞地起床、穿衣服、洗漱，我没有像往常一样催促她，而是由着她不急不忙地整理书包、吃饭……结果当然是迟到，女儿被老师批评了一顿。

放学回来后，女儿显得很难过。这时，我才告诉她：“平时你不迟到，是因为有爸爸妈妈在旁边提醒你，替你着急。现在，你长大了，要学会做事有效率，加快节奏，安排好自己的时间。如果你这磨蹭、拖沓的习惯不改，以后不只是挨老师批评，还会造成更严重的后果。”现在，无论做什么事，我都不会催促女儿。果然，在吃了几次苦头之后，女儿的行动快多了。

制订生活日程表，让女孩学会合理安排时间

如果你的女儿做事效率不高，老是喜欢磨磨蹭蹭地做事，那你就可以为她制订一份生活日程表，让她学会合理安排自己的时间。例如，早上什么时间起床，用多长时间穿衣、洗漱、吃早饭；晚上回到家什么时间完成作业，何时上床睡觉等。这些都可以记录在先前制订的生活日程表中，每当女孩按规定完成一件事，妈妈就要在表格中标记出来，并在一定时间内给予女儿表扬或奖励。

另外，妈妈也可教女孩利用统筹的方法来安排做事的先后顺序，这样她就可以极大地提高自己的办事效率，还节省了很多时间，用来做自己喜欢的事情。

需要注意的是，我们在帮助和引导女孩提高办事效率的同时，也要告诉她，动作快不等于敷衍了事、马马虎虎，而应本着认真、负责的态度把事情做好。

启发女孩的竞争心理

一位妈妈的育女经验是这样的：

从女儿上幼儿园开始，我就发现她有磨蹭、拖沓的现象。所以，为了帮她改掉这个坏毛病，我开始有意诱导她的竞争心理，让她时常和其他小朋友展开竞赛，比仔细、比勇敢、比速度、比效率等。正是通过这一系列的竞赛，让女儿逐步养成了敏锐的思考力、观察力和行动力。现在，女儿已经改掉了做事磨蹭的坏习惯，养成了做事利落的好习惯。

很多时候，适当地为女孩增加些生活的紧张气息，不但能够使她养成做事利落、不拖沓的好习惯，还会为她日后在竞争激烈的社会上立足奠定基础。因此，妈妈应从小就开始训练女儿的竞争意识和时间观念，引导她改掉那些影响其发展的不利因素，让她变得更加优秀。

专家课堂

在如何教育做事拖拉的孩子的问题上，王金战老师为父母提供了以下建议：

1.排除客观原因，找到问题的症结所在，然后“对症下药”。

2.如果孩子是因为没有兴趣而逃避，父母除了要激发孩子的兴趣外，还要建立孩子的责任感。

3.如果是性格的原因，父母就要从生活中的点滴做起，逐渐培养起孩子良好的生活习惯。

第58招

不做“小马虎”——教育女儿行事要细心

12岁的云云是个不折不扣的“马虎大王”。有很多次，她出门都忘了带钥匙，结果只能站在门口等妈妈下班。她在生活上也没有条理，常常把自己的书刊、衣服到处乱放，等到用的时候又焦急地问妈妈：“妈妈，我的校服放哪儿了？我们今天升国旗要穿的。”

前两天，她更是闹了一个大笑话，她让妈妈带她到动物园拍照，结果到了动物园后，她突然大叫起来：“坏了！我把相机忘家里了！”这件事情让妈妈哭笑不得。妈妈常常感叹：“我家这个‘马虎大王’什么时候能够细心起来啊！”

对于女孩来说，粗心大意的危害是不言而喻的，也让妈妈感到十分头疼，因为它不仅让女孩在生活上丢三落四、没有头绪，更会影响到她的学习成绩，让她平时的努力在一场考试中付之东流。

梦萱9岁了，是一个学习用功的小女孩。但是每次考试，她考的分数都非常低，甚至排在班里的后几名。有一次期末考试，她语文只考了68分，数学更是没有及格。妈妈看了看她的试卷，发现这些错题根本不是她不会，而是因为她马虎而写错的。例如她常常忘记点小数点，写字时她也常常丢笔画，丢掉的分数非常可惜。

从上面两个事例可以看出，粗心大意非常不利于女孩的发展。当女儿出现“马虎”现象时，妈妈不要着急，更不要斥责女儿或者给女儿起外号讽刺她（如称女儿为“马虎大王”等）。出现这种情况的时候，应该对女儿进行耐心指导，让她在生活中慢慢改掉马虎的坏习惯，养成细心的好习惯。

不要随便给女儿贴上“马虎”的标签

一个小女孩曾经在日记中这样写道：

我现在最怕的事就是爸爸妈妈叫我“马虎大王”了。前一段时间，我确实做什么事都粗心，还闹出了不少笑话。爸爸妈妈为了让我改正缺点，老是在我耳边说：“你怎么这么粗心啊！”“以后不要再粗心大意了！”爸爸妈妈一直这样说，已经让我产生焦虑感了。每做一件事，我都会担心出错，结果越担心越是错误百出。

心理学家研究表明，如果某种信息重复进入一个人的大脑，就会对他的潜意识造成很大的影响。在生活中，我们都有这样的经验：当孩子拿着杯子玩耍时，我们一再告诫他：“别把杯子摔坏了！”结果孩子还是把杯子摔坏了。潜意识是无法对负面信息进行分辨的，我们告诉孩子“别把杯子摔坏了”，其实是在告诉他的潜意识：“把杯子摔坏！”

同样的道理，我们一再告诫女儿“不要做事马虎”，她的潜意识会接收到这样的信息——做事要马虎。结果女儿越来越马虎了。所以，即使女儿有粗心的毛病，妈妈也不要给她贴上“粗心”的标签，否则是在强化这种信息。当然，妈妈可以正面地告诉女儿：“做事细心些。”让女儿常常接收到这种正面的信息，她做事马虎的毛病是会有所改观的。

给粗心的女儿一个“教训”

一位妈妈这样谈到自己的育女经验：

去年寒假，我给女儿报了一个舞蹈班。从那以后，女儿每天兴高采烈地拿着舞蹈鞋去上课。有一次，由于走得匆忙，粗心的女儿竟然忘了带自己的舞蹈鞋。我女儿很粗心，常常丢三落四，我提醒过她很多次，她都记不住。这一次，我决定给她一个教训，就故意没有告诉她。果然，半小时后，女儿从学校给我打来电话：“妈妈，我的舞蹈鞋忘带了，你能不能给我送一下？”我说：“妈妈还有事，你自己的事情还是自己解决吧。”女儿见我态度坚决，只好向老师请了假，气喘吁吁地跑回家取自己的舞蹈鞋。

事后，我对女儿说：“不是妈妈不肯帮你，虽然这次妈妈让你多跑一趟，

妈妈，我的舞鞋放哪儿了？
自己找去，马马虎虎的毛病什么时候能改掉！
妈妈，我的舞鞋放哪儿了？
你看看是不是放到床下面了，下次记住一定要放到鞋柜里，就不用再到处找了。

将来你一定会因此而少跑很多次。”有了这次教训，女儿明显细心多了，每次出门前都把自己的东西检查一遍，生怕把东西忘在家里。

有些妈妈怕女儿粗心丢下东西，常常苦口婆心地叮嘱她：“钥匙带了吗？”“上学时别忘了带课本！”在女儿丢下东西的时候，有些妈妈会及时给她送去。当然，怜爱女儿是没有错的，但是这样做不仅不能培养女儿细心的好习惯，还会让她更加马虎、粗心，因为她有了依赖心理：反正爸爸妈妈会叮嘱我的。因此，有时候，妈妈不妨给粗心的女儿一个“教训”，让她知道粗心的结果。有了这样的“教训”，相信她会变得更加谨慎、细心。

培养女儿井然有序的生活和学习习惯

在贞贞5岁的时候，妈妈给她买了一个小皮箱，并对她说：“现在贞贞长大了，以后要学着自己保管物品了。”贞贞像小大人一样点了点头。在以后的日子里，妈妈经常教贞贞怎么收拾屋子、怎么管理自己的物品。在妈妈的帮助下，贞贞养成了井然有序的生活习惯，每件物品都放得有条不紊，要用的时候一下子就能找到。

在贞贞上小学后，妈妈和她一起制订了学习计划，什么时候写作业、什么时候检查作业、什么时候预习功课，都安排得井井有条。由于在学习方面用功和细心，贞贞的成绩一直在班里名列前茅。

培养女儿细心的习惯不是一朝一夕就能成功的，所以妈妈要从小事抓起，从一点一滴抓起。如果女儿在生活和学习方面都能够保证井然有序，那么就能有效地减少粗心大意的行为。

专家课堂

父母要想改变女孩粗心的坏习惯，可以参考教育专家孙云晓提出的5个步骤：

1.提高认识，或者说，让孩子对养成细心的习惯产生兴趣。

2.明确行为规范，让孩子清楚了解养成细心习惯的具体标准。

3.坚持不懈的行为训练，让孩子由被动到主动再到自动，养成细心的好习惯。

4.及时评估和奖惩，让孩子在成功的体验中养成良好的习惯。

5.形成良好的环境和风气，让家庭生活和学校环境乃至社会风气成为孩子养成良好习惯的支持力量。

第59招

勤劳是金——培养女儿热爱劳动的习惯

人们常说：“女儿是妈妈的贴心小棉袄。”为什么这么说呢？这是因为女孩一般都很懂事，在年龄很小的时候就懂得帮妈妈减轻负担，例如帮妈妈洗衣做饭、收拾房间等。但是现在的女孩没有以前那样勤劳了，我们常常听到一些妈妈这样抱怨自己的女儿：

“我在八九岁时就帮妈妈洗衣做饭了，但我女儿现在都11岁了，连个碗都没刷过。”

“我女儿都13岁了，还不会洗衣服，她的衣服从来都是我洗。”

“每次吃饭的时候，我女儿从来不主动拿碗筷，等我把碗筷摆好了，她才凑过来。吃完饭的时候，她也从来都不帮我收拾桌子。”

……

现在为什么出现了这么多不爱劳动的小女孩呢？这和妈妈的教育方式有关。现在很多妈妈心疼孩子，怕孩子吃苦受累，便“剥夺了”孩子劳动的权利。还有些妈妈怕干家务耽误孩子的学习时间，宁可自己受累，也不让孩子帮自己干活儿。慢慢地，这些孩子变得越来越懒惰，就是帮妈妈拖拖地、洗洗碗也不肯干了。

劳动能够使孩子变得更加聪明、更加能干。苏联著名文学家高尔基说过："天才就是劳动，人的天赋就像火花，它既可能熄灭，也可能燃烧起来，而使它成为熊熊烈火的办法只有一个，那就是劳动，再劳动！"儿童心理学家研究发现，劳动可以促进孩子的智力发展，而且对孩子品德、兴趣、意志的培养，都起着至关重要的作用。在发达国家，妈妈非常注重培养孩子的劳动能力，孩子们从小就被要求帮妈妈做家务。

劳动是一件非常光荣的事情，让孩子从小做些家务，既可以培养他的独立性和责任感，还可以培养他吃苦耐劳的品质。一个常常帮妈妈做家务的孩子，更容易体验到妈妈为这个家庭所付出的辛苦和努力。所以，妈妈从小就要培养女儿热爱劳动的好习惯，让她成长为一个勤劳、能干的女孩。

同时，妈妈应该让女儿对劳动有一个正确的认识，让她知道劳动的意义，从而热爱劳动。日常生活中，妈妈可以让女儿多干一些力所能及的事，让她养成吃苦耐劳的品质。

让女儿承担一部分家务

对于妈妈来说，一定要摆正教育心态，切不可因为心疼女儿而不让她劳动。这样做，其实并不是在爱女儿，而是在害女儿。对于孩子来说，她其实并不排斥劳动，有时候甚至还会主动提出帮妈妈做家务。在这种时候，妈妈不要打击她的积极性，也不要怕她做不好，而是要鼓励她去做。另外，妈妈还可以让女儿分担一些家务，如扫地、洗碗、抹桌子等。等女儿做的时间长了，热爱劳动的好习惯也就慢慢养成了。需要注意的是，在女儿开始劳动时，妈妈应给她做些示范，并且要注意安全和卫生，防止意外事故的发生。

对女儿多加鼓励和赞美

当妈妈让女儿帮忙做家务时，要多鼓励、多赞美，这样会激发女儿劳动的积极性。另外，妈妈不要只看女儿的劳动结果，而要看重女儿对劳动的积极态度。如果女儿很认真地扫了地，即使没有扫得很干净，妈妈也不要埋怨她，而要对她的行为提出表扬。此外，有些妈妈用金钱刺激孩子的劳动欲望，这是非常不对的，这很容易让孩子产生为钱而劳动的负效应。心理学家研究发现，对孩子进行精神奖励（鼓励、赞美）比金钱奖励更有效，也更科学。

增加劳动的趣味性

要想培养孩子的某种习惯，就要让孩子对它产生兴趣，这样才能达到很好的效果。例如在孩子劳动的时候，可以采取竞赛的形式，这样既可以培养孩子的竞争心理，还可以使劳动变得富有趣味。再比如，当客人来到家里时，妈妈可以让孩子去端果盘。通过这样的方式，可以调动她劳动的积极性，从而让她慢慢养成热爱劳动的好习惯。

让女儿知道劳动是生活的需要

在生活中，妈妈要告诉女儿劳动是一种美德，并且让女儿明白，我们吃的、穿的、用的都是靠辛勤劳动挣来的。这样，能够让女孩认识到劳动的重要性，当妈妈再让她适当地做家务时，她就比较愿意接受了。

专家课堂

教育专家孙云晓说：“成功的教育从培养好习惯开始。”而热爱劳动是其中非常关键的一环。培养女孩热爱劳动的习惯，我们应该注意以下几点：

1.让女孩明白劳动是生活需要，也是一种美德。

2.劳动内容要适合孩子的年龄特点，不能太复杂。

3.不能因为女孩做不好或者父母看不惯，就一手包办。

4.千万不要用金钱去刺激女孩的劳动欲望。

第60招

告别大手大脚——让女儿从小学会节俭

场景一：晓溪是个爱美的小姑娘，每次看到漂亮衣服都吵着闹着让妈妈买给自己。有一次，她看中了一件红色上衣。但是妈妈对她说："你身上的运动衣才穿了十几天，怎么又要买新的啊？"她有些不屑地说："现在什么年代了，谁还把衣服穿烂了再买新的！"

场景二：在静琪上四年级的时候，妈妈把她转到了一所私立小学，班里的同学家境都比较富裕。也许就是从这个时候开始,静琪对名牌产生了兴趣，穿的衣服、鞋子都要名牌的。有时候，妈妈不给她买，她就会振振有词地对妈妈说："别的同学都穿名牌，我不穿怎么去见同学，太没面子了！"

上面这两个事例，都是在生活中经常发生的。古人说过："历览前贤国与家，成由勤俭破由奢。"勤俭节约是中华民族的传统美德，它不仅关系到一个人的家庭幸福，还关系到一个人的品德修养。一个勤俭的人，可以通过自己的勤奋节俭克己持家，逐渐走向小康生活；而一个懒惰、奢侈的人，不仅不能过上幸福的生活，甚至还会品德败坏。

也许有妈妈会说，现在的生活富足了，我们没必要再提倡勤俭节约了。这样想是错误的，在任何时候，勤俭节约都是一条朴素的真理，都有提倡的必要。更何况，孩子吃喝花费都靠父母供给，更没有奢侈的理由。现在的女孩一般不懂得勤俭节约，这是因为她们平时被妈妈娇惯坏了，只知道花钱，而不知道赚钱的不易。所以，要想培养她们勤俭的美德，妈妈应该舍得让女儿劳动，并且让她们知道赚钱的不易，以便让她们认识到勤俭节约的重要性。

让勤俭的意识在女儿心中扎根

一位妈妈曾经这样谈到自己的育女经验：

我7岁的女儿没有经历过苦日子，也不知道勤俭节约的重要性。她在家里很少做家务，在花钱方面更是大手大脚。虽然我们的家境还算可以，但是我决心改变这种情况，因为我认为懒惰、奢侈是非常不好的习惯，可能会影响一个人的一生。在以后的日子里，我给女儿讲了很多古人勤俭节约的故事，让她知道勤俭节约是一种美德。在生活中，我也经常有意识地称赞那些勤俭节约的行为，批评那些懒惰、奢侈的行为。慢慢地，女儿意识到了懒惰、奢侈的坏处，不仅人变得勤快多了，在花钱方面也不再大手大脚了。

用生活中的小事来培养女儿勤俭节约的好习惯

要想培养女儿勤俭节约的好习惯，可以让女儿从节约一张纸、节约一度电等开始。这些事情虽小，但是时间长了，孩子就会慢慢养成习惯，从而养成勤俭节约的好品质。值得注意的是，现在很多妈妈舍不得让女儿干活儿，更不忍心在花钱方面限制女儿，认为让女儿受些苦、受些累便是对不住她们。其实，这样想是不对的，现在让孩子受些苦、受些累，总比她们长大后受苦、受累要好。所以，妈妈应该让女儿勤做家务，在花钱方面也不要过分娇惯她们。

让女儿体验赚钱的艰难

乐姗的妈妈是做餐馆生意的，家里比较有钱，所以花起钱来大手大脚。她的爸爸妈妈常常给她讲赚钱多么不容易，但是乐姗根本听不进去，照样大手大脚地花钱。她的妈妈决定改变这种状况。

一年暑假，妈妈对乐姗说："妈妈的餐馆里正缺一名小工，你去给妈妈帮几天忙怎么样？妈妈按其他工人的工资标准给你开工资，每天50元。"乐姗一想到能够赚钱，非常爽快地答应了。但是这些钱并没有乐姗想象的那样好赚，她一天几乎跑断了腿、累弯了腰，才赚到区区50元钱，还不够买一件衣服。

有了这次"打工"的经验，乐姗知道了赚钱的辛苦，再也不像以前那样胡乱花钱了。

苦口婆心地告诉女孩要节俭、不要乱花钱，远不如让她体验一下赚钱的艰辛和不易。当她知道赚1元钱要付出多少辛苦、多少汗水时，才会真正对钱有一个概念。当她知道父母的钱来之不易时，她才会厉行节俭，再也不胡乱花钱了。至于如何让女孩体验到赚钱的艰辛，可以让她在寒暑假“打打工”（妈妈可以做她的“雇主”）。

专家课堂

女孩花钱大手大脚，父母应该怎么做呢？王金战老师给出的建议是：

1.多肯定和鼓励孩子，从各方面入手培养他的自信心。

2.必要时可让孩子了解父母工作的艰辛，让他学会体谅父母，不乱花钱。

3.让孩子帮忙做家庭理财，安排每个月的家庭支出。

4.让孩子树立正确的人生观、价值观，并把时间多用在学习上。

5.培养孩子延迟满足的能力，让他学会珍惜已经拥有的东西。

第61招

不要不懂装懂——培养女儿善于提问的好习惯

好问原本就是小孩子的天性，他们对周围的事物总是感到新鲜有趣，上至日月星辰、宇宙星空，下至山川河流、海洋生物。可为什么随着孩子一天天成长，他们这种好问的天性就渐渐消退了，变成“不懂也不问”的孩子呢？在回答这个问题之前，我们先来看一个真实的事例。

一天，天气阴沉，乌云满天。5岁的雅轩站在自家窗前看着外边雷声滚滚的天空，她没有像其他女孩那样被雷声吓到，而是一脸好奇地盯着天空看了很久，然后问妈妈："妈妈，为什么云彩变成黑的才会有雷声呢？"此时，妈妈看也没看女儿，而是不耐烦地说："我怎么知道！别在窗户边玩儿了！"小雅轩不但没有得到自己想要的答案，还被妈妈训斥了一顿，她觉得特别委屈，噘着嘴离开了窗户。

通过这个事例，上述问题的答案就不言而喻了，即孩子的好问习惯被妈妈给打击掉了。相信小雅轩以后再也不会轻易去问妈妈问题了，因为那样不但解决不了心中的疑问，反而会受到批评。所以，作为妈妈，要想让女儿养成虚心好问的好习惯，自己首先不能打消孩子好问的积极性，哪怕你不知道问题的答案，也要肯定和表扬女儿善于提出问题的行为，然后再想办法帮助女儿解决疑问。

除此之外，还有很多帮助女孩养成虚心好问好习惯的方法和途径。

鼓励女儿从报刊、电视等上找错误

为了激发女孩提问和思考的习惯，妈妈可以鼓励她从报刊、电视上找错误。这种方法不但充满挑战性，而且会增强女孩的成就感和自信心。

有一位妈妈在这方面就做得很好。

一天，我拿着一摞报纸走到正在客厅里玩耍的女儿面前，说："女儿，妈妈和你玩一个有趣的游戏，谁要是赢了，就让对方奖励自己一件东西，好不好？"女儿一听就来了兴致，因为她一直想要一套漫画，现在她只要赢了我就可以得到自己想要的漫画，所以她痛快地答应了。我笑着说："我手里有几期过期的报纸，如果在规定的半小时内，你比我从中找出的错误更多，而且改正过来，就算你赢。"

女儿不解地看着我说："妈妈，报纸上也有错误吗？"

"当然，不光是报纸，电视、杂志上都会出现各种各样的错误，我们开始吧！"于是，我们规定好时间，各自开始紧张地在报纸上找起了错误。很快半小时过去了，女儿一共找出了三处错误，并且准确地把它们改正了过来。当然，我可不会轻易地错过这个教育女儿的机会，马上鼓励女儿将这些错误写成一封电子邮件发给了报社，后来那家报社给女儿回了一封感谢信。这件事情对女儿的触动很大，并且给了她更大的激励，从那之后，她看书、学习不但变得更加认真，而且更爱提问了。

鼓励女儿带着问号看世界

“为什么树叶是绿色的呢？”当女儿一脸疑问地向妈妈提出这个问题时，妈妈是马上不耐烦地对她说“你怎么这么多问题！树叶本来就是绿色的”，还是耐心地给女儿讲解其中的科学原理呢？正确的选择是后者。面对女儿的疑问，妈妈正确的方法就是肯定和鼓励孩子的这种行为，因为只有这样才能满足她的求知欲，促使她不断思考问题，提出问题。

另外，妈妈也可以采取观察法、提问法、游戏法等引导女儿主动提出问题。例如，当妈妈正在厨房做饭的时候，可以拿起铁锅问女儿：“宝贝，你知道炒菜为什么用铁锅吗？”“妈妈，我不知道，为什么呀？”“因为铁锅导热快，而且里面含有的一种铁元素对我们的身体也有好处……”相信通过妈妈的科学引导，女儿一定会学到越来越多的知识。

让女儿不要迷信权威，大胆质疑

生活中，有的女孩往往对妈妈、老师等说出的观点或做出的事情深信不疑。但人无完人，不能盲目地相信“权威人物”，而应该有自己的主见和思考能力。因此，妈妈应从小就引导女孩不要迷信权威，大胆质疑。

有一位妈妈讲述了这样一件事。

我的女儿上高中三年级了，她各方面都表现得特别优秀，最令我感到欣慰的是，她是一个敢说敢问的女孩。

有一次，女儿学校组织了一场专家讲座，很多学生都聚集在礼堂听讲。专家讲完之后，设置了一个学生提问环节，大多数学生选择了沉默，只有几个学生就刚才的演讲表达了自己的欣赏之情，唯有女儿站起来质疑了专家的话，并提出了自己的观点。对于女儿的质疑，专家给出的答案是：“我是根据××学者的著名观点讲的！”女儿说：“难道××讲的就是真理吗？也许他也错了！”最终，女儿这种大胆质疑的勇气和魄力，受到了那位专家的称赞和同学们的敬佩。

专家课堂

生活中，针对孩子的问题，很多父母总是马上给出答案，教育专家李中莹认为这种做法不妥，会对孩子产生很多负面影响，而且容易把孩子的“好问”变成对父母“答案”的依赖，所以他提出的建议是：

1.父母最重要的教育方式不是告诉孩子怎样做，也不是撒手不管，而应该当面和孩子交谈，鼓励和支持他去尝试。

2.当孩子带着问题询问父母时，父母最恰当的回答方式应是“你说呢”，引导孩子自己解决问题。

3.父母应该给孩子提供安心的环境，让他经过思考、尝试、修正获取答案，并最终获得成功和肯定。

第62招

生命在于运动——让女儿每天坚持运动

常言道：“生命在于运动。”要想让女儿更加健康，除了要给她提供合理且充足的营养之外，适当的运动和锻炼也是不可或缺的。运动和锻炼是女孩的活力之源、健康之本。一个爱孩子的妈妈，一定会把女儿培养成一个热爱运动的人。

一天，女儿佩佩回家对妈妈说：“妈妈，我不想上学了，我在学校很孤独，一个朋友都没有。下课的时候大家都在一起玩儿，我什么也不会，就自己一个人坐在教室里。”妈妈对她说：“那你就主动参与到同学们的活动里去啊！”女儿说：“可我什么都不会，怎么和大家一起玩儿？同学们一下课都在打篮球、羽毛球、乒乓球，她们嫌我打得不好，都不和我玩儿！”此时，妈妈才意识到自己一直以来只关心女儿的学习，从来没有让她到外面去运动过，导致女儿对运动很陌生。

简单的动动胳膊、动动腿谁都会，但很多运动项目都需要技巧和力量。一个不常运动的孩子，往往没有足够的技巧和力量去和那些经常运动的孩子进行对抗，而一旦在初次运动过程中受到打击或者挫折，不常运动的孩子就会产生一种“技不如人”的自卑感，从而越来越不爱运动。

因此，妈妈必须注意培养女儿经常运动的好习惯，因为运动会让她更健康、更有活力、更热爱生活。

那么，妈妈通过哪些方法引导女儿爱上运动呢？

鼓励女儿参与自己感兴趣的运动项目

有一位妈妈这样讲述自己的育女经验：

春节前夕，我带着9岁的女儿洋洋去度假村玩儿。在度假村的广场上，洋洋看到很多和她年龄相仿的孩子都穿着轮滑鞋在广场上自由地滑行，其中有的孩子不时地做一些花样动作，引来一阵阵掌声和欢呼声。

我见女儿看得很入迷，于是便问她想不想像他们一样学轮滑，女儿马上高兴地点点头。于是，第二天，我就带着女儿报了那个轮滑训练班。刚开始，女儿还兴奋地去学习，可当她发现自己穿上鞋后连站都站不稳，而且还老是摔跤后，就有些想打退堂鼓。这时，我就鼓励她说：“每一个初学者都会和你一样的，那些技术高的小朋友也是从你现在这个阶段挺过来的，只要你咬紧牙关熬过去，就能像他们一样自由自在地在广场上滑行了。妈妈相信你，更支持你！别人能做到的，我女儿一定也能做到！”

在摔倒很多次后，女儿终于能够穿着轮滑鞋自由地运动了。等到夏天来临的时候，女儿已经可以在我们小区广场上自由地轮滑了。而且由于女儿掌握了这项“新本领”，她很快成了自己朋友圈里的“小名人”。原本内向、自信心不足的她也逐渐变得开朗了很多。

有的女孩为什么不愿意外出运动呢？无非就是她们觉得体育锻炼是一件非常枯燥、乏味、令人劳累的事情，所以她们宁愿想出各种各样的理由待在房间或教室里，也不愿挪动一下自己的身体。

因此，妈妈首先要提起女孩对运动的兴趣，为她选择一项“心仪”的运动项目，然后在她灰心或想要放弃时不断地鼓励和支持她，让她坚持运动。等到女孩娴熟地掌握这项运动的技巧时，你会发现她真的爱上了运动。

让女儿不要忽视日常生活中的锻炼

锻炼身体，不一定非要到运动场或者专门的训练班里，鼓励女儿在日常生活中注意锻炼自己的身体，也能让她拥有强健的体魄。例如，早起去外边跑跑步，步行上下学等。

另外，妈妈也要给女儿做好运动的榜样，最好能和女儿一起运动，比如晚饭之后，不要马上坐下来看电视或是继续白天未完成的工作，而是和女儿一起出去散散步，运动一下。在这个过程中，妈妈不但能达到运动身体保健康的目的，还能加深和女儿之间的关系，让家庭变得更温暖、更和谐。

组织女儿与伙伴们一起互动

聪聪是个小胖墩儿，妈妈本想让她借助运动减肥，可是这小丫头一点儿都不喜欢运动，每次运动都需要妈妈催她好几次，而运动没有5分钟，她就嚷嚷着“累”，然后要回家。看着女儿越来越胖的身体，妈妈非常担忧。

一次偶然的机会，聪聪的妈妈结识了一位业余网球教练，而那位教练也在为女儿不爱运动发愁。于是，两个妈妈一商量，如果让两个小女孩一块儿运动，说不定她们会有积极性。几天后，聪聪的妈妈以“带你去玩儿”为由，带女儿去参加了一下网球训练，同时还叫上了教练的女儿。事情果然如两个妈妈期望的那样，两个女孩很投缘，凑在一起玩得很开心。后来，两个妈妈为了让她们运动得更有积极性，就鼓励她们叫上自己的伙伴一起参与进来。一段时间后，聪聪的妈妈惊喜地发现，女儿不但成功地减轻了体重，变得更加健康，而且运动技能和运动积极性都大幅度地提高了。

运动需要耐性，而孩子缺少的恰恰就是耐性。但如果他是和其他小朋友一起运动，这种运动的积极性就会保持得长久一些。所以，要想让女儿爱上运动，并始终保持运动的积极性，妈妈最好找几个小伙伴和女儿一起运动。

专家课堂

父母通过哪些运动能让女孩更健康呢?

1.有氧运动。像游泳、骑车、慢跑、球类运动等有氧运动可加速血液循环，促进新陈代谢和生长激素分泌。

2.弹跳运动。像跳绳、蛙跳、跳皮筋、纵跳摸高等弹跳运动，可使下肢得到节律性的压力，充足的血液供应会加速骨骼生长。

3.伸展运动。像引体向上、韵律操、压腿、踢腿、芭蕾舞练习等伸展运动，可增加女性柔韧性，使身体变得更加轻松和灵活。

第63招

错了敢于承担——知错能改是一种美德

一位妈妈曾苦恼地写下自己的疑虑:

我的女儿4岁多了，上幼儿园中班，她平时活泼好动，自尊心也比较强，总是像个男孩子那样淘气、做事不计后果。于是，我们总爱说她，可说轻了，她根本不放在心上；说重了，她又眼泪汪汪地看着你说:“妈妈，我以后再也不这样了。”可过后她还做同样的事情，说同样的话。

有一次，女儿从幼儿园带回来一本书，对我说那是她的好朋友送给她的。可第二天我才知道，她的好朋友那天根本没去幼儿园，而且那本书也不是别人送的，是她从幼儿园小朋友们捐的书中偷偷塞在书包里拿回来的，因为幼儿园规定这些书是不准带回家看的。我给她不停地讲道理，女儿也明白这样做不对。谁知，过了几天，她又把这本书偷偷塞进书包带回了家，还说是自己的好朋友送的。女儿这样我真的很担心，我能感觉出来，她一直想做一个好孩子，但她这样知错不改，我该怎么办呢?

四五岁的小女孩还没有判断是非的标准和能力，也不能准确定位出自己未曾做过的事是好还是坏，自然会犯错误。如果小女孩的错误被发现之后，从妈妈那里得到的是严厉的批评、打骂或嘲弄，那么下次为了避免惩罚，她一定会选择说谎，这往往是女孩知错不改的主要原因。除此之外，小女孩知错不改的原因还有很多，例如，小女孩个性比较倔强，即使一时做错事也不承认……

其实，无论出于什么原因，知错不改，这种坏习惯对女孩的生活都会产生不良影响。这时，妈妈必须帮助和引导女孩改掉这种坏习惯，养成知错能改的好习惯。

妈妈要及时纠正女儿的错误

很多妈妈在女儿犯错之后，并没有及时对其进行教育和纠正，结果女儿下一次还会犯同样的错误。所以，当女儿做错事时，妈妈应及时纠正她，告诉她有错就要改，很多错误会造成难以挽回的严重后果，但只要她及时改正，就可以得到人们的谅解。

有一位妈妈的育女经验是这样的：

我的女儿是个调皮的女孩。每次带她到外边玩儿的时候，她不是推倒小弟弟，就是一脚踢哭比她大的小姐姐。我和爱人总是在不停地应付女儿闯的祸，可这个脾气倔强的小丫头竟然连个“对不起”都不说，更别说让她改正自己的错误了。

记得有一次，我带女儿到同事家做客。一开始女儿和同事的女儿玩儿得挺好，可后来两人就吵了起来。女儿一把将小妹妹推倒，同事的女儿大哭了起来。我一看，马上拉过女儿要她向小妹妹道歉，结果女儿把头一仰就是不说话。我觉得不能继续再娇惯女儿的这种坏毛病，就把她带到同事家的阳台上，态度很坚决，一定要让她给妹妹道歉，并告诉她只有知错能改，才能拥有更多的好朋友。女儿被我说得有些心动，终于在我的及时教育下，去道歉了，并且得到了同事的夸奖，当时女儿既有些不好意思，还有些自豪。通过这件事让我明白，教育孩子知错能改，绝不能事后补救，一定要及时纠正她的错误，并帮助她改正。

以身作则，给女儿树立知错能改的好形象

妈妈是孩子行为的镜子，你做什么、说什么，她就会跟着做什么、说什么。所以，要培养女儿知错能改的好习惯，妈妈就要以身作则，给女儿树立良好的榜样。

下面这位妈妈的转变就很值得学习。

我有两个孩子，大儿子上高二了，小女儿读三年级。因为以前我对儿子的学习成绩不太在意，导致现在他基础没打好，学习成绩不太理想。为了吸取教训，我从女儿很小的时候，就开始严格要求她。有一次，女儿的数学和语文都刚刚及格，一怒之下，我扇了她一巴掌。

打完我就后悔了，我知道打孩子是不对的，也觉得自己额外给女儿布置作业增加了她的压力。所以我主动给女儿道了歉，从此之后，我再也没打过女儿，也没有再给她布置过额外的作业。后来，女儿的学习成绩提高了很多，也变得懂事了很多，如果她做错事，还会主动认错并改正。

妈妈要以宽容、谅解的态度接受女儿的歉意

“对不起，我错了！我以后会改正的！”当女儿主动向妈妈承认错误并道歉的时候，妈妈会选择怎么应对呢？或许大多数妈妈会原谅女儿的错误，但有的妈妈却认为孩子犯错是一件不可原谅的事情，尤其是当她犯了一个很严重的错误，像打人、偷东西之类的，然后就开始批评，甚至打孩子。

世界上没有一个不犯错的孩子，而且每个孩子犯错的背后都有一定的原因。如果妈妈始终不肯站在孩子的立场去思考问题，只是盲目地选择自以为正确的教育方式教育孩子，孩子往往很难知错能改。

所以，作为妈妈，应该以宽容、谅解的态度接受女儿的歉意，并且要安抚一下女儿内疚、不安的情绪，告诉她：“好女儿，你能主动承认错误，并下定决心改正，我很欣慰！”

你是不是又说谎了？不承认的话晚上就不要吃饭了！
你真是一个不讲理的妈妈！
妈妈给你讲个故事吧！故事的内容是这样的……
对不起，妈妈，我说谎了。我也要像故事中的女孩一样做个诚实的好孩子。

专家课堂

心理学专家李子勋认为，父母处理孩子的破坏行为或错误，可以采用两个方法：

1.当孩子犯错时，父母绝对不能在言语中伤害他，甚至用一些“侮辱性词语”。

2.父母要在孩子改变的过程中给予及时的鼓励和表扬，让孩子觉得即使自己做错了事，但父母仍旧爱着自己。

第64招

规律睡眠——让女儿养成早睡早起的习惯

一位妈妈曾忧虑地说起自己女儿的情况。

我女儿上高一了，属于勤奋型的学生，在一所重点高中上学。她每天都学习到深夜，睡眠严重不足。我曾多次劝阻她，但这孩子就是不听，再加上学习压力比较大，她根本无法安心休息。长此以往下去，我真怕会影响女儿的身体健康。

事实上，很多女孩都有类似的情况发生，而造成女孩睡眠不规律的原因之一是学习负担过重。还有就是女孩被有趣的电视、漫画吸引，不肯上床睡觉等。

睡眠不规律会对女孩造成哪些不良影响呢？科学家通过多年的研究发现：首先，睡眠不良影响人体健康，致使人体免疫力降低，进而诱发各种疾病；其次，睡眠不足的人精神、情绪容易受到影响，易感疲劳、烦闷、暴躁，还会导致人的智力下降；最后，睡眠有问题的人容易诱发更多安全事故。

因此，妈妈必须让女儿养成规律睡眠的好习惯，可以采用以下方法。

保证女儿的睡眠时间，提高睡眠质量

生活中，我们时常看到有些小女孩晚上很兴奋，怎么哄她都不去睡觉，白天却没有精神。因此，妈妈必须设法让女儿按时睡觉，并保证她有充足的睡眠时间，以便她在白天保持充沛的精力。

有一位妈妈讲述了自己的育女经验：

我的女儿刚刚6岁，这个小家伙从早到晚都闲不住，也不知道她哪里来的那么多精力，每天都要闹到很晚才休息，而且临睡前还喜欢吃一些糖果和饼干。最近一段时间她一直嚷嚷着牙疼，我想她可能是生了蛀牙。为了让孩子更好地生长发育，我决定不能再纵容她的坏习惯了，一定要严格要求她。

首先，我专门给女儿准备了一间卧室，因为她以前一直跟我一起睡，每天睡觉时或多或少会受我的影响。现在她有了自己的卧室，可以安静地休息了；其次，我严禁女儿睡前吃糖果、饼干等食物，并且要求她每天睡前刷牙；最后，我把女儿的房间布置得非常温馨，里面还摆放了她最喜欢的玩具和图书，我每天都会给女儿讲一个睡前故事。刚开始，女儿不情愿一个人睡，可是看着自己漂亮的小房间和可爱的小床，她心动了。从此之后，女儿逐渐地恢复了正常的休息时间，还改掉了那些不良的生活习惯。

给女儿一个睡眠“定时器”

现在很多女孩因为学习压力过大或者生活中一些事情的干扰，多少会对睡眠有所影响。结果第二天起来，不是顶着“熊猫眼”去上学，就是在课堂上打瞌睡，严重影响了她们的生活、学习和身体健康。

妈妈如何帮助女儿解决这种状况呢？定时睡觉是一个不错的方法。比如，可以给女儿定好晚上入睡的时间。例如，9点钟闹钟响的时候，就是在提示女孩要进入睡眠状态了。第二天早上，也要给她定好起床的时间。这样在孩子的潜意识中就有了一种规律：我每天晚上9点睡觉，早上7点起床。久而久之，就会形成自己的生物钟。

对于“贪睡”的孩子，需要找到其中的原因

夏美读小学五年级，身体很健康，学习成绩也不错，人也非常懂事、乖巧。然而最近夏美的妈妈却发现一个让她很担心的情况，女儿不知从什么时候开始变得总睡不醒了。常常是快要到上学时间了，才急急忙忙地穿衣刷牙，有时连早饭都来不及吃。夏美的妈妈决定先找出女儿发生这种变化的原因，然后再想办法解决。

通过对女儿言行举止的细心观察，夏美的妈妈终于找到了原因，原来是女儿最近参加了学校的校训队，体力消耗大，再加上学习压力比较大，导致女儿因疲劳过度而总睡不醒。原因明了后，妈妈就开始忙碌起来，她首先和夏美的学校进行联系，探讨孩子集训的适当安排；然后在女儿每天的饮食上也下了功夫，多为孩子补充营养；为了解决女儿起床晚的问题，妈妈给她买了一个小闹钟；同时，妈妈还和女儿一起探讨学习方法，以求提高学习效率，节省时间用来休息。就这样，在妈妈的帮助下，夏美总睡不醒的状况得到了改善。

从夏美的例子可以看出，要想解决孩子的睡眠问题，只有找到原因，并根据孩子的实际情况有针对性地从多方面来引导，才能达到良好的效果。

专家课堂

王金战老师认为要想提高孩子的学习质量，就应先提高其睡眠质量，他提供的教育经验是：

1.每天必须保证孩子有8小时的睡眠时间。

2.要让孩子养成每天午睡的习惯，尽量为其创造适合午睡的环境。

3.对于学习压力大的孩子，周末应让他适当休息。

第九章　锻炼女孩的能力，让女孩成为出类拔萃的人

女孩的创新能力要有意识地培养吗？

培养女孩社交能力的方法有哪些？

提升女孩合作能力和应变能力要注意哪些问题？

如何教会女孩理财？

如何提高女孩的时间管理能力？

……

现在，就请你带着这些问题去本章寻找答案吧！

第65招

有创新才有未来——培养女孩的创新能力

俄罗斯作家巴乌斯托夫斯基说过："让异想天开给生活增加一分不平凡的色彩吧。这是每一个青年和善感的人所必需的。"这里所说的"异想天开"其实就是一种创新能力的体现，那些在人类历史上留下伟大足迹的人物，最初都是一个异想天开的孩子。所以，妈妈要想让女儿取得成功，拥有令人称羡的非凡成就，首先就要着力培养她的创新能力。

李黎是一个很爱弹吉他的女孩，妈妈为此特意给她买了一把吉他。有时候家中来了客人，李黎会主动给大家弹奏一首。有一次，李黎的妈妈带朋友来家里做客，大家请李黎弹一首曲子给他们听。不凑巧的是，李黎吉他的琴弦断了一根，还没有来得及去换。李黎只好拒绝了大家的请求。这时，她的妈妈说："李黎，妈妈一直认为你是个小天才，那你能用少了一根琴弦的吉他为大家弹奏出完整的曲子吗？"李黎平时就是一个创新能力比较强的女孩，于是在妈妈的鼓励下，她开始弹奏起来，竟然真的用断了一根琴弦的吉他弹奏出了一首优美的曲子。

实际上，每个人都具有创造性，而大家的创造力之所以不同，是与他们后天接受的培养密切相关的。那么，女孩的创新能力要如何培养呢。

珍视并保护孩子的好奇心

好奇心是激发女孩创新能力的动力，它可以唤起女孩的内在潜能，使女孩完全投入到创造性的活动中去。富有创新精神的孩子，一般都有较强的好奇心，许多发明和创作往往是在好奇心的推动下，经过创新性的思考得出来的。

林林的妈妈很喜欢养花，家里的花很多。一天，林林突发奇想地剪下了几枝迎春花，悄悄地埋到了泥土中，还为它们浇了水。过了两天花都蔫了，林林很纳闷，她带着自己的疑问去找妈妈。妈妈看见自己的花被孩子剪坏了，心里虽然生气，但转念一想，这正是孩子好奇心的体现啊。于是，妈妈控制住自己的情绪，回答了林林的问题。

林林的妈妈相信，鼓励女儿的每一点儿创新想法，及时解答女儿的疑问，是对女儿莫大的帮助。

妈妈要珍视并保护孩子的好奇心，正确激发和引导孩子的好奇心，为孩子提供安全的创造环境，满足孩子学习新鲜事物的欲望。妈妈可以耐心地回答孩子的提问，经常陪孩子出去走走，使孩子的好奇心得到及时满足。如果妈妈一味地斥责、制止孩子的探索行为，则会阻碍孩子好奇心的发展和思考能力的提升。

为女儿提供与外面世界接触的机会

观察力是创新能力的基础，对于孩子创新能力的培养至关重要。孩子只有学会观察，才会记忆和思考，孩子只有在生活中多听、多看，才会掌握更多的知识，积累更多的经验，并顺利发挥自己的创新思维去解决问题。

小玉和小菲都是5岁的女孩。小玉的妈妈工作忙，经常在家加班，很少带小玉出去玩儿。小玉被关在屋里，生活单调，观察事物的机会少，不但智力发展受到限制，出去更不敢和别人说话，甚至无法参与到小朋友们的游戏中。

相反，小菲的妈妈经常利用周末带女儿去公园、动物园。小菲生活在丰富多彩和充满新鲜事物的环境中，大脑可以接收到很多新鲜事物的刺激，增长了许多知识。所以小菲爱说爱笑，非常爱提问题，创新能力也得到了相应的发展。

由此可见，要想让女孩具备良好的创新能力，妈妈就要为她创造良好的环境，帮助她拓宽视野，有意识地带她多出去走走，培养她的观察力，从而培养女孩的创新能力。

鼓励孩子的尝试和探索行为

作家冰心说过："淘气的男孩是好的，淘气的女孩是巧的。"孩子爱玩儿，喜欢探索未知的事物，并不意味着孩子是坏孩子。相反，这正是孩子创新能力的萌芽。妈妈不仅不应该制止孩子，还应该有意识地保护和珍惜，给孩子充足的时间和空间，让孩子有机会去发现和研究自己感兴趣的事物。只要孩子是安全的，妈妈就应积极鼓励孩子进行各种探索。

一位妈妈在自己的博客中写道：

要学会欣赏孩子的探索欲望，允许孩子的探索行为。我的女儿4岁了，却像个男孩一样生性好动，她喜欢把玩具"大卸八块"。开始我很烦她这种做法。她总是拆完就扔到一边，又去破坏下一个，我每次都得跟在她后边善后。后来，我改变了想法和做法，我每次会提前告诉女儿，在拆卸的时候要记住拆卸的顺序，并鼓励女儿在拆卸完之后试着把玩具重新组装好。

如果妈妈都能这样做，就既满足了女儿的探索欲望，又锻炼了她的动手能力。即使女儿不小心把东西弄坏了，也不要轻易责怪她，否则会扼杀孩子的创造性。

专家课堂

意大利教育家蒙台梭利认为，想象力是活跃孩子思维、诱发其创造情绪的重要因素，但创造性想象必须建立在对现实的观察或实践之上。如何培养孩子的想象力呢？父母可以这样做：

1.先从培养孩子的观察能力开始。

2.对于孩子某些自发的富有创造性的想象行为，父母一定要小心呵护。

3.父母要把孩子的想象力转移到对艺术作品的阅读和创造上。

第66招

口才是一种竞争力——培养女孩的表达能力

一位作家说过：“口才是一种最犀利的武器，能够征服世界上最复杂的地方——人的心灵。”这位作家对口才所下的定义是非常精准的，口才确实可以算得上一种最犀利的“武器”。当年烛之武凭借三寸不烂之舌让数十万秦国军队一夜之间撤离，保住了自己的国家；而诸葛亮也是凭借自己出色的口才说服了孙权，让孙权和刘备结成联盟，共同抵抗曹操，最终形成三分天下的局面。

现代社会是一个交往频繁的社会，也是一个充满竞争的社会，那些拥有好口才的人不仅更容易把自己“推销”出去，也更容易说服别人，让他们接受自己的意见。可以说，好口才是一种强大的竞争力。

但是有些妈妈却没有注意到这一点，她们认为口才无非就是说话，这还用重点培养吗？其实这样想是不对的，这两者并不是一个相同的概念。简单地说，口才包含说话，但其中还有很多方法和技巧，所以需要重点培养。

一位妈妈曾经带着悔恨的心情说出下面的话：

我女儿去年大学毕业，到现在一直没有找到合适的工作。其实就学识而言，我女儿是重点大学的毕业生，但是她的口才非常差，每次面试的时候都结结巴巴地说不出话来，结果很多不如她的学生都找到了工作，她却迟迟找不到。现在我真后悔，早知道这样，我在她小时候就该好好培养一下她的口才。

女孩具有语言天赋，但有时缺乏当众说话的胆量。所以，妈妈应该有针对性地训练女儿，让她的表达能力得到发展。

培养女儿的表达能力

虽然女孩具有语言天赋，但她的表达能力仍然需要培养。我们经常听到一些妈妈抱怨说：

“我女儿总是没完没了地说一大堆话，但是没有一点儿条理，说了半天我也没听明白。”

“昨天女儿给我打了一个电话，费了好大劲儿才把事情说明白。”

……

我们要想培养女儿的好口才，首先就要培养她的表达能力，因为表达能力是口才中相当重要的一部分。在培养女儿的表达能力方面，妈妈可以让她朗诵诗歌、背诵绕口令、复述故事等。通过这些练习，她会变得吐字清晰、语言流畅，说话也会更有条理。

锻炼女儿当众说话的胆量

有些小女孩尽管吐字清晰，表达能力也很强，但是一到公共场合就说不出话来。所以，我们要想让女儿拥有出色的口才，锻炼她当众说话的胆量也是很重要的一个方面。

一位妈妈曾经这样谈到自己的育女经验：

我女儿的口才很好，上个月还在学校的演讲大赛上获得了一等奖。

很多女孩在人多的场合下羞怯、怕生，我女儿却不一样，在什么样的场合下她都不紧张，能够把话说得圆圆满满。女儿能做到这一点，和我对她的培养是分不开的。

在女儿五六岁的时候，每到周末，我们一家人都要开展一次“小小演说家”的活动，家里每个人都要演讲发言，并且相互打分。女儿非常喜欢这个活动，到后来简直有了表演欲望。当客人来家里做客时，我会对女儿说：“宝贝女儿，昨天你不是学会了一首唐诗吗，王叔叔非常想听，你给王叔叔背诵一下好不好？”女儿正发愁找不到“听众”，一听王叔叔想听，赶紧给王叔叔背诵起来。

等女儿长大一些，我还带女儿参加过一些电视节目，女儿见识了这些“大场合”，遇到其他场合自然就不羞怯、怕生了。

鼓励女儿多读书、多和人交流

要培养女儿的好口才，妈妈还应该鼓励她多和人交流，特别是和那些有智慧、有思想、表达能力强的人交流。经常和他们在一起聊天，时间长了会受到他们的影响，女孩的口才也会得到提升。另外，妈妈还要鼓励女儿多读书，因为良好的口才和渊博的知识是紧密相连的，一个知识丰富的人，说出来的话自然更具感染力。

培养女儿的幽默感

张叔叔和芸熙的爸爸是好朋友。有一次张叔叔约芸熙的爸爸到鱼塘钓鱼，顺便也带上了芸熙。

在去钓鱼前，张叔叔自诩为钓鱼高手，但是钓了两个多小时一条鱼也没有上钩。张叔叔有些尴尬又有些沮丧地说："真倒霉，今天怎么一条鱼也钓不上来啊！"芸熙的爸爸想安慰张叔叔两句，但是想不出说什么。这时，8岁的芸熙却说出了一句话，替张叔叔解了围："张叔叔，今天大鱼小鱼都去开会了，所以我们一条也钓不上来。"

这话一说，芸熙的爸爸和张叔叔都笑了起来。

幽默是一种人生的智慧，而幽默的口才具有一种神奇的功效，它既可以惠己悦人，以最快捷的方式沟通感情，同时还可以轻松地化解各种矛盾和尴尬。所以，我们要培养女儿的幽默感，让她具有幽默的口才。在培养女儿的幽默感方面，妈妈应该给女儿提供一个宽松的环境，并且自身应懂得幽默、欣赏幽默。这样，女儿在耳濡目染下，也会变得更加幽默。

专家课堂

父母如何培养女孩的表达能力呢？"知心姐姐"卢勤是这样总结的：

1.敢说话才能会说话，让孩子克服心理恐惧。

2.练说话就能说好话，说话也要勤学苦练。

3.准备好才能讲得好，让孩子做好准备再开口。

第67招

人脉是金，朋友无价——培养女孩的社交能力

日常生活中，那些社交能力强的人很容易交到朋友，也有着广泛的人脉，因此更容易取得成功和进步。心理学家研究发现，那些社交能力强的人因为朋友多，自身的才华也得到了广泛的认可，更容易获得人生的幸福。而那些社交能力差的人不愿意与人接触，过着孤独甚至离群索居的生活，苦闷、寂寞的情绪常常包围着他们。可见，一个人社交能力的强弱直接关系到他的成功和幸福。

社交能力是一个人立足社会必须具备的一种基本能力，需要从小就着重培养。但是很多妈妈没有意识到这一点，导致女儿非常欠缺社交能力。

场景一：6岁的明美已经入园两年了，但她在幼儿园里没有交到一个朋友。每次老师让大家自由活动的时候，她既不和同学一起玩儿，也不和同学说话，只是一个人坐在座位上摆弄自己的文具盒。

场景二:15岁的可馨是一个学习成绩非常优秀的女孩,但是却非常内向。老师看她学习好，就让她来当班长。但是可馨仅仅当了两周的班长就向老师提出辞职，因为她根本管不了大家，而她自身也不愿意和大家接触。老师没办法，只好换了另一个同学来当班长。

也许有些妈妈想不明白：为什么非常注重人际关系的女孩社交能力反而不强呢？这是因为有的女孩缺乏冒险意识，她们不喜欢和陌生人打交道，更喜欢过那种安全、稳定的生活。但女孩的社交能力可以通过后天培养得以提升。

心理学家研究发现，儿童在6岁前的社交活动影响着他们今后的社交习惯的形成。所以，妈妈一定要抓住培养孩子社交能力的关键期，把女儿培养成一名社交高手。

鼓励女儿多交朋友

一位妈妈曾经这样谈到自己的育女经验：

我女儿9岁了，是一个内向的小女孩。她在班里没有朋友，也不愿意和同学在一起玩儿。一个周末，我对女儿说：“宝贝女儿，今天妈妈想热闹一下，你能找几个同学过来吗？咱们开一个Party。”女儿听说要搞聚会，便同意了，给班里几个女生打了电话。那天，大家玩儿得都很高兴，女儿也感到了和朋友相处的快乐。在以后的日子里，我经常鼓励女儿带同学来家里做客、写作业。慢慢地，女儿交到了很多朋友，也愿意和同学交往了。

现在，很多妈妈在孩子交友方面进行干涉和管制。她们只允许孩子和她们眼中的好孩子交往，有的妈妈嫌吵不愿意孩子把朋友带到家中，这些做法都是不对的。多支持、鼓励孩子交朋友，不仅能够培养他们的社交能力，还会让他们体验到交友的乐趣。至于担心孩子交上坏朋友，妈妈可以给他们提醒和建议，但不能剥夺他们交朋友的权利。

多带女儿参加各种社交活动

多带女儿参加各种社交活动，既可以让她学到一些基本的社交礼仪，还可以让她获得良好的社交经验。当女儿接触过各种场合和人群，她就不会再害怕和他人打交道，社交能力也自然会得到很大的提升。

一位妈妈曾经这样谈到自己的育女经验：

方怡14岁了，是一个社交能力非常强的女孩。从小学到初中二年级，她一直担任班长的职务，并且把班级管理得井井有条。方怡能够拥有这样的社交能力，和妈妈的教育是分不开的。

从方怡四五岁开始，妈妈就经常带她参加音乐会、画展以及朋友间的聚会，让她熟悉各种场合的社交礼仪以及交往方式。在闲暇的时候，妈妈还会带她到超市、邮局、商场走一走、转一转，让她接触一下不同的人群。每到方怡生日的时候，妈妈还会帮助女儿策划一个生日会，让女儿当生日会的主人，以热情有礼的态度去接待客人。因为妈妈有意识地培养，方怡的社交能力比同龄的孩子要强很多，是个既大方又受欢迎的女孩。

让女儿安全地和陌生人交往

生活中，人难免要和陌生人打交道。因此，在安全的前提下，妈妈要培养女儿与陌生人交往的能力。

一位妈妈曾经这样谈到自己的育女经验：

我 4 岁的女儿非常怕生，为了锻炼女儿的社交能力，我经常鼓励她和陌生人交往，并且给她提供了很多机会。例如，带女儿出去玩儿时，若是遇到其他的小朋友，我会对女儿说："你看那边有一个小哥哥，你快去和他打个招呼一起玩儿吧。"到超市买东西时，我会对女儿说："妈妈想给宝贝女儿买一瓶适合儿童用的洗发水，你快去跟导购员阿姨问一下有没有这种洗发水？"慢慢地，女儿接触的陌生人多了，也就不再害怕陌生人了。

专家课堂

如何帮助孩子建立良好的人际关系？"知心姐姐"卢勤总结出了3个秘诀：

1.热忱——教孩子对他人捧出真诚的心。

2.沟通——教孩子学习真心欣赏他人，多发现他人的长处。

3.自信——培养孩子的自信心，让他相信自己能行。

第68招

赢得好人缘的秘诀——培养女孩的团队合作能力

一位在某中学当班主任的老师曾经抱怨说："我们班的女生天天爆发'宿舍大战'，现在的小女孩根本不懂得如何协同处理一件事，更不懂得如何与人合作。"确实如此，现在很多女孩都欠缺合作的能力。

女孩非常注重人与人的关系，但是为什么有的女孩欠缺与人合作的能力，更容易与人发生摩擦呢？

这是因为女孩在构建人际关系时，有较强的排他性和占有欲。例如，当女孩们一起合作某件事时，为了表现自我，常常把集体荣誉抛在脑后。再比如，女孩不愿意自己的朋友再结交其他的朋友。如果自己的朋友结交了新朋友，会让女孩感觉非常不舒服，甚至会对朋友产生怨恨心理。

因为妈妈的娇生惯养，很多女孩的自我意识都很强烈，完全不懂得体谅、宽容他人，更不懂得把自己融入集体中。因为自我意识过于强烈，这让她们丧失了很多朋友，与人合作的能力也越来越差。

场景一：校园合唱团的音乐老师发现了这样一个问题。在训练时，女声部总是唱不齐。于是，老师把女孩子们集合起来，让她们反复练习，但效果依然不理想。老师仔细分析其中的原因，发现并不是女孩们不懂唱歌技巧，而是她们太想展现自我，太想在集体中突出自己的声音，于是各唱各的，把曲子演绎得乱七八糟……

场景二：向雪上初中二年级了，是一个学习成绩非常优秀的女孩。但是向雪的人际关系非常差，她在学校不仅没有交到一个朋友，甚至连宿舍的舍友都不喜欢她。在宿舍里，她不许别人碰她的东西。有时候，同学上厕所惊动了她，她也会不客气地说："注意点儿不行吗，人家睡觉呢！"因为不懂得体谅、关心他人，所以谁也不愿意和她交往。

从上面的事例可以看出，女孩这种唯我独尊、不容他人的想法正是其合作能力差的原因。

一位教育家说过："从小培养孩子平和地与人相处和体贴别人的情操，是妈妈送给孩子这一生的瑰宝。"这句话说得非常有道理，那些合作能力强的人，必然有一个好人缘，也会交到很多好朋友，进入社会后在人际交往中会更加游刃有余。而那些合作能力差的人会受到大家的冷落和排斥，个人的发展前途也会受到限制。所以，一个人是否具有与他人和谐相处的能力，直接关系到他的人缘、人际关系，甚至关系到他的未来。作为妈妈，一定要培养女儿的合作能力，让女儿成为一个懂得如何与人相处、合作的女孩。

教给女儿一些合作的方法

女孩的年龄尚小，不懂得如何合作时，就需要妈妈对她进行指导和帮助。例如，几个孩子在一起搭积木时，妈妈可以让他们一起商量，确定分工。再比如，孩子们遇到矛盾的时候，妈妈可以让他们发表自己的想法，然后选出大家都比较满意的一个。当孩子们争抢玩具时，妈妈可以让他们轮流玩儿或者一起玩儿。通过这样的方式，孩子能够学到与其他人合作的方法。

让女儿学会与他人分享

妈妈要想让女儿懂得如何与他人合作，就要让女儿学会体谅他人，并学会与他人分享。

一位妈妈曾经这样谈到自己的育女经验：

我女儿在幼儿园里有很多朋友，大家都非常喜欢她，因为她是一个懂得与人分享、不自私的人。有了好吃的，她会带给其他的小朋友尝一尝；有了好玩儿的玩具，她也愿意和朋友们一起玩儿。正因为女儿懂得与人分享，她的朋友非常多，人缘也非常好。

其实，这和我从小对她的培养很有关系。在女儿很小的时候，我就让她学着给爷爷奶奶夹菜，把自己的东西拿出来分给大家吃。有时候，给她买了玩具，我也鼓励她和别的小朋友一起玩儿。坐公交车的时候，我教育她把座位让给老爷爷老奶奶。正是生活中的这些小事，让女儿成了一个懂得分享、体贴他人、关心他人的小姑娘，所以她很受大家的欢迎。

可见，要想教会女儿如何与人合作，先要教会女儿懂得与他人分享。现在大多数的孩子都是独生子女，妈妈出于对他的爱，把好吃的全留给了孩子，即使有时候孩子想与妈妈分享，妈妈在感动之余却说："你自己吃吧，妈妈不喜欢吃。"这样的做法强化了孩子的独享意识，慢慢地，他会成为一个不懂得分享的人。

所以，妈妈一定要对女儿进行正确的引导，让她从小学会与他人分享。这样，才能让女儿迈出与人友好相处的第一步，进而成为一个受大家欢迎的人。

我不喜欢那个小朋友，她抢我的玩具。
她怎么这么没素质，下次不要和她玩儿了！
我不喜欢那个小朋友，她抢我的玩具。
你是姐姐，应该让她呀！下次主动让她玩儿，她就不会抢了。

让女儿多参加一些团体活动

妈妈可以鼓励女儿多参加一些团体活动，比如乒乓球比赛、英语短剧大赛、辩论赛等。通过这些团体活动，既可以培养女孩的学习兴趣，还可以让她认识到团结合作的力量，从而让自己更好地融入团体之中。此外，妈妈也应该告诉女儿团结合作的重要性，让她知道一个人的力量是有限的，集体的力量才是无限的。等她认识到了团结合作的重要意义，自然愿意把自己融入集体中去了。

专家课堂

"知心姐姐"卢勤认为教会孩子与他人合作，是一个很重要的课题，因此父母应该这样做：

1.如果孩子在父母面前讲别的孩子的"坏话"或"告状"，父母一定要对此表现出"无兴趣"，并引导孩子去发现别人的优点。

2.父母一定不要在孩子面前讲老师的"坏话"，如果孩子在父母面前讲老师的"不是"，父母要站在老师的角度做孩子的工作，让孩子学会与成年人合作。

3.父母必须用爱教育孩子，凡事和孩子商量，让孩子学会与父母友好合作。

第69招

有财商才有"钱"途——培养女孩的理财能力

在发达国家，妈妈非常注重培养孩子的理财能力。在美国，人们把理财教育称为"从3岁就开始的幸福人生计划"；在法国，当孩子会数数时，妈妈就教他们认识钞票；在英国，孩子在5岁时就接受理财教育，在7岁时就开始独立管理自己的钱财，在11岁时就学习如何提高自己的理财能力。

但是在中国，有的妈妈却忽视孩子理财能力的培养。据一项调查显示，一些大城市的孩子每年的零花钱（包括压岁钱）达到1500元左右，但是这些钱大多用来买零食、玩具等，根本没有起到培养孩子理财能力的作用。

生活中，很多妈妈认为过早和孩子谈钱会让他变得虚荣、势利、爱攀比，更怕孩子长大后利欲熏心，钻到钱眼儿里去；等孩子长大了，他自然就懂得理财了。其实，这些想法是错误的。在现代社会，理财能力是每个人必须具备的基本素质之一，它直接关系到一个人的幸福和发展。据一项调查数据显示，那些早早接触到钱、拥有一定理财能力的孩子，不仅不会变得庸俗、势利，反而更容易养成节俭、朴素等良好的生活习惯，长大后也能够更快地适应新的生活环境。所以，妈妈从小就要培养孩子的理财能力。

对于女孩来说，理财能力的培养，更是直接关系到她的人生幸福。如果一个女孩懂得理财，她在结婚后可以勤俭持家，让一家人过得幸福快乐；如果她不懂得理财，将自己所有的幸福都依附到丈夫的身上，这样的幸福可能是不稳固、不牢靠的。所以，妈妈一定要培养女儿的理财能力，让她把幸福牢牢握在自己的手中。

妈妈要培养女儿的理财能力，最好在女儿小时候就开始实施。另外，妈妈还要抓住生活中的每一个小细节，来给女儿上“理财课”。等时间长了，女儿对理财就会形成一定的认识，逐渐具备一定的理财能力。

向孩子灌输正确的金钱观念

对于年幼的孩子来说，他们的金钱观念是十分淡薄的，也不懂得珍惜手中的钱。如果妈妈迟迟不向孩子灌输金钱观念，很容易让孩子养成乱花钱、没有钱就向妈妈伸手要的坏习惯。所以，妈妈在女儿小时候就要向她灌输金钱观念。

妈妈可以从以下几个方面向女儿灌输金钱观念：

1. 在女儿学会数数后，教她认钱。妈妈可以在付账的时候，让女儿把钱递给营业员。这样，可以让女儿体验到金钱的作用，加深对金钱的认识。

2. 适当地让女儿掌握一些零花钱。在开始的时候，女儿可能会随心所欲地购买一些小玩具、小食品，接下来她就会发生“财政亏空”。这时候，妈妈不要批评女儿，而应该适当地提醒和指导她。

3. 当女儿长大一些（大概5岁以后），教她一些理财的基本知识，如消费、储蓄等，并让她进行尝试。

引导女儿正确消费

很多孩子一有钱就把手中的钱全部花光，于是，一些妈妈为了不让孩子乱花钱，就“剥夺”了孩子购买东西的权利，孩子想要什么，统统由妈妈来购买。这种做法并不好，因为不让孩子接触钱，就不能培养他的理财能力。所以，我们应该让女儿适当地掌握一些零花钱，并且引导她合理、正确地消费。

我们看看下面这位妈妈的做法。

妈妈带5岁的女儿到超市买东西，女儿看中了一个布娃娃，标价58元。妈妈并没有阻止女儿，而是拿起这个布娃娃亲切地对女儿说：“宝贝女儿，你看这个布娃娃标价58元，你不觉得有点儿贵吗？如果你选择旁边的这一个，就可以省下10元钱，而这10元钱你可以用来买你爱吃的东西。你想想，你买哪一个呢？”女儿想了一下，欣然接受了妈妈的建议。

这个妈妈的做法是值得我们借鉴的。在带孩子购物的时候，我们应该教会孩子如何选择物美价廉的商品，如何合理、正确地去花自己手中的钱。慢慢地，孩子就会形成正确的消费观，从而避免出现盲目、不良的消费倾向。

从小培养女儿的储蓄意识

储蓄是一种很好的习惯，我们从小就应该培养女儿的储蓄意识。

一位妈妈曾经这样谈到自己的育女经验：

在女儿五六岁的时候，我就开始培养她的储蓄意识。当女儿向我要求买一件衣服或者一个玩具的时候，我就会对女儿说：“妈妈每天都给你零花钱，你要是把零花钱存起来，过一段时间不就能够买到了吗？”女儿接受了我的建议，把零花钱存了起来，果然每次都买到了自己想要的东西。慢慢地，女儿很少乱花钱了，而是把钱存起来买自己想要的玩具、服装等。到后来，我还送给女儿一个储蓄罐，这更增加了女儿存钱的兴趣。等女儿长大一些，我给女儿办了一张银行卡，让她专门用来存压岁钱。这让女儿十分兴奋。在我的指导下，女儿不仅把所有的压岁钱都存了进去，还不时和我算一算得到了多少利息。

现在，我女儿的储蓄意识非常强，完全没有乱花钱的坏习惯。

正像这位妈妈所做的一样，在女孩六七岁的时候，妈妈就可以有意识地培养她的储蓄观念。妈妈首先应该让女儿学会为短期目标而存钱。等女儿长大一些，妈妈可以送她一个小账本，教会她如何记账，然后每隔一段时间查看一下账本，和女儿一起做一个小总结。这样可以帮助女儿树立正确的消费观。等女儿年龄再大一些，妈妈可以为她办理一张银行卡，这样不仅可以防止女儿乱花钱，还可以让她熟悉银行的各项业务及手续，对培养她的理财能力有很大帮助。

专家课堂

“股神”巴菲特认为，父母最大的责任就是教会孩子如何在这个世界上生存，而要生存就必须懂得如何养活自己，如何去投资赚钱。对此，他给自己子女的投资忠告是：

1.行动之前一定要做好周密的思考，不要盲目或跟风投资。

2.告诉孩子投资不但需要投资领域的专业知识，更需要勇气。

3.“要学会以40美分的钱买价值1美元的东西”，让孩子学会爱惜每一分钱。

第70招

智慧在于思考——培养女孩的理性思考能力

男人和女人的思维方式是不同的，男人注重的是理性思考，而女人往往不喜欢做过多的逻辑推理，她们在判断问题时带有非常强烈的主观色彩，既容易受到自己情绪的影响，也容易受到外界环境的影响。所以有人说：“男人是理性的，女人是感性的。”

心理学家研究显示，男孩和女孩在智商方面是平分秋色的，唯一不同的是两者在思维方式上存在差异。

所以，对于妈妈来说，培养女儿的理性思考能力是非常必要的。一个善于理性思考的女孩，不仅会在学业上更优异、更突出，在面对人生的众多选择时，她也能够做出正确的判断，将命运掌握在自己手中。

女性在思维方式上虽然会受到性别的影响，但和后天培养也有很大关系。所以，妈妈在女儿小的时候就要培养她的理性思考能力，让她成为一个理性的女孩。

理性思考能力对于女孩的人生有重要影响。那么，怎样才能培养女孩的理性思考能力呢？

鼓励女儿多提问题

在女孩小的时候，她们一般会有很多问题，总是不停地向妈妈提问。有些妈妈觉得女儿非常烦人，不是敷衍应答，就是批评、训斥。其实，这样做是不对的。当女儿向妈妈提问的时候，也是女儿在思考问题的时候，妈妈应该多鼓励她，例如，妈妈可以这样对女儿说：“你提的问题真好，你真是个爱思考的小女孩。”这样有利于培养女儿爱思考、爱钻研的好习惯。但是在回答问题时，妈妈最好不要马上就给出答案，而是让女儿说出自己的想法后再告诉她。

鼓励女儿多思考

孔子说过：“学而不思则罔，思而不学则殆。”所以，妈妈在鼓励女儿多读书的同时，也要引导她多思考。

7岁的女儿非常喜欢看几米的漫画。有一次，她正在看《月亮忘记了》，妈妈问她：“宝贝女儿，你说假如真的如漫画中一样没有了月亮，我们的世界会变成什么样子？”

女儿说：“晚上没有了月光，整个世界都黑黑的。”

妈妈接着问："还有呢？"

女儿想了想说："我们晚上出去会迷路。"

"还有呢？"

……

在妈妈不断地"追问"下，女儿给出了十几种答案。

这是一种很好的开发女孩思考能力的方式。在女儿读某本书的时候，妈妈可以就书中的内容向女儿提问，引起她的思考。这样不仅可以培养女儿的思考能力，也能够加深女儿对书中内容的理解。另外，妈妈还可以就生活中的一些实际问题向女儿发问，例如，问女儿天冷了水为什么会结成冰，小猫为什么爱打呼噜等。通过这样的方式，也可以培养女儿的理性思考能力。

多和女儿讨论问题

一位妈妈曾经这样谈到自己的育女经验：

我女儿8岁了，是一个爱思考、爱提问、生活知识相当丰富的小女孩，在学校非常受欢迎，成绩也非常好。我想这和我的教育方式是分不开的。在女儿很小的时候，我就经常和她讨论各种问题，例如女孩穿什么样的衣服更漂亮，应该留一个什么样的发型，买什么样的文具更耐用等。有时候，我还会和她讨论一下正在热播的电视剧。正是通过这样的讨论，女儿变得热爱思考和提问，经常和我探讨一些问题。

孩子和妈妈讨论问题并不是想从妈妈那里得到什么合理的建议，而是为了培养孩子的思考能力。所以，妈妈要多和孩子讨论问题，这样可以拓宽孩子的知识面，进一步激发孩子思考的积极性。

引导女儿从不同的角度想问题

妈妈给女儿讲完《龟兔赛跑》的故事后，问女儿："宝贝女儿，听完这个故事你有什么想法呢？"女儿说："小兔子太骄傲了，要不然它会比小乌龟跑得快的。"妈妈接着说："那小乌龟呢，它为什么比小兔子先到达终点了呢？"女儿想了想说："小乌龟不停地跑，不怕累。"妈妈说："对，宝贝女儿说得非常正确，小乌龟能够坚持不懈，所以能够第一个到达终点，我们也应该向坚持不懈的小乌龟学习。”

这位妈妈非常聪明，当女儿说出小兔子失败的原因时，她又引导女儿说出小乌龟取胜的原因，让女儿换了一个角度想问题。在培养女孩理性思考能力的时候，类似这样的方法非常值得尝试。总之，妈妈要引导女儿从不同的角度想问题，让她的思维方式更加灵活。

专家课堂

父母如何帮助孩子培养思维能力呢？王金战老师提供的教育方法是：

1.创建一个平等宽松的家庭环境，给孩子创造独立思考问题的机会。

2.父母要鼓励孩子积极主动参与到学习活动的各个环节。

3.培养孩子的思维能力重在坚持，除此以外，父母还要不失时机地引导孩子。

第71招

做时间的主人——培养女孩的时间管理能力

古今中外，关于珍惜时间的名言有很多，比如“ 一寸光阴一寸金，寸金难买寸光阴”“少壮不努力，老大徒伤悲”“我生待明日，万事成蹉跎”……由此可见，时间就是生命。谁能够管理好自己的时间，谁就可以轻松掌握自己的命运。因此，培养女孩的时间管理能力，是一件十分重要的事情，需要我们常抓不懈。

小曼是一个很乖的女孩，但说话做事总是慢慢腾腾、磨磨蹭蹭的。比如，正在吃饭时，桌下有只小猫经过，小曼就会放下饭碗朝下看个究竟。每次要出家门前，小曼也总是拖拖拉拉的。明明别的女孩 10 分钟就能解决的事，到了小曼这里，就变成了 20 分钟、30 分钟……小曼的妈妈非常担心，这样下去，肯定会耽误孩子的学习及生活。

教育女孩珍惜时间不是一件容易的事。因为年幼的女孩还不能理解什么是时间，以及时间的重要性。一般要到少年期，其抽象思维比较发达，自我意识逐渐成熟时，女孩才能明白时间的无限性和人的生命的有限性。但是妈妈不能等到女孩到了少年期再培养，所以必须从小对女孩进行珍惜时间的教育。那么，妈妈究竟应该怎么做呢？

这里，我们提几条建议，妈妈不妨试试。

排除外界干扰，培养女孩专心做事的习惯

有些孩子做事总是拖拉，原因是他们做事精力不集中，容易被无关的事物所吸引。所以，这些孩子做事“战线”往往拉得很长，效果却不一定好。针对他们的这种坏习惯，妈妈要注意，在孩子做事时，尽量为孩子创设安静的环境，排除与当时事件无关的因素，使孩子能专心做自己的事情，加快速度并保证质量，慢慢就会养成珍惜时间的好习惯。

加强女孩的时间观念，培养遵守时间的习惯

女孩爱磨蹭，与她没有时间观念有关。妈妈可以用别人珍惜时间的事例来教育女儿，从而使她认识到时间的价值。居里夫人为了节约时间，每天只在实验室里啃几片面包。鲁迅先生更是惜时如命，他把随意占用、浪费他人时间的行为视为“谋财害命”。

对此，一位妈妈分享了她的教育经验。

我的女儿小阳是个典型的没有时间观念的孩子。由于磨蹭，她上学经常迟到，老师批评也无济于事。对此，我非常苦恼，并下决心帮她改正。于是，我与小阳一起制订了一个互相监督的计划，让她监督我有没有做事情拖拉的现象，让爸爸做裁判，每天记录结果并及时报告。我们一起制订生活日程表，记录每天早晨穿衣、刷牙、洗脸、吃饭等所用的时间，一段时间后再看彼此有没有进步。

通过一段时间的培养，小阳开始为自己的进步而感到高兴，主动加快了自己做事的速度，时间观念也慢慢变强了。

培养女孩的竞争心理

冬冬的妈妈从女儿上小班时起，就有意识地培养她的竞争意识，让她经常和幼儿园的小伙伴展开竞赛：比背古诗的速度，比谁更勇敢，比谁的观察更仔细，比谁跑步的速度更快……让女儿在竞争中逐步认识到自己的能力，既增强了自信心，又培养了她敏锐的观察力、思考力和行动力。在家里，冬冬的爸爸妈妈也常和女儿开展有益的亲子竞赛，通过与父母的比赛、游戏，既丰富了冬冬的知识，又提高了好的心理素质。

随着女孩一天天长大，当初那个做事拖拉的女孩是无法在竞争激烈的社会中立足的。因此，从小培养女孩的竞争意识是必要的。为此，应适当增加生活的紧张气息，提高女孩的办事效率，促使她改掉磨蹭的坏习惯。

专家课堂

“知心姐姐”卢勤说：“每一个爱孩子的父母，都会爱惜孩子的时间；每一个有责任感的父母，都会从小对孩子进行严守时间的训练。”而且她认为假期是给孩子上时间利用课的理想机会：

1.把假期时间全部交给孩子，让他们自由支配，并告诉他们时间很珍贵。

2.父母协助孩子制订假期计划，如每天的生活如何安排，必做的事情有哪些，等等。

3.父母要告诉孩子，一旦制订了计划，就要严格执行。

每天吃饭都这么磨蹭，
不想吃就别吃了！
妈妈，小猫咪来了，我
和它玩儿会儿再吃饭。
哦，小猫咪也饿了，它也是来吃
饭的。妈妈给小猫咪盛上饭，你
和它比比谁先吃完。
妈妈，小猫咪来了，我
和它玩儿会儿再吃饭。

第72招

将思维花朵变成果实——培养女孩的动手能力

没有执行，一切都是空谈。要想让女孩学会骑自行车，就要给她一辆车子让她骑；要想让女孩学会游泳，就要带她下水。否则，只给她灌输一大堆理论，而不放手让孩子去做，什么都等于零……这些便是培养女孩动手能力的重要意义。

谁都知道心灵手巧的重要性，女孩多动手是促进智力发展的重要途径。通过手的活动，可以获取更多的外部信息，这些信息能促使大脑积极活动，从而使女孩变得聪明灵巧。然而，日常生活中，很多女孩的衣食住行都由妈妈大包大揽，养成了饭来张口衣来伸手的习惯。妈妈的全面包办导致女孩四体不勤，五谷不分，动手能力越来越差。

教育专家指出：孩子动手能力差，主要原因有三个。

第一，成人担心孩子小不会做事，怕孩子出事或损坏东西，许多事不让孩子自己动手去做，而由成人包办，孩子失去了许多动手的机会。

第二，家庭装饰摆设成人化，没有孩子动手的小天地。孩子进了家门，这不许动，那不许碰，玩具不能自由拿放，孩子的活动空间太小。

第三，孩子动手的材料少。父母花钱买的玩具，外表虽美观，但大多数是机械或电动的，不能拆拼，孩子缺乏动手的材料。

那么，如何更好地提高女孩的动手能力呢？这里，我们给妈妈提几条建议。

让孩子学会自理，自己的事情尽量自己完成

璐璐的妈妈对璐璐照顾得无微不至，璐璐从未做过家务，甚至连自己的袜子都没洗过。每天妈妈要把水果切成合适的小块，插上牙签，女儿才肯吃。

刷牙时，妈妈要事先给女儿准备好漱口水，把牙膏挤好……妈妈希望璐璐能把全部精力都集中在学习上，不被别的事情分心。没想到，正是自己的这种无微不至，剥夺了女儿成长的机会，导致璐璐在生活中经常马马虎虎。

妈妈不应该娇惯女儿，平时应让她分担一些家务劳动。要知道家务劳动是锻炼女孩动手能力的最佳途径，像打扫房间、洗袜子、擦窗台、择菜、洗菜等，这些虽然都是一些小事，但是却能慢慢地养成爱劳动的好习惯。

教女孩使用工具

女孩在小的时候其实是非常愿意做一些事情的，但是由于她们手、脚的协调能力还不完善，做起事来常常“笨手笨脚”，妈妈千万别因嫌孩子麻烦或碍手碍脚而剥夺了孩子学习劳动的机会，妈妈应该耐心反复地给孩子做示范，让孩子学会使用工具，慢慢地就会从不熟练到熟练，最后运用自如了。

教女孩使用工具并不是件简单的事，需要思维、手眼协调能力都达到一定水平才能做到。这段时期，女孩可能会把一张纸剪成碎纸片，把胶水涂得到处都是，把自己的“作品”到处乱贴，在任何可能的地方乱涂乱画，但这正是女孩体会自己操作和使用工具的乐趣的一个过程。妈妈应多给女孩提供剪、贴、涂的机会，不要评价她的“作品”优劣，不必急于让孩子剪出、画出规则的形状，让她随心所欲，顺其天性，这才是最重要的。

及时称赞和鼓励女孩，以调动其积极性

一位幼儿园老师讲过这样一件事。

一次，我看到一个小女孩怎么也不愿意动手剪东西，我就问她为什么。她说:“奶奶说，剪刀会咬人的手指头，不能随便乱动剪刀。”针对这个女孩，我首先消除她对剪刀的恐惧心理。我告诉她,只要掌握正确使用剪刀的方法，剪刀就不会伤着人。然后,我教她正确使用剪刀的方法并示范给她看。很快，她自己拿起了剪刀。当剪出一幅作品时，她就兴奋地拿给我看。虽然，她的作品比其他小朋友的作品要差很多，但我仍及时地给予她表扬和鼓励。

生活中，妈妈不妨也向这位幼儿园老师学习，用称赞和鼓励调动女孩动手的积极性。顺便提醒妈妈一句，这种称赞和鼓励尽量不要采用实物的形式，如玩具、好吃的东西等，因为这样容易刺激孩子的虚荣心，时间久了，反而会阻碍孩子的健康成长。

专家课堂

“世界上许多奇思妙想都是通过手变成现实的。”——这是“知心姐姐”卢勤作品中的一句话，她认为“手”是我们最为宝贵的财富：

1.手，要从小锻炼它，它才会劳动。

2.手，要经常使用它，它才能变得灵巧。

3.手，要珍惜它，它才能创造奇迹。

第73招

战胜自己才能战胜一切——培养女孩的自律能力

也许我们常常羡慕这样一些妈妈——也没有见她们怎么管教孩子，她们的孩子却非常懂事，每天早上自己按时起床，放学后不用妈妈催促就能把作业工工整整地做完。至于孩子的房间以及各种物品，更是由孩子自己收拾得干干净净、整整齐齐，根本不用妈妈费心。为什么很多妈妈费尽全力也没有做到的事，这些妈妈不费吹灰之力就做得非常好呢？

下面是一位妈妈的“育女感言”，我们读完后说不定会有所启发。

我女儿的自制力非常差，每天放学第一件事就是看动画片，要是没有我和老公的催促，她连作业都写不完。每天晚上，我和老公都会催促女儿四五次，这让我们不胜其烦。

有一天晚上，我对正在看动画片的女儿说：“妈妈以后不再提醒你写作业了，妈妈相信你自己就能把作业写好。”没想到我的话起到了“神奇”的作用，1 天、5 天、10 天、1 个月……女儿不用我们提醒就能把作业写好了。有了以上的经验，我和老公再也不做女儿的“拐杖”了，而是把“自由走路”的权利还给了女儿。自从我们开始培养女儿的自我管理能力后，女儿不仅把自己管理得井井有条，而且取得了不小的进步。

看过上面的事例后，很多妈妈也许突然间会醒悟：不是我们孩子的能力差，而是我们的教育方法出了问题——我们总是害怕孩子做不好、出错，所以总是提醒、帮助他们，慢慢让孩子养成了不能自我管理、处处依赖妈妈的习惯。而那些聪明的妈妈会着重培养孩子的自我管理能力，让孩子自己管理自己，不仅妈妈省去了很多力气，孩子也容易取得更大的进步。那么，我们应该做哪一种妈妈呢？这个答案不言自明。

心理学家研究发现，在取得成功的过程中，情商比智商的贡献更大。而情商中核心的部分，就是我们常常提起的“自我管理能力”。自我管理能力是一种非常优秀的能力，它能够让孩子自己管理好自己、自己照顾好自己，让妈妈不再担心他们的学习和生活。尤其在孩子走入社会后，如果他们仍不具备自我管理的能力，处处都依靠别人的提醒、帮助，最后只能被社会所淘汰，无法成为真正的人才。所以，妈妈应该从小就着重培养女儿的自我管理能力，为她以后的成功打下坚实的基础。

妈妈适当地放手

现在的孩子自我管理能力差，最大的原因就是妈妈“不放手”。妈妈总是担心孩子不会管理自己、不会照顾自己，所以总是提醒、帮助他们，甚至本该由孩子做的事情妈妈也一手操办。不知道这些妈妈想过没有，不管妈妈多么关爱自己的孩子，总有一天他们要离开妈妈的怀抱，妈妈是不能照顾他们一辈子的。所以妈妈应该适当地放手，从小就培养孩子的自我管理能力，如果他们能够管理、照顾好自己了，妈妈还有什么好担心的呢？

在生活中培养女儿的自我管理能力

女孩的自我管理能力是在生活中慢慢形成的。妈妈在培养女儿自我管理能力的时候，可以从生活中的一些小事着手：小一点儿的孩子让她学着穿衣、吃饭、洗手、洗脸；大一点儿的孩子让她学着打扫自己的房间、整理自己的玩具、独立完成作业、按时起床、上学等。当女孩取得一定进步的时候，妈妈要对她提出表扬，这样可以激发她自我管理的积极性，慢慢地由“要我做”变成“我要做”。当女孩能够独立地解决生活中的小问题时，她的自我管理能力也会得到很大的提高。

培养女儿的判断力以及取舍能力

蕊蕊是一个喜欢看漫画的小姑娘，她让妈妈给自己买了很多漫画书，一回到家就手不释卷地看起来，有时连作业都忘了写。有一天妈妈对她说：“妈妈知道你非常喜欢看漫画，但如果你光顾看课外书而忘了写作业，你的学习成绩就会受到影响。你看这样好不好，你回家后先看20分钟的漫画，然后认认真真地写作业，等把作业写完后，你就可以安心地看漫画了。”蕊蕊接受了妈妈的建议，看漫画和学习都没有耽误。

很多女孩管不住自己，是因为她们面对选择时不知所措。例如，有些女孩既想写作业又想看动画片，最后动画片没有看痛快，作业也没有写好。在这种情况下，妈妈要培养女儿的判断力以及取舍能力，让她能够抵制住诱惑，做出正确的选择。另外，妈妈还要教育女儿做事要有计划，这样，她在遇到选择的困惑时，才能更好地解决矛盾、管理自己。

专家课堂

德国教育家卡尔·威特在教育小卡尔自觉性方面的经验是：

1.从孩子小时候起，父母就要严格要求他，让他知道什么应该做、什么不应该做。

2.在培养孩子的自律能力时，父母要为孩子树立好榜样。

第十章　注重品德和修养，培养善良的小公主

一颗善良的心是妈妈送给女孩最好的礼物，更是她一生幸福的起点。

除此之外，妈妈还应该从更多的方面对女孩进行美德教育：

为她种下一粒“分享”的种子，她会体验到什么是真正的爱；

让她不断浇灌“宽容之花”，她会懂得怎样做最快乐；

……

一种美德就是一株稀有的花苞，在爱的培育下，它会开放得更加香气迷人，更容易获得他人的欢迎和赞赏。

第74招

学会与人分享——让女孩更快乐

一位妈妈曾苦恼地在日记中写下这样一件事情：

一天，上小学一年级的女儿大哭着回到家。这让一向过度疼爱女儿的丈夫很紧张，以为女儿遇到了什么大事情。等女儿情绪平稳之后，她对我们说出了原因：“今天在学校的时候，大家都对着我唱‘小气鬼，喝凉水；喝完凉水变魔鬼’，我讨厌他们，我再也不要和他们玩儿了。”原来是同学们的恶作剧让女儿的自尊心受到了伤害，所以她才这么难过。

后来，我通过女儿的几个同学了解到，女儿在学校和大家一起玩儿的时候，有什么好玩儿的东西也不愿和朋友一起分享，所以大家都不喜欢和她一起玩儿，还有几个调皮的孩子说她是“小气鬼”。现在，女儿在学校也没有几个好朋友，这让她显得有些孤单，有好几次我们鼓励她和朋友一起分享玩具和图书，女儿总是噘着嘴说：“我不，这是我的东西，我才不要让别人玩儿呢！”面对女儿的这种情况，我该怎么做呢？

这位妈妈的苦恼想必很多父母都深有感触，为什么我们的孩子变得自私，不愿和他人分享自己的东西呢？一般来说，影响女孩分享美德形成的家庭因素主要有两个：一是父母事事以孩子为中心；二是父母有独断专行的个性。

因此，女孩的父母要注意了，假如你有以上这两种不利于女儿分享美德形成的问题，那你就需要仔细审视自己的教育方式了。我们一定要教孩子学会慷慨待人，因为只有一个乐于分享的女孩才能自然地结交很多的好友，在集体中也更受欢迎，也更易得到他人的帮助，同时更要教会女孩懂得感恩、珍惜，进而让她拥有一个更加快乐的心态。

父母要真心实意地与女儿分享

在实际生活中，很多时候当女儿诚心诚意地请父母分享自己的东西时，父母不是坚决推辞，就是象征性地分享一点儿，殊不知，这样谢绝孩子的一片好心，会使她们变得不懂谦让和分享。所以，作为父母，在培养女儿与人分享时，自己先要坦率地成为与女儿分享的伙伴。

有一位妈妈讲述了自己的育女经验。

在女儿很小的时候，妈妈每次给她吃水果或者其他食品时，总会要求女儿和他人分享。每天晚饭后的水果加餐时间，是训练女儿分享意识和分享习惯的好时机。每天我会切好水果，然后让女儿端到客厅，先分给爷爷奶奶，爸爸妈妈后，再自己吃。慢慢地，女儿养成了乐于分享的习惯，成了受人欢迎的女孩。

教女儿学会分享时，一定要注意细节

父母的言行举止对孩子具有最直接、最持久的影响力，但很多父母并不重视这一点，认为小孩子“察言观色”的本事并没有那么强，因此在教育孩子时采用了错误的方式。

例如，有一个小女孩在妈妈端上一盘大小不等的苹果时，她会选择那个最小的，因为她知道接下来妈妈不但会把那个最大的给她，还会表扬她做得好，是个好孩子。小女孩为什么会这样“虚伪”呢？因为有一次，她选择了那个大苹果，妈妈就批评她不懂得分享，而当她选择那些小的苹果时，妈妈就称赞她很有礼貌。所以，从此之后，只要她想得到自己想要的东西，就会用这种方法。这位妈妈本意是想要教女儿学会分享，但由于方法不当，使得小女孩最终变成了一个撒谎、虚伪的孩子。因此，父母在教育女儿学会“分享”时，一定要注意细节。

用交换法让女儿学会分享

一位妈妈的育女经验是这样的：

我有两个女儿，一个 8 岁，一个 10 岁。小姐妹一般情况下都能很好地相处，但也常常会为玩布娃娃而争吵起来。后来，我就买了一个小狗形状的

定时器。每当她们一起玩儿的时候，我总是为她们限定相同的时间，有时是5分钟，有时是10分钟，时间一到，其中一个必须放下自己正在玩儿的娃娃，让另一个来玩儿。就这样，两个女孩都学会了要在属于自己的时间里玩儿，而且知道时间一到，自己就不应该再霸占着玩具，否则以后就没的玩儿了。因为，我在之前给她们规定只要其中一个孩子违反了规则，那么这个玩具的所有权就要归另一个孩子了。

另一位妈妈也采用了“交换法”，让女儿学会了分享。

我只有一个女儿，我希望她能成为一个不自私、乐于与他人分享的女孩。每次我给女儿买了她喜欢的芭比娃娃、童话故事书或者漫画时，总会鼓励她带到学校去，并且让女儿与其他同学一起分享自己的玩具和图书。平时，我总是这样对女儿说：“女儿，把你的东西借给别人，然后再向别人借你喜欢看或者喜欢玩儿的东西，这样我们花很少的钱就可以玩儿很多的玩具、看很多的故事书和漫画，你说妈妈说得对不对？”女儿非常赞同我的话，并且渐渐理解了分享的真正意义。现在，她已经是一名初中生了，我给她买的玩具和图书并不多，但她在与同学的相互交换中“拥有”了更多的玩具和图书，而且这也在无形中增进了她与同学间的友谊，帮助她交到了很多好朋友。

专家课堂

心理学专家李子勋认为，要想不让我们的孩子变得虚伪，父母就要学会重视孩子的物质需要和精神需要。他的观点简单来说可归纳为：

1.父母首先要帮助孩子珍视自己，觉得自己很重要，而不是教育他别人比自己宝贵，别人的需要比自己的需要重要。

2.父母要正确引导孩子帮助他人，一切尽力而为即可，即“有多大能力尽多大能力”。

3.父母要教会孩子用一颗真诚的心去关心、帮助他人，而不是因为父母或者其他人的期待而虚伪地对待他人。

第75招

播下诚信的种子——教女儿言必信，行必果

上周末，一位好朋友打电话过来，约我一同去看电影。当时女儿就坐在我的旁边，一听到我们要去看电影，马上说：“妈妈，我也要一起去。”我对女儿说：“你不是约了几个朋友来写作业吗？如果你不在家，她们来了怎么办？”女儿说：“她们找不到我，自然就会回家了。”我说：“这样可不行，你既然已经和朋友约好了，就应该遵守诺言才对。”女儿当时非常想去看电影，和我闹了好半天，但是我始终没有答应她。我认为，诚信是一种非常可贵的美德，我们从小就要培养孩子诚实守信的好品质。

这是一位妈妈在网络上写下的“育女日记”，让人深受启发。妈妈应该向她学习，在女儿小的时候就培养她诚实守信的好品德。

以诚待人，以信取人，是我们中华民族优秀的传统之一。孔子说过：“言而无信，不知其可也。”这是在告诉大家如果一个人没有诚信，就不会取得大家的信任，也就没有人愿意和他交往、合作了。

如今，一个人如果缺乏诚实守信的操守，就很难在社会上立足，诚信已经成为人的“第二张脸”。

对于女孩来说，诚实守信带给她的益处是非常多的。它不仅可以让女孩保持一颗高贵的心，还会让女孩取得他人的信任，收获一个好人缘。所以，我们要重视对女儿诚信的培养，让她成为一个诚实守信的人。诚信是一种良好的品德，在培养女孩诚信方面，妈妈应该怎么做呢？

妈妈要给女儿树立一个良好的榜样

为了女儿能够取得好成绩，妈妈每天晚上都会辅导小雨的功课。一天晚上，妈妈正在辅导小雨功课时，电话突然响了。妈妈悄悄对小雨说：“如果是

你王阿姨找我，你就说我还没有下班，明白了吗？”小雨不解地问：“您不是在家吗？为什么要撒谎呢？”妈妈有些不高兴地说：“小孩子懂什么！”最终，小雨按照妈妈的说法接了这个电话。

后来，妈妈发现女儿常常编造各式各样的借口逃避学习，学习成绩也一落千丈。有一次，妈妈被骗后，怒不可遏地斥责小雨说：“小小年纪，谁教你撒谎的！”小雨理直气壮地回答：“妈妈打电话可以撒谎，我为什么就不可以啊！”

苏联教育家马卡连柯说过：“不要以为只有在你们同儿童谈话、教训他、命令他的时候，才是进行教育。你们生活的每时每刻，甚至你们不在家的时候也在教育儿童。你们怎样穿戴，怎样向别人说话，怎样议论别人，怎样欢乐和发愁，怎样对待敌人和朋友，怎样笑，怎样读报——这一切，都对儿童有着重要的意义。”上面事例中的妈妈显然没有注意到“身教”，她让女儿替自己撒谎，结果让女儿养成了撒谎的坏习惯。作为妈妈，我们一定要意识到孩子的模仿能力是十分强的，要想让女儿做一个诚实守信的人，妈妈自己首先就要做到诚实守信，为女儿树立一个良好的榜样。

尊重女儿并且尽量满足女儿的合理需求

场景一：雅婷看中了一款红色运动衣，吵闹着让妈妈买给自己，但是妈妈就是不同意。过了两天，雅婷和妈妈撒谎说：“妈妈，现在我们班上的女生都穿这款红色运动衣，就只有我没有了，你就给我买一件吧。”

场景二：妈妈对蕾蕾非常严厉，每次蕾蕾没考好，都要狠狠地批评她一顿。这次蕾蕾只考了65分，这让她十分担心。为了逃避责罚，最后蕾蕾想出了一个办法：用红笔把65分改成85分。

很多时候，孩子并不愿意撒谎，但是为了逃避责罚或者满足某种需求，他出现了不诚信的行为。作为妈妈，我们应该给女儿一个宽松的环境，不要让她们为了逃避责罚而出现撒谎的行为。另外，我们应该认真分析女儿的需求，尽量满足其中的合理需求。当女儿的合理需求得到满足后，她就不会做出欺骗妈妈的行为了。

我也要和您一起去商场买东西。
你不是约好朋友来家里写作业吗？给她们打个电话，告诉她们你有事不在家，别让她们来了。

我也要和您一起去商场买东西。
这样不好吧？你既然已经和别人约好了，就应该遵守约定呀！

学会不助长谎言的方法

班主任给妈妈打来电话，告诉妈妈，这次考试女儿考得很糟糕。但是女儿并没有和妈妈提起过这次考试。女儿放学回来，妈妈问她：“这些天你们没有进行考试吗？”女儿有些胆怯地说：“没有。”妈妈恼怒地说：“我最讨厌撒谎了，快说，你为什么和我撒谎？我已经和你们班主任通过电话了。”

对于孩子撒谎的行为，很多妈妈都是深恶痛绝的。为了杜绝孩子的撒谎行为，一些妈妈甚至采用了打骂的手段。但是这样做只能让孩子产生深深的恐惧，而不能从根源上消除孩子的撒谎行为。所以，妈妈一定要注意自己的言行，具体来讲，可以从以下几方面入手。

第一，不要激发孩子防御性的撒谎。例如上面例子中的妈妈明明知道了结果，却还是向女儿发问，这是在“逼”着女儿撒谎。当遇到这种情况的时候，她可以对女儿说：“我给你们老师打过电话了，她说你的考试成绩不理想，你需要妈妈的帮助吗？”

第二，避免问“为什么”。例如，周日女儿赖在床上不起来，如果妈妈问她：“这么晚了，你为什么还不起床？”为了赖床，女儿很可能会撒谎：“我肚子不舒服，我还要躺一会儿。”在这种情况下，妈妈可以对女儿说：“时间不早了，你该起床了。”这种正面的、叙述性的话语，更容易让女儿接受，从而尽可能地避免谎言的产生。

专家课堂

诚信是女孩建立社会关系必不可少的重要因素，那么，如何让女孩遵守诺言呢？教育专家孙云晓给出了自己的建议：

1.诚信需要从小培养，让孩子做到说话算话，告诉他说了是要负责任的。

2.日常生活中，大人要以身作则，成为孩子良好品行的榜样。

3.告诉孩子要通过奋斗而不是谎言或虚假的表现，去获得自己想要的东西。

第76招

善良使人美丽——呵护女儿善良的天性

妈妈带婉婉出去玩儿，在垃圾桶旁看到一只觅食的小猫。那只小猫身上有几处伤口，显然是一只没人要的流浪猫。婉婉对妈妈说："妈妈，你看那里有一只受伤的小猫，我们把它带回家吧。"婉婉想过去把那只小猫抱起来，妈妈一把拉住婉婉说："别过去，那是只野猫，身上有病菌，我们快走吧。"妈妈拉着婉婉想离开这里，但婉婉死活不肯走，带着哭腔对妈妈说："那只受伤的小猫很可怜，如果没人照顾它，它会死掉的。"妈妈拗不过婉婉，最后只好答应婉婉先带小猫去宠物医院。

女孩是天性善良的，对于那些弱者、需要帮助的人、受伤的小动物，她们格外富有爱心和同情心。我们经常可以看到小女孩收养流浪的小猫小狗、安慰正在哭泣的同伴、给年迈的老人让座等，甚至看到电视剧中感人的镜头，她们也会泪流满面。

对于善良这种品格，古今中外都给予了很高的评价。管仲说过："善人者，人亦善之。"雨果说过："善良是精神世界的阳光。"而罗素给予善良的评价更高："在一切道德品质之中，善良的本性在世界上是最需要的。"确实如此，善良是一种伟大的品格，它不仅能够让人体谅别人的痛苦，较少地计较自己的得失，还会让人变得开朗、坚强，从而保持心理的乐观和平衡。所以，妈妈更应该让女孩善良的天性得到发挥，把她培养成一个善良、富有爱心的人。

尽管善良是女孩的天性，但是善良和爱心也是需要后天培养的，如果教育不当，很可能让女孩失去善良的本性。例如，有的女孩虐待小动物，殴打、侮辱自己的同学……所以，善良的品行更应该注重后天的培养。把女儿培养成一个善良的人是妈妈的首要任务。那么，妈妈应该怎样做呢？

给女儿树立一个良好的榜样

周末，妈妈带6岁的女儿到游乐场玩儿。在公交车上，妈妈看到一个颤颤巍巍的老大爷没有座位，就赶紧站起来让座。女儿有些不解地问：“妈妈，你怎么不坐了？”妈妈对女儿说：“老爷爷年纪大了，我们应该把座位让给他。”从那以后，女儿记住了妈妈的话，每次坐车都要给老人让座。

孩子是非常善于模仿的，他们常常把父母当作模仿对象。所以，要想培养女儿善良的品质，妈妈首先就要做到心地善良。如果妈妈常常自私自利甚至损人利己，女儿耳濡目染，也会慢慢变成这样的人，甚至失去善良的本性。

教育女儿爱妈妈、爱家人

孟子说过：“老吾老以及人之老，幼吾幼以及人之幼。”亲情是一切感情的基石，一个人只有爱妈妈、爱家人，他才会推己及人地去爱别人、帮助别人。如果他连自己的妈妈、家人都不爱，又怎么会有善良的品行呢？所以，要想让女孩成为一个善良、富有爱心的人，首先就要教育她爱妈妈、爱家人。

有些妈妈为了孩子能够幸福，甘愿自己受苦受累，成了孩子的“奴隶”。这样做是不对的。孩子饭来张口、衣来伸手，完全体会不到妈妈的辛苦，反而真的会把妈妈当“奴隶”使唤，慢慢变得不尊敬妈妈。所以，妈妈不能太娇惯孩子，而应该让他们分担些家务，体验一下妈妈的不易。如果孩子出现不尊重妈妈的现象时，一定要严加管教，绝对不能纵容。

让女儿多行小善

古人说过：“小善积大德。”妈妈教育孩子多释放小小的善意，不仅可以激发孩子对真善美的追求，还可以让孩子对社会、对周围的人更加充满爱心。例如，同学忘记带课本，和他共用一本；看到老人过马路，上去扶一把；送水工来送水时，帮忙把门打开……

教育女儿要宽容他人

女儿从学校回来，气呼呼地对妈妈说：“我以后再也不和我同桌说话了，她真讨厌。”妈妈问:“怎么回事？你和同桌闹意见了？”女儿仍是气呼呼地说：“我把刚买来的童话书借给了她，她竟然给撕坏了。”妈妈说：“那本《女生贾梅》是你最喜欢的书,被她撕坏了你一定很心疼。”女儿说:“那是当然了。”妈妈接着说：“不过我想你同桌也不是故意的，你们关系那么好，以前她还经常把自己的童话书借给你看。”女儿低着头没有说话。妈妈拍拍女儿的肩膀说：“我女儿是个宽宏大量的人，一定不会因为一本童话书和朋友计较的。再说童话书坏了妈妈还可以给你买，但是朋友要是失去了可就找不回来了。”女儿想了想说：“明天早上我就去和同桌打招呼，再也不生她的气了。”

宽容不仅是智慧的体现，也是善良的人必须具备的品质。试想一下，如果一个人非常苛刻，一点儿也不肯吃亏，对别人的过错也不依不饶，他又怎么会有善良之心呢？所以，要想培养女儿善良的品行，就要教育女儿学会宽容，做一个宽宏大量的人。

专家课堂

德国教育家卡尔·威特在培养儿子的善行方面下足了功夫，他独特的教子经验是：

1.为孩子建立行为记录，即把孩子所表现出来的良好行为都记录下来留作纪念。

2.以身作则，做一个充满爱心和同情心的父母，用自己良好的言行去影响孩子。

第77招

孝顺是美德——对女儿进行孝心教育

尊敬长辈是中华民族的传统美德，但是现在很多孩子被娇惯坏了，俨然成了家里的“小皇帝”“小公主”。在这样的环境影响下，孩子没有了辈分观念，不仅对长辈缺少了基本的礼貌和尊敬，更缺少了孝心和爱心。

场景一：每到菁菁生日那天，妈妈都会给她买一个大蛋糕，做一大桌子菜，让她过一个风风光光的生日。但是菁菁不知道妈妈的生日是哪天，也从来没有问过。

场景二：这天，因为公司临时来了任务，妈妈晚上一直加班到9点才回到家中。然而，女儿不仅没有问一下妈妈为什么这么晚才回家，而且非常不满地对妈妈说：“妈妈，你怎么现在才回来啊！我还没吃饭呢，你快去给我做饭吧。”

场景三：奶奶简直把孙女当作掌中的宝，要星星不给月亮。后来奶奶卧床不起，孙女不仅没有照顾过奶奶，还嫌奶奶的房间有异味，几天也不去一次。

上面这些事例，都是在生活中经常发生的。看完上面几个事例，我们应该充分意识到，培养女儿孝顺长辈的好品质是非常必要的。如果一个人连最爱自己的爸爸妈妈、爷爷奶奶都不孝顺，那他不仅会让家人寒心，也不会受到其他人的尊敬。

孝顺这种美德是会“遗传”的，如果妈妈孝顺长辈，孩子看在眼里，也会孝顺妈妈。当然，妈妈除了要给女儿树立一个好榜样外，还要让女儿知道自己为这个家所付出的辛劳，这样，女儿就会更懂得孝顺妈妈了。如果家有老人（例如爷爷奶奶），可以让女儿为他们做一些小事，这样也有助于培养女儿孝顺长辈的好品质。

妈妈要以身作则

“生活在线”报道过这样一个故事。

一位年过八旬的老奶奶一生养育了六个儿女，到头来却无人为她养老，一个人孤单地在养老院里生活。中秋节那天没有一个儿女前去探望，甚至连个问候的电话也没有，老人感到非常凄凉。现在，儿女们连她住养老院的钱也不给出了，她已经生活不能自理，不知道今后该怎么办。在记者的采访过程中，老人的儿女个个都很委屈，数落老太太以前的不是，没有人主动提出要赡养老人……

乌鸦尚知道反哺，何况是人呢？谁都有老的一天，等老人的这六个儿女将来年迈时，他们的后代会如何对待他们呢？

妈妈是孩子学习的榜样，一言一行都会影响到孩子。所以，妈妈在和长辈相处时，一定要表现得孝顺、体贴。有了妈妈的影响和带动，孩子会看在眼里，记在心上，养成孝顺长辈的好品质。

让女儿理解妈妈的辛苦

敏芬的妈妈是一家医院的护士，每天工作都非常累。有时候下了班，妈妈会对8岁的敏芬说：“今天妈妈太忙了，胳膊有些沉，宝贝女儿快给妈妈揉一揉。”等敏芬给妈妈揉完胳膊，妈妈会对她提出表扬。时间长了，敏芬知道妈妈每天都非常忙，就不再吵着闹着让妈妈带她出去玩儿了。有时候她还会对妈妈说：“妈妈，今天你累吗？用芬芬给你揉一揉吗？”

中国有一句俗语，叫作“不养儿不知父母恩”。现在很多孩子不知道孝敬妈妈，部分原因是他们不知道妈妈的辛劳，久而久之，把妈妈对自己的爱当作理所当然的事。据《羊城晚报》报道，广州数所小学联合进行了一个主题为“什么事让我最受感动”的调查问卷。结果54%的小学生认为“自己不是一个容易被感动的人”或者“我没有遇到让我受感动的事”，在“你做过哪些让妈妈受感动的事”一栏里，很多孩子都交了白卷。虽然父母对孩子的爱并不要求他们做出回报，但是父母应该让孩子知道父母为了他们、为了这个家庭所付出的努力和辛劳。这样，才会让孩子拥有一颗感恩的心，并对父母充满爱戴和敬意。

让女儿知道妈妈为她付出的努力和辛苦，并不是向她抱怨“我养育你太不容易了，你一定要好好学习才能报答我”。妈妈应该用一种不带情绪的方式表达出来，就如上文中的敏芬妈妈一样。另外，妈妈还可以让女儿做些家务，这样有助于女儿理解妈妈的操劳和辛苦。

让女儿从小事做起

昨天带女儿到同事家去玩儿，同事送了女儿一盒甜点，那是她老公去西班牙顺便买来的。回到家后，女儿打开包装就吃起来，并且不住地赞叹：“真好吃，实在太好吃了。”我对女儿说：“平时爷爷奶奶有好东西都留给你，现在你有了好东西是不是也应该让爷爷奶奶尝一尝？”女儿想了想，拿着那盒甜点走到爷爷奶奶的房间，对他们说：“爷爷奶奶，我这儿有一盒好吃的甜点，你们尝一尝吧。”爷爷奶奶虽然没吃，但是女儿的行动让他们感到非常高兴，不停地表扬女儿。从爷爷奶奶的房间回来后，女儿又去吃那盒甜点，她吃着吃着，忽然好像想起点儿什么，走到我面前说：“妈妈，你也尝一下这盒甜点吧。”

以上是一位妈妈在网络上写下的日志。对于生活中的一件小事，这位妈妈没有轻易放过，而是以它为“教材”，给女儿好好地上了一堂“孝顺”的课程。

在生活中，细节最能表达一个人的孝心。为长辈倒一杯水、捶一次背、亲切地问候一声、有好吃的东西让长辈先尝一尝……这些都是孝心的表达。所以，妈妈在培养女儿的孝心时也要从细微之处入手，这些点滴小事不仅可行，还可以持之以恒，让女儿养成习惯。等这种习惯一旦养成，她也会成为一个孝顺的孩子。

另外，值得注意的是，在让孩子帮长辈倒水、捶背等的时候，不要用命令的口气，也不要强迫孩子去做，因为这样会让孩子产生逆反心理。妈妈应该和颜悦色地和孩子说话，并且在最后对孩子提出表扬和赞赏。这样，孩子才能够在孝顺长辈的过程中体验到快乐和满足，从而更愿意去孝顺长辈。

专家课堂

培养女孩孝敬老人是父母必须完成的一项教育任务。对于这一点，美国教育专家威廉·贝纳德给出了这样的建议：

1.为孩子营造一个宽松和谐的家庭氛围。

2.父母不但要以身作则孝敬老人，更要持之以恒地坚持下去。

3.父母不但要教育孩子孝敬自己的祖父祖母、外祖父外祖母，也要让他学会关爱其他老人。

第78招

责任心是做人之本——培养女孩的责任感

昨天晚上睡觉前，8岁的女儿对我说："妈妈，明天该我做值日，你做饭要早一点儿。"第二天，我早上6点钟就把饭做好了，但是女儿却迟迟不肯起床。我有些着急，叫了女儿好几次，她才很不情愿地从床上爬起来。我对女儿说："你今天不是要值日吗，我叫你好几次，你怎么不起床呢？"女儿说："我还没睡醒。"我说："今天该你值日，你没睡醒也要起来啊。"女儿毫不在乎地说："做值日的又不是我一个人，有时候他们还来不了呢。"唉！现在的孩子太缺乏责任心了。我觉得，我们应该好好培养培养孩子的责任心了。

这是一位妈妈在博客中写的日志，旨在提醒妈妈要注意培养孩子的责任感。

生活中，女孩的责任意识一般是比较强的。当她们承诺做一件事时，往往会竭尽全力去完成。有些女孩还懂得体贴妈妈，小小年纪就开始分担家务，以减轻妈妈的负担。

但是近年来，由于父母的娇宠和溺爱，很多女孩的自我意识都非常强烈。她们不关心周围的人和事，甚至连自己的妈妈都漠不关心。在她们心中，只有自己，这样的女孩自然不会有很强的责任心和责任感。

一位妈妈曾经这样谈到自己的女儿。

一直以来，我和老公都把女儿当作家中的“小公主”“小太阳”，但现在我们发现，这种做法是错误的。因为我越来越发现我的女儿是一个自私、冷漠的人。虽然她在这个家庭中已经生活了十几年，但是这个家庭却仿佛和她没有关系一样。有时候，家里的笤帚倒在地上，她宁可跨过去，也不肯扶起来。每次吃完饭，她放下碗筷就玩儿自己的去了，从来不帮我收拾一下。前一阵子，老公常常犯胃病，她不仅没有问候一声，还嫌爸爸不能带她出去玩儿。9月份，女儿上中学住了校，似乎和这个家庭更疏远了，她除了每月回家拿钱外，从来也没有关心过我和老公。现在我们非常后悔，当初真不该那样娇惯女儿。

从这个事例可以看出，正是父母的娇生惯养，让女儿变得自私、冷漠，甚至连自己的父母、家庭都漠不关心。试想一下，如果一个人连自己的父母、家庭都漠不关心，他又怎么会关心其他的人和事呢？又怎么会尽职尽责地做好自己的工作呢？当一个人自我意识过于膨胀时，他的责任心和责任感也就消失不见了。

所以，要想培养女孩的责任心，不能太娇惯她们。同时，妈妈还要让她们知道责任心的重要性，并且从小事做起，慢慢地，她们就会成为负责任的女孩。

让女儿明白责任感的重要性

一位妈妈曾经这样谈到自己的育女经验：

我女儿舞跳得非常好，是班里的文艺委员。去年元旦，学校要举行歌舞比赛，老师把编排舞蹈、带同学练习的任务交给了女儿。每天放学，女儿都留在学校，练习到八九点钟才能回家。有一天，女儿却很早就回到了家中。

我有些奇怪地问："今天怎么回来这么早啊？你们不是要练舞蹈吗？"女儿赌气地说："那几个男生太笨了，我怎么教也教不会他们，我以后再也不管这事儿了。"我说："如果你不教他们，他们到比赛的时候不是跳得更不好吗？"女儿说："我才不管呢，爱怎么样就怎么样吧。"我拍拍女儿的肩膀说："老师把这个任务交给你，表示他对你非常信任。你想一想，如果你中途放手不管了，老师还会信任你吗？"女儿低着头不说话。我接着说："你看，上个月爸爸获得了公司的'先进标兵'，为什么爸爸会获奖呢？这是因为爸爸有责任心，公司下达的任务无论多难多重都努力完成，我们应该向爸爸学习。"女儿点了点头说："妈妈，你说得对，明天我就继续教他们练舞。"

我国著名教育家陶行知先生说过："行是知之始，知是行之成。"当孩子充分了解了责任感的重要性，他们才会真正努力去实践。所以，妈妈首先应该告诉女儿责任感的重要性，让她意识到没有责任感的人是不会取得成功的。同时，妈妈还要给女儿树立一个良好的榜样。这样，孩子才会真正成为一个有责任心的人。

培养责任心要"从小抓起"

这里所说的"从小抓起"包含两种含义。一方面，是指在孩子年纪较小的时候就要培养他们的责任心。试想一下，如果一个孩子的方方面面一直由妈妈负责，等他长大了突然要求他对自己的事情负责，他会有什么样的感觉？他一定会感到非常的茫然无措，因为他已经习惯了在妈妈的保护下生活。所以，妈妈要想培养孩子的责任心，就要让孩子从小学会自己的事情自己做。这样，他长大后才能成为一个勇于承担，能够对自己、对他人负责任的人。另一方面，培养孩子的责任心应该从小事着手，比如让孩子擦擦地，吃完饭帮忙收拾一下碗筷，写完作业后自己收拾书包……孩子这些事做得多了，就会慢慢养成习惯，他的责任心自然也就培养起来了。

让女儿养一只小动物

很多女孩都喜欢小猫小狗，但是一些妈妈嫌脏、嫌烦，不同意女儿养。其实，让女孩养一只小动物对她们的成长是非常有益处的，这样既可以培养她们的爱心，也可以培养她们的责任心。也有一些妈妈抱怨说：“我给女儿买了一只小狗，但她只知道和小狗玩儿，根本不喂它，也不给它洗澡，这些都成了我的事儿。”这种情况是可以避免的。在买小动物之前，妈妈应该和女儿事先声明，让她们自己对小动物负责。此外，妈妈还可以延迟满足女儿购买小动物的愿望，让她们的愿望不那么轻易实现，从而使她们更加珍惜。如果女儿没有按照事先说好的去做，妈妈不要批评她，可以对她说：“你看小狗没人管多可怜，我女儿是个有爱心的女孩，一定不会扔下小狗不管的。”这样，可以唤起女儿的爱心，让她重新负起喂养小动物的责任。

专家课堂

如何在女孩幼小的心田里播下责任的种子呢？“知心姐姐”卢勤是这样回答的：

1.让孩子自己决定自己的事情，父母不要“包办”。

2.在家里给予孩子参与劳动的机会和岗位。

3.对孩子所做的事情，父母要及时给予认同，以赞赏作为奖励。

第79招

不要斤斤计较——让女孩拥有一颗宽容的心

一天，在一个非常著名的度假村，工作人员带着很多孩子在广场上做游戏。等到游戏结束之后，工作人员就把这些孩子带到他们各自妈妈的身边，但由于孩子太多，工作人员一时疏忽，竟然将一个小女孩留在了广场上。等到这名工作人员发现孩子人数不对，急忙回广场接孩子时，那个小女孩由于一个人待在偏远的广场，饱受惊吓，大哭不止。

工作人员满脸歉意地安慰着小女孩。这时，小女孩的妈妈也焦急地赶了过来。只见这位妈妈蹲下来安慰自己哭泣的女儿，并告诉她："宝贝，已经没事了。你看，那位姐姐因为找不到你而非常难过，她不是故意的。好了，去亲亲那位姐姐的脸颊，安慰她一下！"于是，这个只有4岁的小女孩踮起脚尖，轻轻地亲吻了一下她身旁那位工作人员的脸颊，并温柔地告诉她："姐姐，别怕，已经没事了！"

如果你是这个小女孩的妈妈，你会怎么做呢？莎士比亚说过："宽容就像天上的细雨滋润着大地。它赐福于宽容的人，也赐福于被宽容的人。"因此，妈妈必须教女儿学会宽容和原谅。

让女儿学会"心理换位"

一位妈妈这样谈到自己的育女经验。

有一次，我给女儿买了一本《意林》杂志。本来早上她高高兴兴地拿着去上学了，可是放学之后就气呼呼地把自己关进了房间。吃晚饭的时候，看女儿还是一脸不高兴，我就问她是怎么回事。女儿说："今天下课后，我正在津津有味地看着那本《意林》，可是我的同桌小敏起身的时候把整瓶墨水都洒到了我的杂志上。虽然她跟我道歉了，老师也批评了她，但我还是很生气，我要她赔我的杂志。而且我觉得她是故意的，根本就是忌妒我！哼！"此时，我非常严肃地对她说："如果你犯了同样的错误，你的同桌对你大喊大叫，不仅告诉老师，还让你赔，你舒服吗？"

女儿想了想，不情愿地说："我——我是有些难受，可做错事的是她，不是我。"我耐心地对女儿说："世界上没有完美的人，谁都有不小心犯错误的时候。你难道不记得前天我刚买的花瓶，就让你砸碎了吗？"这时，女儿不好意思地低下头。接着我又告诉女儿，要宽容、友好地对待他人，不要斤斤计较，尤其是对待自己的同学、朋友，更要大度。这次谈话对女儿的影响很深。从此之后，她逐渐懂得了宽容的含义，并在自己的生活中试着去宽容、理解他人。

所谓“心理换位”，其实就是指当双方产生问题及矛盾时，能够多站在对方的角度思考问题，进而学着理解对方，减少彼此间很多不必要的问题及矛盾。现实中，很多女孩只习惯于从自己的立场出发，而不习惯于站在对方的角度看问题。作为妈妈，要消除这种现象，最好的办法就是让女儿学会换位思考，然后用一颗宽容博大的心去接纳他人。

妈妈要摆正品德教育观念

现实生活中，我们总时不时地听到有些妈妈这样对自己的孩子说：“别人要是打你，你就打他，他打你一下，你就打他两下。”甚至还有些妈妈把孩子欺负其他小朋友当作“能”的表现。于是在大人这种错误观念的引导下，孩子自然不懂得宽容别人，甚至还会变得抱怨、记恨他人。

因此，妈妈在培养女儿的道德品质时，一定要首先摆正自己的教育观念，要清晰明确地知道，我们培养孩子的目标是把她教养成一个知书达理、宽容大度、谦虚礼貌的有修养的女孩，而不是在培养一个整日斤斤计较、小家子气、尖酸刻薄的“蛮横女”。

另外，妈妈应该为女儿树立一个良好的榜样，在为人处世上宽容理解别人。这样，女孩才会在潜移默化中学会宽容和理解。

让女儿多与同伴交往

在一所学校里，有这样两个女孩。女孩A非常普通，是那种走进人群就很容易被忽视的类型。但就是这样一个女孩，却受到很多男孩的欢迎，并且大多数女孩都是她的好朋友。女孩B无论从学习成绩，还是容貌，都比女孩A强很多，但她始终不明白，为什么自己不受同学们欢迎。

一次偶然的机会，女孩B听到了几个女孩对自己和女孩A的评价，才意识到自己不受欢迎的原因。那些女孩说：“B总是自以为是，我们有一点儿问题，她都不能容忍，总是尖酸刻薄地对待我们，让我们在她面前自惭形秽。可A就不同了，她豁达开朗、宽容大度，跟她在一起，得到的是快乐和轻松，而不需要处处小心谨慎。”

看了这两个女孩的故事，想必没有妈妈愿意把自己的女儿培养成B那样的孩子。所以，妈妈应鼓励女儿多和同伴交往，并且学会多称赞别人的优点、庆贺同伴的成功，不忌妒、不怨恨自己的朋友，愿意帮助有困难的伙伴，采纳他人的合理建议，等等。

专家课堂

美国儿童心理学家海姆·G.吉诺特说：“宽容就是接受孩子的一种态度。”他认为宽容的关键在于：

1.接受孩子应该享有的各种权利，允许他有各种各样的情绪和愿望。

2.告诉孩子，他无须对自己的感觉负责，但要对自己的行为负责。

3.接受孩子所有的感觉，带给他信心，但不要过分纵容。

第80招

感恩才会幸福——让女孩学会感恩

苏联著名的教育家苏霍姆林斯基说过：“良好的情感是在童年时期形成的，如果童年蹉跎，失去的将无法弥补。”因此，越早对小女孩进行感恩教育，越有利于培养她的感恩之心、爱心和对他人的同情心。

有一位妈妈是这样做的。

平时，无论我和老公的工作有多忙、多累，都会在假期带上女儿去看望我们双方的老人；等到春暖花开的时候，我和老公也会抽出时间，带上女儿一起陪老人去外面走走，看看大自然美丽的景色，拍一些照片，一家人围坐在一起聊聊天；逢年过节或者老人生日时，我们会和女儿一起为老人选购礼物；我们告诉女儿，吃饭时要让长辈先吃；如果家里有朋友送来的各种食物，要给老人留出一份等。正是我们这种对长辈的关爱言行，在不知不觉中慢慢影响着女儿，使她也成了一个懂得感恩和关爱他人的好孩子。

家庭是女孩人生的第一课堂，父母就是她的第一任老师。父母身上的情绪、习惯、性格、品德等都会在日常生活中对女孩产生潜移默化的影响。因此，要想培养女孩感恩的美德，父母就要做到感恩于亲人、朋友、社会等。

一个不懂得感恩的女孩，是无法去爱别人的。作为妈妈，应该让不懂得怎样去爱、还不会去爱的女孩感受到爱的力量。那么，有哪些良好的教育方法可以协助妈妈培养女孩的感恩之心呢？

让女儿观看一些有关感恩的影片、电视节目

有一位妈妈在自己的网络日志中这样记录道：

每天在工作和家庭中繁忙奔走，这让我感到一种压力，但这些身体上的折磨我都可以忍受，唯一让我无法忍受的是女儿对我的态度。人们常说“女儿是妈妈的贴心小棉袄”，可我并没有感受到这件小棉袄的温暖，相反，随着女儿年龄的增长，她对我总是有很多不满：“妈，你做饭怎么这么难吃，我不吃了！”“妈，你太唠叨了，让我清静一会儿！”“你管得太多了！”……女儿的不理解也许有一部分原因确实是我的过错，但她不懂得体谅我，让我很难过。为了让女儿懂得感恩，每个周末我都会尽量带她去看一些有教育意义的影片，平时在家里看电视，也尽量引导她去看一些感人的电视节目。没想到，一段时间后，事情真的朝好的方向发展了。女儿由最初的反感、抵触，到后来慢慢愿意接受，现在是主动注意有哪些好看的影片，然后和我一起去看。

女儿的转变还不止于此，她现在对我的态度好了很多，还会偶尔帮助我做家务，这在以前是根本不可能发生的。最近这两天，她又想学做菜，至于原因，用她的话说就是：“老妈，你的厨艺实在有待提升。等我学会之后，你们就可以天天享用美食了。”我想女儿这一切的转变，和我让她时常去看那些教育影片和电视节目是分不开的。

如今，很多孩子都缺乏感恩之心，她们往往习惯以自我为中心，对于个人之外的人和事物，都表现得比较自私和冷漠。妈妈要想改变这种状况，平

时可以有意识地让女儿观看一些有关“感恩”主题的影片和电视节目，以便让她在深受感动的同时反省自己。

时常带女儿参加慈善捐助会

捐款箱、捐助晚会、慈善义卖活动……这些大多以集体形式出现的公益行为时常会出现在人们的日常生活中。事实上，感恩教育的宗旨就是要让我们的孩子亲身去感受来自他人的伤痛、感动，进而触动她的情感，并最终促使她伸出自己的友爱之手去关爱他人。

8岁的艳艳有一个很胖的小猪存钱罐。妈妈对她说，等她的小猪吃满硬币的时候，她就可以买那个最喜欢的娃娃了。所以，每天她都很乖地帮妈妈打扫卫生，帮爸爸整理书房，因为这样她就可以赚取一定的酬劳，来充实自己的存钱罐。

有一天，妈妈带着艳艳参加一个为“救治白血病儿童”的捐助活动，虽然艳艳的小猪存钱罐变“瘦”了，但她一点儿也不伤心，因为妈妈告诉过她，小姐姐的病治好之后，光秃秃的头上就会和她一样长满黑黑的长发，但小姐姐没有钱治病。艳艳希望那个生病的小姐姐能和她一样有漂亮的头发，于是，艳艳就把自己存钱罐里的钱都取了出来，并全部投进了捐款箱。虽然那都是一角一元的硬币，加起来也没有10元钱，却是一个小女孩最真挚的关爱之心。

所以，妈妈可以常带自己的女儿去参加一些慈善捐助会，让女儿从小就懂得贡献自己的力量去帮助那些有困难的人。

专家课堂

如何让女孩学会感恩呢？王金战老师给父母的建议是：

1.父母要让孩子懂得爱、学会爱，但前提是父母不能溺爱孩子，更不能向孩子索取爱的回报。

2.在孩子需要时给予帮助，而不是事事为其包办。

3.让孩子的心理、情感和思想随着身体一起成长，并在她情绪低落时，给予恰当的点拨和安慰。

第十一章　知识改变命运，把女儿培养成学习高手

如何开发女儿的左右脑？

如何激发女儿的学习兴趣？

如何引导女儿科学地复习和预习？

如何培养女儿的记忆力和理解力？

……

要知道以上问题的答案并不难，只要走进本章，你就会发现那些启迪女儿智慧的钥匙以及将她培养成学习高手的妙方。

第81招

兴趣是最好的老师——激发女儿的学习兴趣

任雪7岁了，是一个活泼可爱的小女孩。但是她一点儿也不喜欢学习。妈妈给她买来好多童话书，她连看也不看一眼。每天放学回来，她要做的第一件事情就是看动画片。妈妈催她很多次，她才极不情愿地去写作业。为了让女儿认真地把作业写好，妈妈把其他事都放到一旁，专门陪在女儿身边监督她写作业。有妈妈在身旁监督，任雪会装作很认真的样子写一会儿，但是等妈妈“放松警惕”的时候，她就开始摆弄自己的小刀、铅笔和文具盒。因为没有学习兴趣，任雪的学习成绩非常差，常常排在班里的倒数几名。妈妈常常无可奈何地说：“人们都说女孩爱学习，可我女儿为什么就不喜欢学习呢？”

为什么会出现这样的情况呢？这和她们没有学习兴趣有关。爱因斯坦说过：“兴趣是最好的老师。”如果没有学习兴趣，她们会把学习当成一件苦差事，躲避还来不及，哪还会安下心来学习呢？

所以，我们要试着培养女儿的学习兴趣，让她们认识到学习的意义。只有这样，她们才会爱上学习，才会主动去学习。

不强迫女儿学习

很多孩子产生厌学情绪是由于妈妈教育不当引起的。很多妈妈为了孩子能够多学知识，完全不顾及孩子的感受，定时间定任务地强迫他们学习。这样做是不对的。孩子的年纪还小，不知道学习的重要性，如果妈妈强迫他们学习，很可能让他们产生厌学情绪，甚至会把学习当成一件苦差事。这样的想法一旦形成，往往很难再唤起他们的学习兴趣。所以，妈妈千万不要用强迫的方式来让女儿学习。

当然，不强迫女儿学习并不等同于放任自流，而是要引导女儿学习。在引导女儿学习方面，妈妈可以从以下三个方面入手：第一，尊重女儿的兴趣，多给她一些自由宽松的时间，让她自己去选择感兴趣、喜欢的东西。第二，每次学习时间不宜过长，学习任务也不要太重，否则会给女儿很大的压力。第三，当女儿取得进步的时候要适度表扬，这样可以提高她学习的积极性。

将女儿原有的兴趣和知识学习结合起来

梦娜8岁了，上小学三年级。最近，她开始学习怎样写日记，但是总觉得没有东西可写，每次都是东拼西凑，应付了事。有一天，她正对着作文本发愁，妈妈对她说："你不是喜欢读郑渊洁的《皮皮鲁和鲁西西》吗？你可以在日记里面写一篇读后感啊。"梦娜接受了妈妈的建议，很快就把一篇日记写好了。从那以后，每当梦娜觉得没有东西可写的时候，妈妈都会让她写她最熟悉和最感兴趣的事情。经过妈妈一段时间的提示，梦娜再也不为写日记而头疼了。

我们都有这样一种经验：如果我们对某事物了解、充满兴趣的话，我们就愿意接触与之相关的事物。例如某个电视剧热播的时候，我们就愿意读原著小说。同样的道理，孩子也是愿意接触和学习他们原本就熟悉、感兴趣的东西。但是并非每个科目都是他们熟悉和了解的。所以，妈妈要将孩子原有的兴趣和知识学习结合起来，培养和激发他新的兴趣。例如，孩子要学习自然、生物，妈妈可以告诉他：在这些书上可以找出他关心的"下雨为什么会打雷""小猫睡觉为什么会打呼噜"的答案。这些都是孩子以前有兴趣和关心的东西，当它们和新学的知识发生了联系，孩子自然就愿意学习了。

让女儿在学习中享受到快乐

琪琪对英语一点儿兴趣也没有，一看到那些小蝌蚪一样的字母就头疼。有一天，妈妈看到她在学习"shopping"（购物）这一章，就对她说："宝贝女儿，咱俩用英语做个游戏好不好，由你来当商店的老板，妈妈做你的顾客。"琪琪非常爽快地答应了。

两个人开始用英语进行交流，当遇到琪琪不懂的地方，妈妈就让她反复练习。结果琪琪玩儿了一个多小时，仍然意犹未尽，那一章的内容也基本掌握了。从那以后，妈妈经常用英语和琪琪做游戏，琪琪不仅非常喜欢，而且再也不讨厌学习英语了，英语成绩也显著提高了。

对于孩子来说，他们学习的目的不是获取知识，而是从中得到快乐。所以，妈妈要让女儿在学习中获得快乐，这样才能激发她学习的兴趣。至于如何让女儿从学习中获得快乐，手段也是多样的，例如将游戏引入学习中，和女儿进行互动，在女儿取得进步时提出表扬，开展家庭竞赛，倾听并和孩子讨论学习情况等。

让女儿来做妈妈的老师

一位妈妈这样谈到自己的育女经验：

我和老公都是博士毕业，自然希望 7 岁的女儿将来也能够成为社会上的精英。我对她要求很严格，每天晚上，我都会检查女儿当天的学习情况，如果学习效果不理想，我就让她反复练习，直到学会为止。但是我们渐渐发现女儿对学习丧失了兴趣，甚至连学校都不想去了，每天早上赖在被窝里，要我们哄好久才不情愿地爬起来。

发现这一点后，我们变换了一种教育方法。每天女儿放学回来，我不再检查她的学习情况，而是找来一块小黑板，对女儿亲切地说：“今天我们的宝贝女儿一定又学到了不少知识，能不能给妈妈讲一讲呢？”每当这个时候，女儿就会高兴地模仿自己最崇拜的王老师来给我“上课”，用小木棍指一个字读一下。用这样的方法，不仅激发了女儿的学习兴趣，而且能够让我更好地掌握女儿的学习情况，然后再有针对性地对女儿进行辅导。现在，女儿不仅喜欢上了学习，学习成绩也大大提高了。

专家课堂

教育专家李中莹认为，孩子在学业上表现不够敏捷，甚至不喜欢读书、上学，最重要的原因是他们觉得没有乐趣。那么，如何让孩子在学习中感到乐趣呢？他认为最有效的方法就是在孩子的学习中加入下列“养分”：

神秘、新奇、节奏快、变化快、意想不到、挑战、比赛、证明有能力、可以帮助人、可以得到肯定。

第82招

女孩偏科有“病因”，父母要对症下药

女孩偏科多出现在初中，对此，父母应正确看待，告诉女孩社会需要的是复合型人才，综合素质才是衡量学生的最佳尺度。父母可以从女孩喜欢的学科入手，让女孩了解各门学科之间的关联性，克服对不感兴趣的学科的畏难情绪，还可以针对女孩自身的情况，一起分析偏科的原因。

那么，女孩偏科，在学习中有哪些具体表现呢？

第一，一科较弱，其他科都较强。这相对容易解决，但要注意不能盲目对孩子的弱势学科进行补习，过多的补习可能会加剧孩子对该科的厌烦情绪。有时候补习因为针对性不强，效果可能并不好。在帮助女孩提高时，重要的是让女孩养成良好的学习习惯，培养女孩对弱势学科的兴趣。可以针对这一科目制订可行的计划，不要急于求成。

第二，文科和理科中，要么文科较弱，要么理科较弱。这就要在较弱科目的学习方法等方面多下功夫。对于文科，首先可从语文入手，让女孩有充分的时间阅读，培养对语文的兴趣，进而喜欢写作。读得多了，知识面就宽，写作时才有话可说。而对于数学不好的女孩，要把基础作为重点，牢牢掌握基础知识，在确保完全掌握简单的题目后，再逐步提高难度。

第三，一科突出，其他科平平。这属于假偏科或暂时性的偏科。从小学到中学，有的孩子有这样一个现象：喜欢哪个老师，哪门科目就学得好，若是不喜欢，连听课也打不起精神，因此会出现“假偏科”现象。对于这种情况，要积极鼓励女孩学习优势科目，通过优势科目，树立信心，让女孩认识到自己有学好其他科目的能力，进而逐渐提高对其他科目的兴趣，并逐渐加大对其他科目的学习投入。

要向女孩阐明偏科的危害

许多优秀的科学家，除了具有广博的专业知识外，还有相当高的文学修养和艺术修养。比如，爱因斯坦会拉小提琴，马克思也是一位数学天才。

由于偏科，眼下许多孩子会说英语，会理科，但却写不出一篇像样的文章来，甚至给老师写假条都有错别字。父母需要向女孩阐明偏科的危害，引导其全面发展。

尤其是中小学，属于基础教育阶段，是为女孩日后成才打下坚实基础的阶段。各门学科都是为了女孩的全面发展而设立的，偏废任何一门课程，都是不可取的。父母要让女孩认识到，要学好数理化，没有坚实的语文功底是不行的，没有健康的身体是不行的，没有艺术细胞和丰富的想象力是不行的。各学科之间是相互联系、相互渗透的。

用激励法激发女孩对弱势学科的兴趣

一位妈妈这样谈到自己的育女经验。

我的女儿上初一，她在理科学习方面取得了好成绩，而文科成绩却不好。我知道偏科的危害性，于是时常鼓励女儿：“你数学学得这么好，说明你很聪明，那么语文能不能也学得这么好呢？试试看。”

女儿语文不好主要表现在写作方面，我就鼓励女儿坚持写日记，模仿一些名人名篇的布局、结构来写。同时，我还给她购买了一些文学名著，如中国的四大名著、外国的《鲁滨逊漂流记》《格列佛游记》《钢铁是怎样炼成的》等；订阅了一定数量的文学报刊，如《语文报》《语文世界》《读者》等，还鼓励孩子向报社、杂志社投稿，在网上报名参加一些写作比赛。通过这些训练，女儿学习语文的兴趣逐渐提高了。

用尊重来恢复女孩的自信心

有的女孩因为老师不经意的批评或举动，认为老师不喜欢自己，于是就不想学这个老师教的课程了。其实，老师的做法并不是想故意伤害她，父母要耐心开导女儿，以减轻她对此科目的反感。

即使女孩真的不喜欢某个老师，也是正常的，不必强迫她改变看法。只要向女孩强调：不管喜不喜欢，都要尊重别人。尊重是最重要的，不论是科目间的成绩差异，还是女孩对老师的看法，都值得尊重。

另外，每个孩子在能力上有各自的特点，科目成绩有差异是很正常的。本来就没学好的科目，越是遭受打击，就越没有信心学好。所以对女孩来说，父母的尊重和信任至关重要。平时多与孩子沟通，多给孩子一些信心和尊重，渐渐地，她就会喜欢上原来不感兴趣的科目。

热情地辅导女孩的非优势学科

父母要有耐心，纠正学习偏科不能一蹴而就。父母要热情地辅导女孩的非优势学科，善于发现女孩的点滴进步，及时给予肯定和鼓励，激发女孩对该学科的兴趣，增强其信心。长期坚持下去，学习偏科的问题就会逐渐得到解决。

专家课堂

实际学习过程中孩子发生偏科现象，有时是因为不喜欢某个老师，遇到这种情况，王金战老师给父母的建议是：

1.鼓励孩子去发现老师的长处，逐渐让孩子对老师产生敬意和兴趣。

2.正确引导孩子去学会适应老师的风格，进而积极地投入到这门学科的学习中去。

3.父母在平常的言谈话语中，绝不要随便评价老师，如果真的对老师有看法，可以直接找老师沟通。

第83招

加速学习的马力——帮助女孩制订学习计划

晓风13岁了，上初中一年级。和小学相比，初中科目多了，学习任务也重了，这让晓风感觉非常不适应。虽然她每天从早到晚都忙个不停，但是学习效果一点儿也不好。前一段时间期中考试,她比入学初竟然下降了5名。这让晓风非常苦恼：我学习这么用功，成绩怎么没有上升，反而下降了呢？

很多妈妈都遇到过这样的情况，自己的孩子每天像陀螺一样转个不停，认真地学习，但是成绩就是上不去。为什么会出现这样的情况呢？这是因为学习也是一门艺术，需要处理好各个学科之间的关系，也要处理好学习和休息、娱乐之间的关系。如果盲目地、杂乱无章地去学习，学习效果肯定不好。所以，妈妈非常有必要为孩子制订学习计划（大一点儿的孩子可以在妈妈的指导下自己制订学习计划）。

但有时候，并不是每个孩子的每个学习计划都能顺利地进行下去。

一位妈妈曾经这样谈到自己的女儿：

在新学期，女儿拿着一张纸条兴冲冲地对我说："妈妈，这是我给自己制订的学习计划，你看怎么样？"我接过来一看，上面列举得很清楚，每段时间干什么，上面都有严格的规定。我说："你制订得挺好，但是一定要按上面的执行啊！"女儿说："那当然了！"

在开始的头两天，女儿还真是按照学习计划去学习，但是到了第三天，我就看到她在本应预习功课的时间看动画片。我说："你的学习计划里面不是规定6点到6点半是预习功课的时间吗？你怎么看上动画片了？"女儿撒娇说："今天演的是我最爱看的《网球王子》，我就看一天，明天就不看了。"第二天，她准时坐到了电视机前。又过了四五天，那个学习计划彻底作废了。

你不是计划这个时间写作业吗？怎么又看电视了？自己订的计划都不能执行，我看还是别订了。
也是，计划赶不上变化，还是别订了。
好的，我现在就去写作业。
写作业的时间到了，关上电视吧！既然订了计划就要执行，开个坏头可不好。

从上面这个事例可以看出，女孩年龄小，自制力差，让她严格按照学习计划去执行确实是一件很难的事情。所以，制订的学习计划一定要有科学性，同时妈妈要鼓励她按照学习计划去执行，这样才能让她有计划、高效率地去学习。

为女儿制订科学的学习计划

很多学习计划不能执行下去是因为它们不科学。有些妈妈为了能让女儿多学知识，就在学习计划里面加大了学习量。还有的妈妈没有考虑全面，让女儿在她看动画片的时间去学习，这样的学习计划自然得不到女儿的支持，女儿也不愿意去执行。所以，在为女儿制订学习计划的时候，一定要让它具有科学性、全面性、可行性，并且要得到女儿的认可和支持。妈妈可以从以下几方面入手。

1. 学习量要适中，充分为女儿留出休息和娱乐的时间。如果学习量太大，会让女儿产生反感的情绪，从而不愿意执行。

2. 安排好常规学习时间和自由学习时间。常规学习时间主要用来完成老师留的作业，自由学习时间用来预习或者复习功课。

3. 要突出重点，在女儿薄弱的科目上多下功夫。

4. 注意效果，及时调整。学习计划一旦制订，并不是丝毫不改的，而是要根据学习效果，进行相应的调整。

5. 安排好长期计划和短期计划。在每个学期，要有一个大目标，然后再把这个大目标分解，每个月做什么、每周做什么、每天做什么。这样，女儿既不会感到学习量太大，而且能体会到进步的成就感，从而愿意执行学习计划。

让女儿在学习计划执行中体验到进步

小梅是个贪玩儿的小女孩,学习成绩一直不理想。尤其是她的数学成绩，常常排在班里的后几名。有一天妈妈对她说：“宝贝女儿，妈妈给你制订一个学习计划，好不好？以后你每天多学 20 分钟数学。”小梅噘着嘴不乐意。妈妈说：“你先执行一个月，如果你的成绩比以前好了，咱们接着执行；如果还和以前一样，你就不用执行了。”小梅勉强答应了。在以后的日子里，妈妈每天给女儿补习20分钟的数学，一直坚持了一个多月。接着，在学校的月考中，小梅的数学成绩一下子提高了15名。尝到了进步的喜悦，小梅再也不痛恨学习计划了，并让妈妈把其他的学科也加入到学习计划当中。

当女孩在学习计划中品尝到进步的喜悦时，她才更愿意去执行。如果长时间让她感觉不到自己正在改变，她将会失去执行学习计划的兴趣。所以，在开始制订学习计划的时候，学习任务不要太重，也不要对她提出过高的要求。这样，她会感到自己每天都在进步，从而也更愿意去执行学习计划。

对自制力差的女孩进行督促

有些女孩自制力非常差，如果没有妈妈的督促，她连作业都写不完，更不要说去执行学习计划了。对于这样的女孩，妈妈应该多提醒她们，并且培养她们的自制力，让她们按照学习计划去执行。在提醒她的时候，妈妈不要用批评、嘲讽、气愤的语气，而要心平气和地和她们说话。例如女孩本应在写作业的时间看电视，妈妈可以对她说："现在7点钟了。"尽管妈妈没有把"写作业"三个字说出来，但是女孩能够理解妈妈在催促自己，而且这样的催促不会引起女孩的反感。如果女孩仍然坐在电视机前没有动，妈妈可以过一会儿再提示她一次："现在已经7点半了。"

对于那些提醒、催促仍然不起作用的女孩，妈妈可以"放任"她们两天，让她们承担写不完作业挨老师批评的后果。有了挨批评的教训，她们就会认真地按照学习计划去执行了。

专家课堂

很多父母都很困惑："为什么我家的孩子学习很努力，但成绩就是上不去呢？"对于这个问题，王金战老师给出的解决方法是：

1.对孩子的学习方法和学习时间进行调整。例如，对预习、上课、复习三个环节，可以根据孩子的实际情况做出科学的调整。

2.父母要调整自己的心态，应保持一种平和、冷静、理智的心态，去观察和发现孩子在学习中遇到的问题，进而帮助孩子找到一条更适合他发展、学习的路。

第84招

拉动学习的马车——帮助女孩培养良好的学习习惯

孩子学习成绩的好坏，与其是否拥有良好的学习习惯有着密切的关系。教育家叶圣陶先生说过：“什么是教育？一句话，教育就是培养良好的习惯。”国外教育家研究发现，一个孩子学习的好坏，20%和智力因素有关，80%和非智力因素有关。而在兴趣、信心、意志、习惯等非智力因素中，习惯又占据着重要的位置。考试，尤其是中考、高考这样的大型考试，是对学生平时学习情况的一个彻底考察，这其中就包括了学生的学习习惯。如果孩子在平时不注重培养良好的学习习惯，这些缺陷在考试中会非常明显地暴露出来，就如下文中的于凡一样。

于凡是一个聪明、伶俐的女孩，学习也非常用功，但是每次考试都不理想，有时候甚至连卷子都答不完。于凡的老师感觉非常奇怪，后来经过家访才知道了其中的原因——于凡喜欢一边吃东西一边写作业，每次写作业都拖拖拉拉地花费很长时间。由于养成了这种习惯，她在考试时也是磨磨蹭蹭，最后自然无法将考卷全部答完。

教育家研究发现，小学阶段是培养孩子良好学习习惯的最佳阶段。所以，为了女儿能够取得优异的学习成绩，妈妈一定要从小抓起，培养女儿良好的学习习惯。

好习惯对于女孩的学习成绩影响非常大。那么到底应该重点培养哪几个好习惯呢？

培养女儿学习细心的好习惯

认真、细心直接关系着女孩的学习成绩。一个做事粗心大意、马马虎虎的女孩肯定不会取得好的成绩。所以，妈妈一定要注意培养女儿认真、细心的学习习惯。

一位妈妈曾经这样谈到自己的育女经验：

我女儿7岁了，上小学二年级，是一个马虎大王。她常常看错题，书上明明写的是“169”，她却看成了“196”。有时候她在演算纸上算出来的是“6”，写在卷子上的却是“0”。更可气的是，她有时候连老师留的作业都忘记了。后来我给她提出了几点要求，让她努力去完成。

1. 把老师留的作业一项一项地记在一个小本子上，写完一项在上面画一个对号。这样既不会出现忘记的情况，而且更有条理性。

2. 看书、写作业的时候不要三心二意。

3. 写作业时多看两遍题，等把题目弄懂后再下笔，不要匆匆扫过一遍就开始写。

4. 写完作业后自己检查一遍。以前都是我给女儿检查作业，这就养成了女儿的依赖性，从此以后我让女儿自己检查。

女儿按照我的要求坚持了一段时间，现在已经细心很多了，学习成绩也有了很大的提高。

培养女儿善于发现学习问题的好习惯

孩子在小时候往往有很多稀奇古怪的问题，但是等上学后，特别是随着年级的增高，这些问题反而越来越少了。这是一种非常不好的情况，孩子不思考、不提问，而是全盘接受老师讲授的内容，就不能加深对知识的理解，更不能培养出创新的精神。所以，妈妈要有意识地培养女儿善于发现问题的好习惯。

教育专家李镇西老师就非常注重培养自己女儿发现问题的好习惯。李老师不仅鼓励女儿向老师提问，有一段时间，甚至“逼”女儿每天必须到办公室向老师请教一个问题。李老师还为女儿总结出一系列深入思考问题、发现新问题的方法，在这里写出来供大家进行参考。

1. 当老师讲解一道题时，想一想是不是还有其他的解法。

2. 如果不按照老师分析的情况去做，是不是可以用另一种思路？

3. 可不可以让老师的讲解方法更完善?

4. 书上说的绝对正确吗?可不可以找到一些特例?

有很多女孩不善于提问是因为胆子小，怕自己提出的问题没有价值被老师笑话。妈妈应该让女儿认识到发现问题的重要性，同时鼓励她多向妈妈、老师提问题。

培养女儿记下错误并改正的习惯

读六年级的蓝菲是一个学习成绩优异的女孩。据蓝菲介绍,她有一本“高分宝典”，那其实就是一本错题集。每当遇到错题的时候，她会分析自己为什么出错，错在了哪里，然后再找同类型的习题重复练习，直到弄懂了为止。最后，她再把错题抄在一个本子上。等到考试前，她会把所有错题再重新复习一遍。这样，就完全避免了在考试中犯相同的错误。

很多妈妈都遇到过这样的情况：女儿在一个问题上犯了错，妈妈或者老师对她进行了纠正，可是下次遇到同类问题时她还会犯错。出现这样的情况，一方面是由于同类习题是孩子的一个难点，另一方面是孩子没有真正弄清自己出错的原因。所以，妈妈应该培养女儿“知错就改”的好习惯，当她遇到自己容易出错的问题时，鼓励她反复练习，直到弄明白为止。妈妈可以让孩子动手编一本习题集，并且经常翻一翻、看一看。这样，孩子就不会在一个问题上反复出错了。

专家课堂

王金战老师提出了帮助孩子养成学习好习惯的秘诀:

1.要有目标。

2.要从小事做起。

3.要开好头，不要开坏头。

4.咬牙坚持。

第85招

鼓励女孩带着“问号”去学习

问题是思维的起点，如果女孩在学习中没有带着问题出发，那么她的思维就会变成无源之水、无本之木。同时，问题也是创造的前提，世界上一切发明创造都是从问题开始的。所以，无论是在生活中还是在学习中，父母都要鼓励女孩多提问，让女孩带着“问号”去学习。

有一天，两位妈妈骑着电动车带着各自的女儿去办事，谁知走到半路的时候，电动车突然停了下来，女儿着急地说：“妈妈，车子怎么不动了？”

第一个妈妈说：“宝贝不用着急，电动车不动是因为没有电了，只要再充好电，它就能动了。”

第二个妈妈说：“车子怎么不动了呢？宝贝自己想想是什么原因啊？”

生活中很小的事情都能引起女孩的好奇心和求知欲，这时正是让女儿思考的好时机，父母不要像第一个妈妈那样，只给女儿一个结论，而是要向第二个妈妈学习，让女儿自己想电动车为什么不动了，促使她自己开动脑筋。

如果女孩经常思考问题，并通过自己的思考和父母的启发，找到问题的答案，那么她就会逐渐养成爱动脑筋的好习惯。

文学家巴尔扎克说过：“打开一切科学的钥匙，毫无异议的是问号。”人的思维开始于问题，孩子的思维也是伴随着层出不穷的问题而展开的。因此，父母要让自己的女儿带着“问号”前行，让她真正成为学习中的探究者，去主动提出问题、解决问题。

每天早晨问女儿一个“为什么”

一位妈妈曾这样讲到自己的育女经验：

女儿刚上小学二年级，别看她年龄小，懂的知识已经非常多了，就连她的老师都称赞这孩子像一个小型的“百科全书”。邻居们也都夸女儿聪明伶俐、知道的东西多，是一个“小神童”。

每次出去，邻居们都要问我是怎么教育出这么聪明的女儿的，还说我生了一个有天赋的孩子。其实,女儿并不是“神童”,而是我每天早晨的那个“为什么”起到了重要作用。

比如一天清晨外面下着淅淅沥沥的小雨，我就问女儿：“你说为什么天空会下雨呢？”

女儿想了一会儿,说道:“妈妈,是不是天空哭了,下雨就是它在流泪啊？”

这个答案说明女儿很有想象力，接着我又引导她：“天空流泪会下雨，还有什么时候会下雨呢？”

女儿马上想到家里有一本儿童版的《百科全书》，赶紧查找到了“天空为什么会下雨”的答案，还有板有眼地给我讲解了起来。

这是一个充满智慧的妈妈，她巧妙地利用生活中最常见的自然现象去引起女儿心中的“问号”，并适时引导孩子自己去寻找答案。父母就是要在平常的生活中随时为孩子创造一个思考的情境，让孩子在这种思考的情境中学会思考。

从答案中再提出问题

一天，老师让两个7岁的孩子算一道简单的数学题：3＋4＝? 两个孩子均能写出正确的答案“7”。父母均给两个孩子打上一个“√”，并表扬她们做得很好。

接下来，老师让这两个孩子讲讲3＋4＝7是怎么计算出来的。

孩子甲说：“因为7可以分成3和4，所以3＋4等于7。”

孩子乙说：“3块糖和4块糖，一共7块糖。”

衡量一个女孩心理的发展，父母不能仅仅满足于解题的结果，更应关注女孩解题的过程和策略。因此，父母可以就孩子给出的答案问一些问题：

你是用什么方法来解答的?

还有别的方法吗？

这几种方法，对这个问题来讲，哪一种方法更好一些？

……

专家课堂

怎样让女孩善于提问，敢于反问呢？王金战老师给出了几个方法：

1.为女孩创设宽松的学习环境，激励孩子大胆提问。

2.展现问题情境，引导女儿发现问题。

3.在学习过程中，鼓励孩子提问。可采用三种提问方式，即利用好胜心，鼓励考查性提问；利用求知欲，鼓励质疑性提问；激发灵感，鼓励独创性提问。

4.培养勤于思考的习惯，让“问号”常在头脑中出现。

第86招

提高记忆力——女孩有记忆力才有学习力

我们人类的一切活动，从简单的认识、明白到复杂的学习、劳动，都离不开记忆。记忆是一种比较复杂的心理过程，是过去经验在人脑中的反映，它包括识记、保持和再现几个环节。记忆是知识的宝库，有了记忆，智力才能不断发展，知识才能不断积累。在智力发展最重要的幼儿时期，记忆具有重大的意义，幼儿记忆的发展对其今后学习文化科学知识有直接的作用。

有关专家经过长期观察研究发现，女孩在记忆上常显示出如下特点：

1. 记得快、忘得快。女孩记忆的范围和记忆保持的时间，是随着年龄的增长而扩大和延长的。比如，女孩很快学会一首儿歌或一个故事，但如果不复习很快就忘了。

2. 记忆缺乏目的性。她们往往只能记住形象鲜明的对象和感兴趣的事物。比如，妈妈委托女儿做某件事，她会用重复妈妈说的话的简单方法，来记住这件事。

3. 记忆方法缺乏灵活性。由于受知识和经验的限制，女孩不会对事物的内容进行分析，只会对事物的表面进行机械识记。比如，妈妈和女儿同时遇到一个初次见面的人，妈妈记住的是这个人的相貌特征，女儿记住的可能是这个人的衣着颜色等。

4. 记忆缺乏精确性。女孩记忆的精确性也是随着年龄的增长而提高的。比如，女孩听了一个故事，她只记住感兴趣的某个细节，却记不住整个故事的情节，或者把其他故事的情节也混了进来。

那么，针对这些特点，妈妈该怎样提高女孩的记忆力呢?

创造安静的环境，女孩才不会分心

记忆时只有聚精会神、专心致志，排除杂念和外界干扰，大脑皮层才会留下深刻的记忆痕迹而不易遗忘；如果精神涣散，一心二用，就会大大降低记忆效率。

有些女孩喜欢一边看电视，一边学习。这是很不好的习惯，在这种情况下学习的知识很快就会忘记。这是因为大脑工作时只允许一个中枢处于兴奋状态，如果同时有几个兴奋点，必定会心不在焉或三心二意，结果会大大降低记忆效果。

所以，妈妈要让女儿改掉不良的学习习惯。同时，妈妈还要为女儿创造一个安静、舒适的环境。在这种环境下女孩学习会更专心，不容易被其他事情干扰或打断。

引导女孩多回忆，内容越精细越好

我们平时接触了很多人，耳闻目睹了很多事物，但因为很少去回忆，所以很多的东西又模糊或淡忘了。常回忆，并尽可能精细地回忆，是锻炼记忆力的好方法。

一位妈妈在她的育女博文中写道：

我平时很注意锻炼女儿的记忆力。比如，我带女儿见了一位阿姨，回来就让女儿回忆一下她衣服的款式、颜色，发型和头发的颜色，手袋的款式、面料等。当我带女儿看完一部电影后，我就让她回忆一下里面有什么人物，发生了什么事，结局怎样，仔细回忆每一个镜头，越精细越好。通过这种有意识的锻炼，我欣喜地发现女儿的记忆力有了很大的提高。

俄国文学家托尔斯泰说过："我每天做两种操，一是早操，一是记忆力操，每天早上背书和外语单词，以检查和培养自己的记忆力。"托尔斯泰的"记忆力操"实际上就是反复"回忆—复习"。因此，妈妈只要有计划地引导女儿多回忆，她的记忆力一定会不断增强。

保证女孩的营养，提高其大脑的工作效率

很多女孩记忆力不好，在某种程度上和自身的饮食有关。虽然现在孩子的生活条件好了，但并不一定代表吃进肚子的东西就有利于自身的健康。那么，吃什么东西能够有益大脑，并且增强孩子的记忆力呢？这也是许多妈妈关心的问题。营养学专家说，一些健脑食品，其实是我们平时常见的一些食物，如蛋黄、大豆、瘦肉、牛奶、鱼、动物内脏、胡萝卜和谷类等。这些食物不仅含有丰富的营养，而且容易消化，对增强孩子的记忆力有积极的作用。

下面，就为大家列举几种食物。

1. 牛奶。富含蛋白质、钙及大脑必需的B族维生素、氨基酸。当你的女儿用脑过度或失眠时，一杯热牛奶有助于消除大脑疲劳。

2. 鸡蛋。孩子从小适当吃鸡蛋，特别是蛋黄，蛋黄中含有卵磷脂等脑细胞所必需的营养物质，可增强大脑活力。

3. 鱼类。可以向大脑提供优质蛋白质和钙，大大激发大脑能量，提高情绪和大脑功能。淡水鱼所含的脂肪酸多为不饱和脂肪酸，能在一定程度上提高孩子的脑力。

4. 花生。花生等坚果富含卵磷脂，常食能延缓脑功能衰退，增强记忆。

5. 小米。临床观察发现，吃小米有益于脑的保健。

6. 玉米。玉米胚中富含谷氨酸，这种物质能促进脑细胞代谢，具有健脑的作用。

总之，记忆力可以通过训练得到提高。只要妈妈帮助女儿对记忆产生兴趣，并且在女儿产生兴趣后给她指点一些记忆的方法和窍门，长期坚持下去，女儿的记忆力一定能有所提升。

专家课堂

德国教育家卡尔·威特认为，开发孩子的记忆力切忌机械地训练，而应该采取一些灵活有趣的办法，而且早期教育会使孩子记忆力发展的时间大大提前。他的经验是这样的：

1.在孩子婴儿时期，每天重复输入相同的词汇，不断地刺激孩子大脑里的词汇库，这样可以促使孩子的记忆力得到迅速发展。

2.为了让儿子记住神话和《圣经》中的故事，他把有关内容编写在纸牌上，最初用故事的方法教儿子记住这些知识，而后用游戏的方式教。

3.为了让儿子记住历史事件，他会在儿子读过之后，用戏剧形式将该事件演出来，这样儿子很容易就记住复杂的历史事件了。

第87招

培养预习能力——引导女孩自主学习

有句古话说得好：“凡事预则立，不预则废。”这句话强调不管做什么事，要事先有充分的准备。女孩学习课程知识时，课前的预习，既是心理准备，也是具体内容的准备。甚至可以说，女孩是否预习直接关系到学习效果的优劣。

有的孩子，预习功课走马观花，流于形式，不进行思考，这样根本达不到应有的效果；有的孩子，则完全省去了预习这个环节。

一位妈妈说出了她的困惑。

我知道预习对女儿的重要性，但是作为妈妈，该怎么引导女儿呢？特别是对于女儿自己觉得已经“懂”了的知识，事先还需要预习吗？会不会反而影响到了女儿上课时的兴趣？但是我又觉得，趁现在知识比较浅显易懂，培养好孩子预习的习惯，以后学习起来应该能相对轻松些。

其实，有这种困惑的妈妈并不少，那么，上课前要不要帮助女儿预习，又该如何预习才有良好效果呢？

首先，妈妈应该给孩子讲清楚，课前预习是必要的，这是培养、提高学习能力的重要环节，也是提高学习质量的重要环节。

其次，妈妈还要向女儿讲清课前预习的基本要求：认真阅读教材，了解教材内容，思考内容重点，发现学习难点，做好听讲的准备。在女儿认真阅读材料的过程中，还要让她找出不认识的字或不懂的词语，并通过查工具书的方式争取自己学会。

具体来说，对于数学、物理、化学等理科课程中的定义、定理和例题，要让女儿重点思考，看是否明白；对于语文、历史、地理、外语等文科课程中的基本概念、基本观点、基本知识要看能否读懂。遇到不明白的内容，就要让女儿用铅笔画出来，准备课堂上听老师讲解。对于重点课程，妈妈可以指导女儿准备一个预习本，记下重点和难点。

那么，还有哪些预习指导方法呢？

通过识字、写字、朗读，来开展预习

一位妈妈在总结自己的教育经验时说：

以前，我要求女儿预习时主要是读课文，我觉得“读书百遍，其义自见”，把课文读三遍，就算是预习，后来我发现这样的做法不妥。这样做既

没有指导性，又缺乏层次，重复机械地读，只能让女儿丧失对课文内容的兴趣。

后来，我做了新的尝试：让女儿通过识字、写字、朗读来开展预习。

具体步骤是：

1. 读生字表里的生字，看拼音读准字音，借助读音和结构分析字形，读读句子、想想字义。

2. 把生字再放到课文里面去读，读通句子，读顺课文；字不离词，词不离句，句不离文，让女儿在语境中理解、朗读文章。

3. 把不理解的地方做个标记，联系课文插图，多读几遍。

4. 把课文读流利、读通顺，用适当的语速去读。

寓教于乐，提高女儿预习知识的兴趣

一位妈妈在她的育女博客中写道：

每天我会帮助女儿预习第二天的课程。起初，我为她耐心地讲解，但后来我发现女儿常常分神。于是，我准备改变自己的方法，提高女儿预习知识的兴趣。

比如我在帮助女儿预习数学时，会经常使用一些可爱的小动物卡片，来教她认数、计算。在帮助她预习英语时，我会利用电脑播放一些简单的英文对话。通过这些寓教于乐的方式，让女儿自己动脑思考，这样她的兴趣上来了，学习效率也提高了不少。

这位妈妈的做法是智慧的。寓教于乐，不仅调动了女儿学习的积极性，而且可以培养女儿的自学能力，妈妈不妨一试。

培养女孩具备自学的能力

所谓自学，就是让女孩根据一定的学习内容，有目的地带着问题独立思考，进行自主的学习，以利于新、旧知识的融合。要想培养女孩的自学能力，妈妈必须教女孩掌握自学方法，并让她逐渐养成自学的习惯。

在培养女孩自学能力的过程中，女孩会逐渐认识到提出问题、分析问题的重要性，学到一些解决问题的方法，为她今后的学习打下一定的基础。

专家课堂

王金战老师认为只有预习功课了才能在听课时有的放矢，他的教育方法可归纳为：

1.每门功课都用5分钟的时间把第二天老师要讲的课程快速地看一遍。

2.弄清楚老师第二天讲课的内容哪些是自己熟悉的，哪些是陌生的。

3.把不懂的问题记下来，上课时多注意听老师讲解。

第88招

培养复习能力——巩固女孩的记忆力

复习是整个学习过程中一个非常重要的环节，它能够检测出已被遗忘的东西，巩固所学知识，加深对知识的理解、运用。

有关专家指出，孩子对于刚学过的东西，总是一开始忘得快，过一段时间就逐渐减慢。所以学习时，必须注意这个规律，及时复习。

每天，7岁的女儿丽丽在学校都会学到一些新东西。于是，妈妈就要求丽丽回来先复习当天所学的内容，复习之后再做作业。妈妈还告诉女儿，每天晚上睡觉前想一想："我今天都学了什么！"然后在头脑里把这些东西过一遍。此外，妈妈还常用问话的方式帮助女儿复习，比如："今天的语文课都学了什么？"女儿回答后，妈妈再进一步询问。女儿说学了三个生字，妈妈就问："这三个字是怎么写的，写给妈妈看好吗？"如果女儿说不会写，妈妈就鼓励她再去看看书，然后写出来。

这位妈妈是智慧的，她明白复习的重要性。确实如此，如果孩子学习知识后不及时复习，时间一长就很容易忘记，许多内容最后集中到很短的时间内复习，效果自然不好。

那么，妈妈如何指导不同年龄段的女孩进行复习呢？

要查漏补缺，保持知识的完整性

一位妈妈这样谈到自己的教育经历。

每个学期我都会帮女儿准备一个错题本，让女儿把本学期每次作业、测验中的错题找出来，把错题都记录到错题本上，然后共同分析出错的原因，每次考试前先复习这些曾经出错和容易出错的内容，再把正确的答案写出来，提醒女儿别再犯同样的错误。

错题本不仅是让孩子克服不良学习习惯的好办法，同时也是一种复习的方法。通过修改错误、找出正确答案这个过程，孩子头脑中的知识会得以巩固。

此外，妈妈还可以在晚上临睡前，让女儿把课堂上学过的知识讲述一遍，这也是帮助女儿巩固知识、查漏补缺的好方法。

紧扣课本，巩固基础

复习并不是把课本抛在脑后，一味地让孩子做题，而是应以课本为主，抓住基础知识。比如，语文课复习中要抓住课本中最基础的字、词、句、段、篇，按课本的基本要求，准确、熟练地读写生字、词，理解、背诵课文和句子，默写相关重点内容；数学上要抓住课本中的例题，准确、熟练地掌握所学的定义、法则、性质、公式；英语则要熟练掌握、运用单词、语法、句型等。

一位妈妈谈到自己辅导女儿复习的一些看法。

我的女儿语文成绩很不好，我想这是因为女儿不重视复习所致。于是，我准备重点培养女儿的复习能力，比如鼓励女儿自制生字卡片，在正面写生字，背面加上拼音，并组两个常用词语；每天晚上睡觉前，我让女儿拿这些字卡读一读；每一课学完，我还及时对女儿所学的生字进行听写，使女儿不但能认识，并能熟练地写出生字并组词，周末再把一周的生字词总的复习一次，这样就比较巩固了。

去吧！
妈妈，作业写完了，我出去玩儿了。
写完作业再复习一下今天学的内容，这样掌握得就更牢固了，你玩儿起来也踏实。
妈妈，作业写完了，我出去玩儿了。

平时，我还鼓励女儿注意观察生活，多读优美的文章，做一些摘抄，经常写写日记……我的努力没有白费，女儿的语文成绩提高很快，这学期期末考试她的语文成绩是全班第一。

复习方式一定要灵活

复习，不能只给女儿布置几本书或几道题就放手不管，而是要尽可能根据女儿的实际情况随时做出调整。如果发现女儿已掌握了某一部分的内容，妈妈就可以让她跳过这一段，复习下面的内容。如果孩子在做一个知识点上的题目时，总是出错，妈妈就要指导孩子巩固这个知识点的内容。

另外，根据复习时间的长短，妈妈也要指导女儿采用不同的复习策略。如果时间很宽裕，可以让孩子从头至尾将书过一遍；如果时间紧迫，就要重点复习自己的薄弱环节，有时只研读平日整理的错题库也能达到理想的效果。

当然，无论什么样的方法，都需要妈妈坚持下去，这样才能帮助女儿养成良好的复习习惯，才能为女儿取得好成绩奠定基础。

专家课堂

复习是学生学习的重要环节，也是提高孩子学习成绩有效的学习方法。王金战老师认为，父母需要科学而有效地引导孩子学会复习，具体做法归纳如下：

1.相信孩子有能力处理好学习的事情。

2.加强孩子的自我管理训练，帮助孩子学习合理分配时间和精力。

第89招

把理科变有趣——如何让女孩爱上理科

在小学阶段，女孩的学习成绩一般比男孩强，但是到了初中、高中阶段，不少女孩的学习成绩一下子被男孩赶了上来。尤其对数理化这些科目而言，有些女孩怎么学都学不好。在高中分科的时候，很多女孩为了避开物理、化学最终选择了文科班。

很多女孩都奇怪，为什么那些男孩似乎轻松地就能把理科学好，而自己下了很大功夫仍赶不上他们呢？这和男孩、女孩的性别差异有关。女孩的机械记忆和形象记忆能力较强，能够轻易把握那些繁杂的、缺少变化的知识点。但是女孩的逻辑思维能力一般不如男孩，对于那些逻辑性较强的科目（如数学、物理等），学起来可能会感到非常吃力。所以，当高中分文理科的时候，很多女孩选择了文科班。但即使报了文科班，数学这个科目也是绕不开的，很多女孩因为数学不好，而影响了高考的成绩，最后和自己心仪的大学失之交臂。

一般来说，女孩的逻辑思维能力不如男孩，但是并不能说明女孩就学不好理科。一方面，一个人的逻辑思维能力并不是一成不变的，和后天的培养有很大关系，妈妈完全可以锻炼和培养女儿的逻辑思维能力。另一方面，理科学习也是有规律性可循的，只要女孩能够找到理科的学习规律和学习方法，是完全可以提高自己的理科成绩的。教育专家王金战老师的女儿在初中时数学学得并不好，后来经过王老师的悉心指导，高考时考出了147分（满分150分）的好成绩。从这件事可以看出，女孩是完全可以学好理科的。

在孩子学习时，很多妈妈会当着女儿的面抱怨说："理科是女孩的弱项，我已经不指望你能学好理科了，以后还是报文科吧。"这样做是不对的，它会给女儿传达一个错误的暗示——女孩天生就学不好理科，无论怎样努力都是白费。这样，女孩容易失去学习的信心，甚至使理科真的成为自己的弱项。

妈妈一定要多鼓励女儿，并且积极培养她的逻辑思维能力。这样，才能建立起女孩学习理科的信心，并且真正地把理科学好。那么，妈妈应该用什么方法，才能提高女儿的理科成绩呢？

培养女孩的逻辑思维能力

美琳 4 岁了，和同龄的孩子相比，她的运算能力非常差。别的孩子已经能够很好地完成 10 以内的加减法，但是美琳却做不到。后来妈妈想到一个培养女儿运算能力的好方法——和女儿做“大卖场”的游戏。她让女儿把家里的玩具、书包、水杯等物品都标上价格，由女儿做大卖场的老板，爸爸妈妈来做顾客。在游戏中，爸爸妈妈变着花样地“买”东西，让女儿不断地去运算。通过这样的游戏，美琳的运算能力提高了，而且对数学越来越感兴趣了。

生活中，培养女孩思维能力的方法有很多种，除了“大卖场”的游戏外，妈妈还可以让女孩多玩儿一些三维立体积木、魔方等，爸爸还可以带女儿做一些如拆装玩具、用小天平称重等游戏。这样做能够培养女孩的逻辑思维能力。

让女孩找到学好理科的方法

任何学科的学习都是有方法可言的，如果找对了方法，就会事半功倍；如果没找对方法，则会事倍功半。对于女孩来讲，学好理科，也是需要一定的方法的。妈妈要想提高女孩的理科成绩，可以从以下几个方面入手。

1. 培养女孩学习理科的兴趣

兴趣是最好的老师，如果孩子对一门学科没有兴趣，就很难将这门学科学好。生活中，妈妈可以用游戏导入的方法，还可以充分利用孩子的好奇心，把抽象理论与生活现象相联系。例如，妈妈在煮饺子的时候，可以问问女儿：“为什么生饺子会沉到锅底，而熟饺子会漂起来？”然后再告诉女儿浮力的原理。再比如问一下女儿：“为什么油锅着火了，用水不容易浇灭，而盖上锅盖火一下子就灭了？”通过这样的方法，女儿会发现数学、物理、化学知识在生活中无处不在，从而对这些科目产生学习的兴趣。

2. 培养女孩学习理科的信心

由于女孩的逻辑思维能力相对弱一些，这让她们在学习理科时感到有些吃力。还有些女孩花费了很大力气仍然没有进步，感觉非常失望，对学好理科也失去了信心。在这样的情况下，妈妈不要埋怨她们成绩不好，而要多给她们鼓励和支持，让她们重新建立起学好理科的信心。

3. 帮助女孩建立起科学的知识体系

数理化都是很灵活的学科，但是很多女孩仍采用死记硬背的方法来学习，这样的学习效果肯定不会好。如果你的女儿也出现这种情况，妈妈应该帮助她在理解知识点的基础上，把知识点进行分类，并且建立好相关的知识体系。用这样的方法，女孩就可以把相关知识融会贯通，从而把理科学好。

4. 重视做题训练

如果女孩数理化成绩不太好，可以让她适量做些习题，这对提高她的成绩非常有帮助。教育专家王金战老师有一个叫刘朔的学生，在毕业时同时被北京大学、香港大学和香港科技大学录取，他在介绍自己的学习方法时说过："数理化是做题做出来的，英语是背课文背出来的，语文是多写写出来的。"确实是这样，熟能生巧，让女孩多做习题，可以让她加深对知识的理解，还可以让她找到学习规律和学习方法。所以，在学习理科时，妈妈应该鼓励女儿适量做些习题。

专家课堂

小卡尔5岁的时候在其他学科上都表现得很出色，唯独数学很弱，连乘法口诀都不会。为了让他爱上数学，他的父亲德国教育家卡尔·威特采纳了一位数学教授的教学技巧，竟然神奇地让儿子喜爱上了数学，这些技巧包括：

1.让儿子对数学产生兴趣，例如，把豆子或纽扣等装入纸盒里，父子两人各抓一把，数数看谁的多；还可以在孩子剥豌豆时让他数数每个豆荚中豆子的数量，等等。

2.经常和儿子玩"掷骰子"之类的游戏，投掷两次后，谁的点数相加后分数小，谁就有机会再掷一次，然后把分数记在纸上，玩三次之后计算总分决定胜负。但每次玩游戏不要超过15分钟，否则孩子容易感到疲劳。

3.为了使儿子将数学知识运用于实际，卡尔·威特经常和儿子玩“做买卖”的游戏，并且用真正的货币和儿子进行交易。

第十二章 为青春期正确导航，别让女孩迷失在花季

女孩早恋怎么办？

女孩交上坏朋友怎么办？

女孩叛逆、盲目减肥和追星怎么办？

……

青春期的女孩好像总是会突然出现各种各样的问题，把妈妈弄得焦头烂额。因此，如何陪伴女孩一同顺利地走过青春期，是妈妈最迫切需要解决的问题。

第90招

赶走青春期压力——关注女孩的心理健康

小雯是一个爱说爱笑、每天都快快乐乐的小姑娘。但是自从进入青春期后，小雯突然间变得沉默寡言起来，每天晚上吃完饭就钻到自己的房间，连自己最喜欢的电视节目都不看了。有一次，妈妈给小雯收拾房间时，看到一张揉成一团的纸，展开一看，上面写着“我很孤独”“为什么没人能够理解我”等内容。妈妈摇了摇头说：“这孩子真奇怪，这么多人都围着你一个人转，你还孤独什么？”

和小雯一样，很多女孩进入青春期后都会感到孤独、烦闷。她们最常说的两句话就是“真没劲”“真没意思”。有些女孩甚至不愿和爸爸妈妈说话了，每天都一个人躲在自己的房间里。为什么活泼、快乐的女孩在进入青春期后会变得沉默寡言、孤独烦闷呢？

这和女孩的心理发展历程有关。一方面，到了青春期后，她们的秘密多了，例如对自己的身体发育产生困惑、对异性有了蒙眬的好感等。她们强烈希望和别人交流，但是又不信任周围的人，这种矛盾的心态使她们感到痛苦和烦恼。另一方面，她们又感觉自己已经长大了，不应该再依赖别人，所以有了秘密也不再向别人诉说，而是憋在心里，所以她们常常会感到孤独，没人理解自己。

对于女孩这种孤独、烦闷的情绪，妈妈应该多加关注。儿童心理学家研究显示，如果妈妈在孩子青春期时不注意和他们沟通，缓解他们青春期的烦恼和压力，孩子很容易变得孤僻、抑郁，对于女孩尤其如此。所以，妈妈应该成为女儿的知心朋友，维护她的心理健康。

青春期女孩的压力来自方方面面，妈妈一定要重视起来。妈妈要细心体察女儿的情绪变化，可以和女儿聊聊天，多安慰她几句，这样可以缓解她的压力。

对女儿多加关注，及时发现女儿的不良情绪

妈妈发现睿婕这两天特别奇怪，每次吃饭时都不言不语，看上去心事重重的样子。而且她有时候走路也是含胸驼背，完全没有了以前的精神面貌。因为发现女儿的行为非常奇怪，妈妈开始多留心观察女儿。有一次，妈妈进睿婕的房间拿东西，看到睿婕正在照镜子，眼光落在自己的胸部上。妈妈当时就明白女儿为什么烦恼了。原来是女儿的胸部开始发育了，但她却很难接受这样的变化，认为胸部鼓鼓的不好看，而且让人难为情。当时妈妈没有说什么，过了两天，妈妈把新买来的文胸拿给女儿，对女儿说："我女儿已经开始发育了，该使用文胸了。"然后告诉女儿胸部发育是女孩青春期的特征，会让女孩变得更漂亮、更美丽。听了妈妈的解释，睿婕再也不为自己鼓鼓的胸部烦恼了，人也重新变得开朗起来。

青春期女孩的烦恼是非常多的：身体发育带来的困惑、对异性产生的蒙眬的情愫、繁重学业的压力……这些烦恼时刻困扰着她们，让她们既矛盾又痛苦。作为妈妈，应该对女儿多加关注，及时发现她的烦恼，并帮助她摆脱这些烦恼。这样，女儿才会快快乐乐地生活，身心健康地成长。

做女儿的朋友，多和女儿聊聊天

一位妈妈曾经这样谈到自己的育女经验：

我女儿一直是个快乐的孩子，但是自从进入青春期后，她忽然变得有些郁闷，每天躲在房间里看书、写作业，很少和我们进行交流。我觉得这样对孩子的心理健康非常不好，就尽量多找机会和女儿聊天。在开始的时候，女儿并不愿意和我聊天，有时候还表现出非常不耐烦的样子。但是，我并不会因此而生气，而是尽量找些女儿喜欢的话题，如周杰伦的歌曲、韩寒和郭敬明的小说等。慢慢地，女儿把我当作朋友，话也多了起来，有一些比较敏感的话题，例如她对班里某个男生产生好感等，也愿意和我说了。我感觉这是一个好机会，在谈话时把自己的想法传达给她，引导她形成正确的价值观。

我觉得和青春期女孩相处也并不是一件难事，只要你不摆妈妈的架子，平等地对待她，她一定会把你当作无话不谈的朋友的。

青春期女孩有一种自己已经长大了的感觉，所以对妈妈、老师的关心往往有或多或少的排斥，有时候抵触情绪甚至还会表现得非常激烈。其实，她们内心是十分渴望得到妈妈的关心的，所以，妈妈应该和女儿成为朋友，在她需要帮助的时候帮助她。这样，女儿能够真真切切地感到妈妈的爱，从此就不会感到孤单寂寞，没人理解自己了。

妈妈要起到积极的作用

因为妈妈和女儿同为女性，有些敏感话题也更方便谈论。所以，妈妈在女儿的青春期应该起到积极作用，充当女儿的健康和心理顾问。不过，有些妈妈在某些方面是需要引起注意的。有些妈妈对女儿要求非常高，总是数落女儿，这样做很不妥当，因为数落和责备会引起女儿的反感，起不到积极的教育作用。有些妈妈结婚非常晚，在女儿进入青春期后，自己正好进入更年期。妈妈本身心情就不好，再加上女儿的叛逆，两个人吵得不可开交。如果遇到这种情况，妈妈需要先调节一下自己的心情，然后再去和女儿交流。

专家课堂

美国心理学博士戈尔曼曾明确地说：“真正决定一个人成功与否的关键是情商而非智商。”教育专家孙云晓也认为，情绪对一个女孩来说起着至关重要的作用，所以他提供了一些帮助女孩管理情绪的方法：

1.呼吸调节法。当你的孩子不开心时，让她闭上眼睛，深呼吸，然后把气慢慢吐出来；再深呼吸……如此持续几个循环。

2.语言暗示法。当你发觉女孩有不良情绪时，要试着告诉她通过一些积极的语言暗示来调节自己的情绪。

3.目标转移法。有时女孩会陷入一种消极情绪中而无法自拔，此时，父母最好鼓励她改变一下自己注意的目标，去做自己喜欢的事情。

第91招

尊重女儿的隐私——保护她“不想说的秘密”

当女孩进入青春期后，她们开始有了自己的小秘密，在妈妈面前也不像以前那么透明了。有的女孩把自己的日记上了锁，以应对妈妈的检查。正因为女儿的这些变化，妈妈对女儿更加关注了——女儿为什么把日记上了锁？她不会是有什么小秘密吧？难道她在背着我们谈恋爱……正是在这种心理的驱动下，很多妈妈都不放过女儿的日记本，也因此常常和女儿爆发冲突。

13岁的莉姿有写日记的习惯。每次写完日记，她都把日记本放到自己的抽屉里，然后再把抽屉锁起来。这天她打开抽屉去拿日记本，发现日记本明显被人动过，她当时就明白发生了什么。

莉姿非常气愤地对妈妈说：“你为什么偷看我的日记？你知道这是侵犯我的人权吗？”

妈妈说：“妈妈确实看了你的日记，不过我这样做也是关心你啊。”

莉姿说：“偷看别人日记是违法行为，你应该向我道歉，并且保证以后再也不偷看我的日记了。”

妈妈看见女儿一副不依不饶的样子，也生气了：“你是我女儿，我有权看你的日记，也有权教育好你！”

莉姿见妈妈不肯给自己道歉，便和妈妈吵了起来，最后她没有吵过妈妈，伤心地哭了起来。第二天，她一下子买了三把锁，同时锁在了抽屉上。

从上面这个事例可以看出，妈妈这种偷看日记的行为不仅不能让女儿体会到妈妈的一番苦心，还会让女儿产生反感，认为妈妈侵犯了自己的隐私，伤害了自己的自尊心。更为严重的是，妈妈这样做会让女儿产生戒备心理，使亲子关系更加紧张、更加恶化。

女孩进入青春期后，她们的身心发展日趋成熟，有一些小秘密是很正常的，这也在某种程度上体现了她们的独立意识和自尊意识。所以，妈妈要充分信任和尊重她们。这样，妈妈才能获得女儿的充分信任，并能够走进女儿的内心世界，从而达到很好的交流和沟通。

不要窥探女儿的隐私

每个成人都希望保有一定的个人空间，也希望保有一定的小秘密，即使对最亲近的人也是如此。同样的道理，妈妈虽然是女儿最亲近的人，但是女儿长大了，也自然希望保留自己的小秘密。孔子说过："己所不欲，勿施于人。"既然成人希望保留一定的自由空间，那么就不应该去窥探孩子的隐私。如果妈妈窥探过女儿的隐私，并被女儿发现了，就应该向女儿道歉，并向女儿保证以后再也不会出现类似的情况了。这样，女儿才不会对妈妈产生信任危机，也不会在心中上"锁"。

信任自己的女儿

首先，女儿将抽屉、日记本上锁，并不一定代表她有了什么小秘密，也不一定代表她在和同学谈恋爱，这只是表明她有了独立意识和自尊意识。即使真的怀疑女儿在谈恋爱，妈妈可以用委婉的方式去问她，这样也比窥探女儿的隐私更能让她接受。其次，妈妈只有信任自己的女儿，才会获得女儿的充分信任，因为人与人之间的信任是相互的。

一位妈妈曾经这样谈到自己的育女经验：

在女儿13岁生日时，我送了女儿一件礼物——一个带锁的笔记本。当时女儿非常高兴，但有点儿不好意思地说："老妈真了解我。"

我对女儿说："妈妈送给你一个带锁的笔记本，是因为你长大了，也需要有自己的小秘密了，妈妈理解并支持你想拥有秘密的愿望。"

女儿说："很多妈妈都会偷看女儿的日记，你就不想知道我心中的秘密吗？"

我说："别的妈妈偷看女儿的日记是因为她们不信任自己的女儿，而我非常相信自己的女儿。妈妈相信你能把自己管好。"

为什么偷看我的日记，你应该向我道歉。
我是你妈妈，看你日记也是关心你。
对不起，妈妈只是想知道你最近心情不好是因为什么。妈妈保证以后不会了。
为什么偷看我的日记，你应该向我道歉。

女儿听了我的话非常高兴，甚至还喊了两声“老妈万岁”。我顿了顿，接着对女儿说：“不过妈妈给你一个带锁的笔记本并不是想让你把心锁起来，妈妈希望你能经常和我聊聊天、谈谈心，有什么需要帮助的和妈妈说一声。妈妈相信你，你也要相信妈妈。”

女儿点了点头，非常愉快地答应了我的要求。从那以后，我和女儿都对对方保持着充分的信任，相互间不仅没有隔阂，而且更加亲密了。

用尊重让女儿打开心扉

尊重女儿的隐私，是密切亲子关系、获得女儿信任的基础。妈妈应该记住这样一个道理：妈妈越是尊重女儿的隐私，女儿和妈妈的距离也就越近。如果妈妈固执地认为“我是你的妈妈，我有权查看你的日记”，那只会让女儿产生戒备心理，和妈妈的关系越来越远。所以，妈妈首先应该在生活中尊重自己的女儿。例如，进女儿房间时，应该先敲门，等到女儿许可后再进去；帮女儿收拾房间时，也要和女儿说一声；如果想看女儿的日记或者书信，更需要得到女儿的许可。当妈妈对女儿表现出足够的尊重时，女儿才会对妈妈产生信任感，从而使亲子关系变得也越来越亲密。

专家课堂

如果父母无意中发现了女儿的一些问题，王金战老师建议父母应该这样做：

1.不要有过度的反应。

2.适可而止。

3.善于反思自己的行为。

4.巧妙引出话题，正确引导孩子。

第92招

青春期难免叛逆——妈妈要多点儿爱心和耐心

当女孩进入青春期后，很多妈妈都会发现女儿就像变了一个人一样。原来那个文静、可爱、乖巧、活泼的女儿不见了，现在的女儿喜怒无常、情绪多变，动不动就和妈妈吵闹起来。对于女儿这种突然间的改变，大多数妈妈都很难接受，有些妈妈为了找回原来那个乖巧听话的女儿，不断给女儿施压，结果不仅没有达到目的，反而把自己和女儿的关系闹得更僵。

对于少男少女来说，青春期是一个特殊的时期，出现叛逆、不听话是正常的事。心理学家研究发现，当孩子进入青春期后，由于身心发展日趋成熟，迫切希望谋求自己的独立性。他们往往通过一些反抗父母、老师的行为来证明自己已经长大了。所以，青春期是孩子走向成熟的一个过渡阶段，父母应该把孩子青春期的叛逆当作一件正常的事，并对孩子加以正确的引导，让他们真正地成熟起来。

一位妈妈曾经这样谈起自己青春期的女儿。

在女儿小的时候，我是她最亲近的人，她每天都跟在我的后边，就像小尾巴一样。但是自从女儿13岁后，她突然变得非常奇怪，不仅不爱和我待在一起了，还常常和我发生矛盾。尤其让我不能容忍的是，现在女儿脾气非常暴躁，动不动就摔门而去。前些天，她不知道和谁学会了说脏话，还常常把脏话挂在嘴上。对于女儿的这些不良行为，我苦口婆心地给她讲了很多道理，但是她根本听不进去，有时候还不耐烦地对我说：“别说了，妈妈你太烦了！”后来我也火了，每次发现女儿的不良行为时，都狠狠地骂她一顿，有两次还打了她。但是我的打骂并没有把女儿教育好，我甚至发现她常常故意气我，只要看到我生气，她就非常高兴。现在我和女儿的关系非常僵，我常常困惑地想：用什么样的方法才能和女儿很好地沟通呢？

像上面这位妈妈一样，很多妈妈都在寻找和青春期女孩沟通、交流的方法。心理学家研究发现，青春期是孩子容易学坏的时期，如果妈妈不注意教育、引导，孩子很可能走上错误的道路。所以，妈妈一定要学会和青春期女孩交流的方法，让她们顺利地度过这段危险期，并最终走向成熟。那么，妈妈应该怎样和青春期女孩沟通、相处呢？

理解、尊重女儿，减少指责、批评和唠叨

很多妈妈看不惯青春期女孩的叛逆，不是没完没了地唠叨，就是指责、打骂，这样反而容易激起她们更强烈的反抗。

下面是一位妈妈写的育女经验，我们来看看她是怎样做的。

在女儿11岁时，我觉得她即将进入青春期，就找来一些有关女孩青春期的书来读，并把这些书介绍给女儿，让她了解一下自己的生理以及心理变化。当女儿进入青春期后，她确实改变了很多，不仅情绪多变，脾气也变得暴躁起来。我知道女儿的这些改变都是正常的，就坚持这样一个原则：理解、尊重女儿，尽量减少批评和指责，更不要和女儿对着干。当然，我们也有争吵的时候，每当争吵太激烈时，我会主动让步，女儿也会慢慢调整自己的情绪，让自己平静下来。

其实，青春期的孩子也懂得什么是对什么是错，只是有时会情绪失控，如果妈妈能理解和宽容自己的女儿，女儿也会自觉地约束自己的行为，与妈妈尽量友好地相处。

找对交流的时机，多给女儿鼓励和赞美

很多妈妈和青春期的女儿无法沟通，其实是没有选对时机和方法。在和青春期女孩沟通时，应该做到以下几点。

首先，要了解女儿，并且找好话题切入点。聪明的妈妈会从女儿感兴趣的话题谈起，在女儿高兴时再向她提建议。另外，为了更好地交流，妈妈还可以送女儿一些小礼物，或者把自己的担忧、想法写成信放到女儿的书桌上。这样，女儿就能够感受到妈妈的爱，从而乐于接受妈妈的建议。

其次，要多听少说。在和女儿谈话时，妈妈不要急于表达自己的意见，更不要没完没了地唠叨女儿，而要做一名听众，听女儿讲话。当女儿说得正确时，妈妈要及时给予表扬；如果说得不对，妈妈也不要马上说："你这样做根本不对。"而是等女儿讲完后，用试探的口气说："那样是不是更好呢？"

最后，和女儿成为朋友，多赞美和鼓励她。和青春期女孩交流、沟通时，妈妈不要摆架子，而要平等地对待她，最好能和她成为无话不谈的朋友。

坚持原则和底线

一位妈妈曾经这样谈到自己的育女经验：

对于我那个正在经历青春期的女儿，我是非常宽容和理解的。前段时间，她把自己的头发染得五颜六色，还买了一身很怪异的衣服，我都没有批评她，只是把我的想法说了出来，算是给她的建议。但是前两天，她突然出现了说脏话的坏毛病，脏话一串串地从嘴里冒出来，让人听上去非常不舒服。我严厉地对女儿说："说脏话是很不好的行为，女孩更不能脏话连篇。"女儿有些不服气地说："我们班的女同学都这样。"我说："妈妈不管别的女孩怎样，但是妈妈绝对不允许你说脏话！"我把我的原则亮了出来。女儿看我说得非常严肃，便开始自觉地约束自己，渐渐改掉了说脏话的坏毛病。

一位教育家说过，对于青春期的孩子要宽严相济，两者结合。这里所说的"宽"是指宽容和理解他们，"严"是指亮出自己的原则和底线，绝对不允许他们越过去。在生活中，妈妈可以把自己的底线告诉女儿，例如，不可以吐脏字、不可以在外边过夜等，这样她就会知道这是妈妈的原则和底线，也就不会去轻易触碰了。

专家课堂

青春期的孩子通常会遇到3个方面的问题：第一个问题是逆反，如他们与父母的关系会突然恶化；第二个问题是双向性，他们一方面藐视权威，另一方面又盲目崇拜；第三个问题是追求神秘感。父母如何面对存在以上问题的青春期孩子呢？心理学专家李子勋给出了如下建议：

1.父母要表现出适当的“无知”，给孩子“自己当家做主”的机会。

2.父母要时常对孩子的好奇保持兴趣，给他多一些关心和尊重。

3.父母要学会在孩子面前示弱，让孩子来充当自己的“保护者”。

第93招

选择朋友很重要——引导女儿正确选择好友

孔子说：“益者三友，损者三友。友直，友谅，友多闻，益矣。友便辟，友善柔，友便佞，损矣。”可见，选择什么样的人做朋友对一个人来说有多么重要。

妈妈在对待孩子交友的问题上，应该认识到，任何一个人身上都有他人值得学习的地方，尤其是对青春期的孩子来说，朋友更是他们生活的重要参与者。如果妈妈不小心伤害了女儿最好的朋友，那么也就间接地伤害了自己的孩子。

一天，老师给班上的同学布置了一篇作文，题目自拟。13岁的西西写的是一篇《妈妈，那是我的朋友》的文章，内容大概是这样的：

妈妈总希望我结交那些品学兼优的好学生。有一天，我带朋友到家里玩儿，当妈妈发现我最好的朋友如燕是一个中等生时，她失望极了。朋友走了之后，妈妈就开始不停地唠叨我，甚至让我和如燕绝交，去选择那些优等生交朋友，还说和这些成绩平平的女孩交朋友，会影响我的学习。我心里虽然很清楚妈妈说这些是为我好，但我并不觉得如燕比那些优等生差。虽然她的成绩不是很好，但她是一个很努力的人。每天我们都会在一起互相激励，我觉得和这样的朋友在一起很快乐、很充实……

妈妈都希望女儿能够广交友、慎交友、交好友。但很多时候女儿带回家的朋友经常让妈妈难以接受。其实，女孩有选择朋友的权利。除非这些朋友言行粗鲁、行为不良，有许多不良习惯，否则妈妈最好全面看待女儿朋友的人品和综合素质。

生活中，妈妈可以依照下面这些方法去帮助青春期女孩交朋友。

多尊重、少挑剔女儿的朋友

场景一：妈妈下班回到家，发现上初二的女儿正和两个同学在家里"大吃大喝"，杯盘狼藉的场面让妈妈看了很心烦。虽然女儿和两个同学都站起来和她打招呼，但这位妈妈理都没理，径直走进自己的房间，并砰的一声狠狠地关上门。女孩和自己的两个同学吓坏了，急急忙忙地溜走了。到了晚上，女孩开始绝食，无论妈妈怎么劝，她都不吃饭，情绪一直很低落。

场景二：乔乔要上卫生间，电话响了，是妈妈接的，听到电话里好像要找自己。乔乔就想去接，但是妈妈冲她摆了摆手。电话挂断之后，乔乔问是谁打来的，妈妈满不在乎地说："是张静，她说要来找你玩儿，我说你没在家，去你小叔家玩儿了。"乔乔不解地问："我不是在家吗？为什么不让我接电话呢？"妈妈却说："张静学习成绩那么差，整天就知道玩儿，她会把你带坏的，以后不要和她玩儿了！"可女儿不满地说："我觉得张静挺好的，你一会儿说我这个朋友不好，一会儿又说那个朋友太差，可她们都有很多朋友，你凭什么觉得人家不好呢？"

有人在中学里做过一项调查，当调查人员问学生们："如果你的妈妈不喜欢你的朋友，你会怎么办？"结果，有90%以上的学生表示"会和好朋友继续交往"。可见，妈妈的阻止并不能起到什么作用。因此，面对青春期女孩的朋友，妈妈最好多一些尊重，少一些挑剔，并鼓励女儿学习朋友身上的优点。

鼓励女儿找互补型的朋友

妈妈应鼓励女儿选择那些互补型的朋友，这样朋友之间可以互相帮助、互相纠正，对女孩自身的发展非常有利。

例如，一个性格内向的女孩需要一个性格外向的同伴；一个胆小的女孩需要跟勇敢的伙伴在一起；一个受到过分保护和溺爱的女孩需要和那些性格独立、自主的孩子成为玩伴……

培养女孩广泛的兴趣，增强她的交友自信

有一位妈妈在日记中这样写道：

一直以来，我都希望女儿能够结交到很多的好朋友，但是天性比较害羞的她，直到上了初中，也没有几个谈得来的朋友。虽然我们很关爱她，但这并不能代替朋友带给她的快乐，所以为了让女儿结交到更多的朋友，我送她去少年宫学画画。

没想到，一段时间后，女儿竟带着自己新交的两个好朋友来家里做客。原来，那两个女孩也是刚学画画，三个小姑娘很投缘，所以一来二去关系就变得非常好。后来，我又鼓励女儿参加学校的运动队，因为她擅长田径运动，这个小特长又让她结交到了很多的好朋友。现在，女儿不再像以前那么孤单了，整个人都变得自信、乐观了许多。我想这就是朋友多带给她的改变。

青春期女孩最贴心的往往不是自己的妈妈，而是自己的好朋友。但她们又比较害羞、内向，交往能力有限。当出现这种情况时，妈妈不妨从培养女孩广泛的兴趣开始，在让女孩学到更多知识的同时，帮助她建立起交友的自信，进而结交到更多志同道合的朋友。

专家课堂

英国教育专家伊丽莎白·哈特利-布鲁尔认为：“唯有承认并尊重孩子需求的管教方式”，才能让孩子的生活充满条理性、计划性和可预见性，否则他们很可能不会接受，反而会与父母成为“死对头”。对此，她给父母提出的经验是：

1.管教孩子要明确，并坚持优先原则，规则要简单、明了。

2.管教孩子要坚定，同时也要友好和体贴。

3.管教孩子要公平、一致，不要让孩子产生怨恨情绪。

第94招

早恋是只青苹果——和女儿说说恋爱那些事儿

当女孩进入青春期后，妈妈最担心的事情莫过于早恋了。一位妈妈曾经非常忧心地说：

在女儿上初中之前，我和老公在她身上从来没有费过太多的心思。她是一个非常优秀的孩子，无论是在学习还是在品德方面，她几乎不用我们管教就能做得很好。但是自从女儿上初中后,我们开始对她担心起来。现在电影、电视剧的内容许多都和爱情有关，她又在那个年纪，能不受到影响吗？据女儿说，她们学校有很多孩子都在谈恋爱，不仅学习成绩直线下降，还有一个女孩怀孕了，偷偷地到医院堕了胎。真是太可怕了！我真害怕女儿也会背着我谈恋爱，现在我甚至有些神经兮兮了！

因为有了这些担心，妈妈常常向女儿灌输这样的观念：“离男孩远点儿”“别和班里的男生交往”……还有的妈妈干脆做起了侦探，把女儿监视起来，如果发现女儿有了早恋的苗头，则把女儿痛骂一通，逼她和那个男生断绝关系。这样做真的能够起到很好的预防作用吗？答案是否定的。

首先，教育专家指出，在孩子的青春期阶段，有一项发展重点就是培养孩子与异性相处的能力。当他们具备了这种能力，成年后才能很好地处理感情和婚姻的问题。如果妈妈阻止女儿和男生交往，就无法培养女儿和异性相处的能力，很可能影响到女儿以后的婚姻和幸福。

其次，用监视、打骂的方式阻止女儿和男生谈恋爱，不仅不能从根本上解决问题，还会引起女儿的反感。有时候，女儿本来和某个男生只是朋友关系，因为妈妈的责骂，反而激起她的叛逆心理，最后真的和那个男生发展成恋爱关系。

当女孩进入青春期后，身心发展日趋成熟，对异性产生好感是很正常的事。妈妈应该对女儿进行爱情教育，让她明白爱情的真正含义。只有这样，才能让她真正地远离早恋。

很多妈妈都担心女儿早恋，那么，妈妈应该用什么方法避免女儿早恋呢？

坦然对女儿谈论爱情话题

教育专家李镇西老师说过："我把爱情教育作为人格教育的一部分，因为爱情是一个人美好精神的组成部分，是美好人格的要素。而且，今天的孩子就是明天的妻子或丈夫、母亲或父亲，他们应该懂得爱，并且知道怎样去爱。"

受传统思想影响，大多数妈妈认为和孩子谈论爱情话题有些难为情，根本无法说出口。还有些妈妈认为经常和孩子谈论这样的话题，更会激起孩子对爱情的憧憬和向往。其实这样想是不对的，成年人都有这样的经验：别人越不想让你知道一件事，你就越会对这件事感兴趣。同样的道理，妈妈越不和女儿谈论爱情话题，她越会对爱情充满向往之情。所以，妈妈应该坦然地和女儿谈论爱情话题，让女儿知道爱情是一件严肃而神圣的事情，而不是一时的冲动。

尊重并信任女儿，正确看待女儿和异性朋友的交往

在女孩青春期阶段，妈妈应该培养她与异性相处的能力。所以，妈妈应该尊重并信任女儿，正确看待她和异性朋友的交往。其实，对大多数青春期女孩来说，她和异性朋友相处，首先想到的是友情而不是谈情说爱。当然，她有时分不清什么是友情什么是爱情，容易把二者混淆。所以，妈妈应该给予女儿一定的指导，让她弄清二者的差别，并且把握好和异性朋友交往的方式和尺度。另外值得一提的是，妈妈不可能每天都守在女儿身边，只有通过尊重和信任的方式让女孩对自己负责，才能避免早恋的发生。

用远大的理想激励女儿

很多孩子过早地陷入恋爱，是因为他们没有明确的奋斗目标。所以妈妈应该用远大的理想激励女儿，当女孩有了自己的理想和奋斗目标，就不会陷入早恋之中了。

一位妈妈曾经这样谈到自己的育女经验：

去年，我女儿升入了中学，也进入了青春期。开学没多长时间，我就发现有一个男生老是打电话找女儿。当时我非常担心，生怕女儿和那个男生坠入爱河。但是我没有责问女儿，而是表现出了充分的信任和尊重，接到那个男生打来的电话时，我会不动声色地对女儿说："女儿，你同学找你。"然后就走出房间，让女儿一个人接电话。在平时，我经常跟女儿交流，让她明白每一个阶段有一个重要的任务，而初中阶段最重要的任务就是学习。有一次我还对女儿说："女儿，你想听听老妈的恋爱经历吗？"女儿没想到我会和她说这些事，一下子来了兴趣。我笑着说："妈妈当时还是蛮有吸引力的，所以同时有两三个男生喜欢我，经常给我写情书。但是我知道应该把全部精力放在学习上，所以我拒绝了他们的追求。"顿了顿，我接着说："你想一想，如果妈妈当时光顾谈恋爱而放松了学习，还会有现在的成绩吗？更不会找到你爸爸这样的好丈夫，更不会有你了。"当时女儿没说话，但是很显然，我的话打动了她。过了一段时间，我再也没有接到过那个男生打来的电话。

理智面对女儿的早恋

青春期的孩子出现早恋是很正常的事情，当女儿出现早恋问题时，妈妈不要粗暴地干涉，也不要用尖刻、嘲讽的话伤害女儿，因为这样做不仅不能解决问题，还会激起女儿的逆反心理，甚至会做出离家出走等激烈的事情。妈妈可以和女儿开诚布公地谈谈心，告诉她对异性有好感是非常正常的事情，与品德好坏无关。现阶段主要的任务是学习，应该把精力放在学习上。告诉女儿，如果她真喜欢那个男孩，就应该把友谊放在心底，而不是影响他的学习成绩。青春期的孩子需要妈妈的支持和理解，如果妈妈能够更多地理解女儿，并让她感受到来自妈妈的爱，她也会理解妈妈的良苦用心。

专家课堂

关于父母如何看待孩子早恋这个问题，心理学专家李子勋认为父母应该从以下几个方面认识这件事：

1.父母要重新评价对孩子的前期印象，要对青春期的孩子重新定位。

2.父母要意识到孩子有这样的情感活动，但因孩子没经验，所以父母要仔细、谨慎地考虑孩子需不需要指导以及怎么指导。

3.父母为孩子提供的指导应是朋友式的或者是旁观者式的。

第95招

不要“谈性色变”——开诚布公与女儿谈性

孩子进入青春期后，了解一些基本的性知识很有必要。但是很多妈妈却不知道自己在青春期孩子的性教育中应该充当什么样的角色，所以妈妈也很困惑。

青春期的孩子身心发育不平衡，对很多事情还有些懵懂。妈妈既要对她进行性教育，又要让她对自己的行为负责。在青春期这个人生的特殊时期，女孩要学会保护自己，顺利地度过青春期。

要善于回答女儿提出的性问题

一位妈妈这样讲述自己的育女经验：

有一天，12 岁的女儿突然很认真地问我：“妈妈，我想问你一个问题，但是你一定要老实回答我，而且不许笑。”我见女儿这么一本正经，也郑重地点点头。这时，女儿有点不好意思地问我：“妈妈，你说接吻的时候怎么喘气呀？”

我马上大大方方地笑着说：“我们吸气的是鼻子，吃东西的是嘴巴。你用手捂住自己的嘴，看能不能喘气。”

女儿听完我的建议，试了试，然后又问我：“妈妈，我看电视剧里男女接吻的时候总是侧着头，然后找个合适的角度，他们是不是怕鼻子碍事？”

“女儿，你说得很对，观察得也很仔细。”我赞许道。

这位妈妈做得非常好，她没有对女儿的这种好奇心横加指责，而是通过循循善诱的方式解答了女儿的问题，使女儿能够正确对待性问题。

所以，当女儿向妈妈提出一些性问题的时候，妈妈既不要藏着掖着，也不要批评、指责女儿，而是应该采取合适的方式回答女儿的性问题。

告诉女儿可以做什么

现在很多妈妈总在担心青春期的女儿会做出一些出格的事情，于是不停地提醒她“这个不许做”“那个不许做”，还总是喜欢把事情的后果严重化。殊不知，妈妈生硬地切断女儿与性之间的关联，只能让女儿对性更加好奇，反而容易让女儿犯错。

因此，妈妈最好在给自己的女儿讲解各类性问题时，告诉她可以做什么，如可以和男同学一起玩儿、与男生握手等。

当然，有些原则妈妈一定要及早对女儿强调，例如，不要太早恋爱，不要轻易去尝试性关系，对感情要有责任心，不要把爱与性盲目地联系在一起，等等。

及时拉“犯错”的女儿一把

青春期少女怀孕的现象在实际生活中常常出现，她们或是因为对性的好奇，或是一时冲动，或是把爱与性盲目地联系在一起，以至于偷尝了禁果。那么面对这种现状，妈妈应该怎么做呢？是对着女儿一顿暴打，骂她“不知廉耻”，还是找到害女儿怀孕的那个家伙大闹一场？无论你选择上面哪种方式，最后受伤害的永远是你的女儿。

其实，女儿因为意外怀孕的事情，心理压力已经很大了，如果这时妈妈偏要不依不饶，很可能会把自己的女儿逼上绝路。与其如此，倒不如及时地拉女儿一把，帮助她妥善地解决问题，用自己博大的爱让“受伤”的女儿感到温暖和感动。

下面这位妈妈在这方面就做得非常好：

一天晚上，女儿走进我的房间，怯生生地丢给我一个“重磅炸弹”：“妈妈，我怀孕了！”当时我就被炸蒙了，丈夫正好出差不在家，我该找谁去商量这件事呢？幸好，我很快冷静了下来，女儿才刚刚16岁，现在最明智的做法就是把孩子打掉。

在这个过程中，我并没有责怪女儿，而是把她当成一个生病的孩子那样悉心照顾，给她讲生理卫生和避孕常识，给她讲我年轻时的恋爱经历……很快，女儿放下了心理包袱，把事情的始末告诉了我。原来她和一个男生互生情愫，两人一时冲动就偷尝了禁果。

我告诉女儿爱慕异性并没有错，但是过早发生性关系是不明智的。但知错能改，善莫大焉，我希望她以后不要再犯这样的错误，并且把这件事情当成我们两人之间的秘密，谁也不对他人提起，就连女儿的爸爸也不知道。

后来，女儿的身体康复之后，更加勤奋地学习，严格自律，和那个男生正常交往，而且没有再和他单独相处过，更没有告诉他怀孕的事情。现在，女儿已经成功考取了国外的一所名牌大学，并且年年获得奖学金。我想，如果当初我做错了决定，选错了教育方式，那么女儿很可能不会取得现在的成绩。

专家课堂

教育专家郑委在谈到青少年“性教育”的问题时，认为父母应从以下几个方面去做：

1.让孩子通过专门的青春期读物等正规渠道学习生理知识。

2.尊重孩子，并学会与孩子进行有效沟通。

3.重视情感教育，帮助孩子树立正确的人生观、价值观、恋爱观、婚姻观和家庭观。

第96招

把网络变成“安全岛”——引导女儿正确上网

自从计算机得到广泛应用后，人们的工作变得更加方便、快捷了。但是在电脑越来越普及的现代社会，很多妈妈都反对自己的孩子上网，我们常常听到一些妈妈抱怨：“我家孩子每天就知道上网，连作业都顾不得写了。”

对于妈妈来说，她们有一点是更为担心的，那就是怕女儿搞“网恋”，被坏人欺骗。其实，妈妈的担心不是多余的，青春期女孩正处在幻想、做梦的年纪，对美好的爱情充满了期待和向往。在网络上和陌生人谈恋爱更让她们感到神秘、浪漫，所以，很多女孩经不住诱惑，在网上谈起了恋爱。而一些心怀不轨的人更是抓住青春期女孩的这一心理特点，把罪恶的双手伸向了她们。现在经常有女孩被网友欺骗甚至被拐卖的新闻，而且大多数的受害者都是女中学生。所以，妈妈防范女儿“网恋”是非常必要的。

既然网络有这么多的弊端和“陷阱”，妈妈是不是该反对女儿上网呢？答案是否定的。首先我们生活在信息时代，网络是根本躲不开的，如果反对女儿上网，则是在让孩子拒绝现代文明，甚至与日常生活脱节。其次，网络本身是中性的，它是起到积极还是消极的作用，完全取决于人们怎样利用它。所以，妈妈不应该反对女儿上网，而是要正确引导她，让网络成为她获取知识和信息的工具。

对此，只要妈妈对女儿进行积极引导，并制订电脑使用规则，就可以让女儿正确上网了。

制订电脑使用规则

一位妈妈曾经这样谈到自己的育女经验：

几年前，我13岁的女儿对我说：“妈妈，咱家也买一台电脑吧，我们班很多同学都买了电脑，非常好玩儿。”其实我早就想买一台电脑了，但是我听说很多孩子都沉溺于网络游戏，还因此耽误了学习，便对女儿说：“妈妈可以给你买电脑，但是要给你制订一份电脑使用规则，你答应吗？”女儿非常爽快地答应了。

我想了想，给女儿制订了这样一份电脑使用规则：

第一，回家必须先写作业，写完作业才可以上网。

第二，每次上网时间不能超过 1 小时。

第三，可以听听歌、看看新闻，也可以适当玩些游戏，但是不要沉溺于游戏当中，更不要浏览不健康网站。

我给女儿买来电脑后，把这份电脑使用规则贴到了电脑旁边，以提醒女儿。因为女儿事先答应了我的要求，所以尽量按照订下的规则去做。当然，女儿也有控制不住自己的时候，上了 1 小时的网仍恋恋不舍，不肯下线。这时候我会提醒她，并把规则念给她听。经过我的提醒，女儿一般会乖乖地关闭电脑。

值得注意的是，如果女儿违反规则，妈妈不要纵容她，一定要按照规则执行。此外，妈妈也要充分信任女儿，这样，她就会自觉地约束自己了。

引导女儿把网络当成一种学习方式

李镇西老师指出，很多中学生之所以在网络上浪费了大量时间，是因为他们上网没有明确且积极的目的，一切都是盲目的。李老师同时指出，妈妈应该积极引导孩子，让孩子带着任务上网，把网络当成一种学习方式。妈妈还应告诉孩子上网不仅可以聊天、玩游戏，还可以看新闻、查资料、收发邮件等。当女儿明白了这些之后，她上网时就不仅仅是聊天或玩游戏了。

让女儿注意网络安全

因为网络具有虚拟性，所以存在着一定的安全隐患，这也是妈妈必须提醒女儿的。

一位妈妈有过这样的育女经验，非常值得我们借鉴。

有一段时间，女儿沉溺于 QQ 聊天，每次上网都很兴奋。我知道，现在的孩子生活非常孤独，需要到网络上去交朋友、去宣泄。但是我非常担心女儿交到坏朋友，因为女儿是一个非常单纯的孩子，别人说什么她都相信。过了两天，我拿了一张报纸对女儿说："雨琦你看，又有女孩被网友骗了。"那张报纸上的新闻讲了两个女孩去见网友，被网友监禁起来，并强迫她们出卖肉体，直到两个月后警察侦破了这个案子才被解救出来。女儿看过后非常震惊，好半天说不出话来。我趁机说："现在网络上骗子太多了，你一定要多加注意。如果有网友要你的家庭住址、电话号码等信息，你一定不要告诉他。如果有网友约你去见面，你也不要单独去见他，以免上当受骗。另外，你的照片最好也不要发到网上，因为有些网友喜欢恶搞，他说不定会把你的照片弄成什么样子呢。"听了我的话，女儿不住地点头。

这位妈妈是非常聪明的，她没有利用说教的方式，而是用报纸上那些残酷的事实给女儿上了一课，让女儿加强了防范意识。另外，妈妈要告诉女儿不要到网吧上网，因为那里人员复杂，更不安全。

专家课堂

有些女孩沉溺网络，这让女孩的父母非常担心，对于如何改善这一状况，王金战老师给出的建议是：

1.父母要有耐心，并且要为孩子创造一个温暖、民主、宽松的家庭环境，让她在家里有一种很舒服的感觉。

2.父母要学会跟孩子进行良好的沟通。

3.学会给孩子确立目标，让孩子克服网瘾。

第97招

瘦弱不是美——带女孩走出盲目减肥的误区

13岁的张静活泼好动，饭量一向很好。可是有一段时间，张静突然不爱吃饭了，每次只吃小半碗饭。对于牛奶、鸡蛋、鱼、肉等食物，更是连碰都不碰。妈妈以为女儿病了，一问之下才知道，原来这些天女儿正在减肥。妈妈说："你不吃饭哪行呢，再说你身体又不胖，减肥干什么？"张静说："女孩瘦了才好看，我有个朋友比我瘦还在减肥呢，我哪能不减呢。"妈妈拗不过她，只能由着她。

两个月后，张静真的苗条了许多，但是人却变得憔悴了，还常常出现头晕、心慌等现象……

对于女孩来讲，她们最忌讳的一个词就是"胖"。为了塑造美好、曼妙的身材，很多女孩日复一日、年复一年地忍饥挨饿，宁可亏待自己的身体也要坚持下去。而那些身材稍胖的女孩，常常会感觉自卑，在那些高挑苗条的女孩面前抬不起头来。

的确，身体过胖会影响美观，也会影响身体健康。但是对于女孩（尤其是青春期的女孩）来说，如果盲目地追求苗条，杜绝一切与脂肪有关的食物，很容易造成营养不良，严重的还会引发其他疾病。

一则新闻报道说，有个女孩为了减肥长时间节食，结果在课堂上晕倒。后来经过医生诊断，发现她已经患上了严重的胃病，可能终生都要忍受胃痛的折磨。从这则报道可以看出，女孩减肥常常带有盲目性，妈妈一定要给她正确的引导。

其实，女孩只知道"胖了不好看"，但是却不知道怎样才算胖。因此，妈妈非常有必要告诉她一个标准的体重公式：

女性标准体重（kg）=［身高（cm）－100］×0.9

超重：标准体重×（1±10%）≤实际体重<标准体重×（1±20%）

偏瘦：实际体重≤标准体重×（1－10%）

减肥对女孩的身体损害非常大，但是很多女孩都想减肥，甚至本来身体很瘦但仍然还要减肥。在这种情况下，如果妈妈想阻止女儿减肥，不要责骂她，也不要强迫她吃饭，可以采用下面几个方法。

从小培养女儿正确的审美观

6岁的燕燕看完减肥广告后问妈妈："妈妈，女孩是不是越瘦越好看呢？"当时女儿和妈妈正在看电视剧《红楼梦》，妈妈便反问女儿："你看《红楼梦》中的林黛玉很瘦、很苗条，但总是病恹恹的，你认为这样好吗？"女儿想了想说："这样不好，太瘦了爱生病。"妈妈点了点头说："对，太瘦太胖都不好，不瘦不胖才正好。"

在女儿小的时候，妈妈就应该告诉她：女孩并不是越瘦越美，健康的女孩才是最美丽的。女儿有了这样的认识，长大了才不会盲目地减肥。

减少减肥广告对女儿的影响

现在的减肥广告铺天盖地，很容易对女孩造成消极的影响。另外，一些媒体也总是鼓吹"越苗条的女孩越美丽"，也会影响到女孩的审美观。所以，妈妈应该让女儿对这些媒体广告有一个清醒的认识，尽量减少它们对女儿的影响。

和正在减肥的女儿谈谈心

一天下午放学回来，小洁向爸爸妈妈宣布："我以后要减肥了，你们晚上不用做我的饭了。"爸爸当时就急了："你又不胖，减什么肥？你把身体饿坏怎么办？"小洁不服气地说："我减肥不用你管！"然后背起书包就回屋了。爸爸还想去和女儿争辩，却被妈妈阻止了。

过了两天后，妈妈带小洁去爬山，结果女儿没走多远就累得气喘吁吁了。妈妈拍拍女儿的肩膀说："前两天妈妈不让你节食是怕你把身体饿坏，你刚才也看见了，身体太瘦弱根本不行，连爬山都费力。妈妈不是不允许你减肥，你可以跑跑步、打打球，还可以少吃点儿零食，但是晚饭一定要吃的，因为你需要大量的营养来长身体。我想你不希望自己长成童话中的小矮人吧？”女儿当时没说什么，但是到了晚上就开始吃晚饭了。

对于青春期节食减肥的女孩，很多妈妈的第一反应就是训斥，还有的妈妈会逼着女儿吃饭。这样的做法并不好，因为处在青春期的女孩叛逆性很强，妈妈的训斥、强迫反而会激起她的反抗。所以，最好的方法是妈妈可以和女儿谈谈心、聊聊天，让她感受到妈妈的爱，从而自愿地接受妈妈的建议。

专家课堂

“减肥”一直是青春期少女比较关注的话题，那如何更科学地减肥呢？大家可以参考以下几点：

1.调整孩子的膳食结构，合理安排饮食。

2.加强体育锻炼，但是运动量不要过大。

3.切忌让女孩用节食和服用药物的方式进行减肥。

第98招

理智对待追星——教女儿从偶像身上汲取力量

一位妈妈忧虑地在网络日志中这样写道：

最近我发现14岁的女儿出现了一些不可思议的状况：喜欢穿大肥裤子，耳朵上扎了四五个耳朵眼儿；迷恋国外的明星，尤其是韩国的偶像组合，而且每次电视上出现这些明星的画面或新闻时，这孩子就跟疯了似的在家里激动地尖叫起来；平时张嘴闭嘴也都是明星，好像她的生活除了明星就再也没有别的话题了。我有时都觉得这孩子是不是疯了，是不是应该带她看一看心理医生。在这种情形下，她的学习成绩自然很糟糕。

有一段时间，我对女儿采取了一些强制措施，例如，把她看的明星杂志、明星贴画都给毁了，还让她把自己蓬乱的长发剪了。可没想到我这些举动引起了女儿更大的反弹，学习成绩更是一塌糊涂。

有些教育专家认为，孩子开始追星，表明她已经有了社会化倾向，这是成长的表现。因此，面对爱追星的孩子，父母不应该严厉禁止，而是应以尊重为前提，然后引导孩子找到正确的追星方式。

一般来说，青春期少女的心理状况往往比较复杂，出现对明星的迷恋行为是一种正常表现，她们需要某种形式的自我确认，而追星恰恰就满足了这种心理需求。当然，女孩追星过程中也很容易出现一些不良现象，如盲目崇拜和模仿等，所以妈妈解决这一问题的最好方法就是加入女孩的追星行列，与她一起去追星。那么，妈妈如何陪伴女儿一起追星呢？

引导女儿理智追星

乐嘉刚上高一，远在外地出差的妈妈为了和她联系方便，就给她买了一部手机。但是一段时间后，出差回来的妈妈从爸爸那里了解到，女儿的学习成绩下滑了很多，而且每个月的话费突然增多了。一开始，妈妈怀疑女儿是不是早恋了，但她没有直接去询问女儿，而是通过各方面的了解得知，原来女儿最近迷恋上一个韩国的男子组合，而能上网的手机就成了她每日的明星信息来源平台，无论是上课还是下课，她的手机都不离手。

妈妈没有大声斥责女儿的行为，也没有马上收回女儿的手机，而是自己先去网络上全面了解了那个组合，然后专门为女儿制作了精美的明星相册，作为她的礼物。但送上自己这份“特殊”礼物的同时，妈妈也提出了自己的要求，就是希望乐嘉以后学习的时候要专心致志，不要用手机上网。乐嘉见妈妈不但没有反对自己追星，而且还支持自己，高兴的同时也很歉疚。从此之后，她真的没有再利用手机查询明星的信息，而是专心学习，她的学习成绩也渐渐提高了。

这位妈妈真了不起，她尊重女儿、理解女儿，并且用自己的实际行动引导女儿，让女儿明白追星没有错，但是不能因此影响生活和学习。

不要全盘否定女儿的偶像

有一个14 岁的少女这样说起对妈妈的不满：

我一直很喜欢一位英国的男歌星，他的歌声真的像天籁那么美，能让我忘记所有的忧愁和烦恼。每天休息的时候，我都喜欢听着他的歌来打发我的闲暇时光。

但是我的妈妈对此却很不理解，甚至还嘲笑我：“那个男的长得那么难看，你喜欢这个唱歌的真没出息！”

妈妈的话让我很难过，我只是单纯喜欢他的歌，怎么就没出息了？而且听英文歌还有利于我的英语学习，妈妈这样侮辱我的偶像，让我非常失望！

由此可见，两代人对于追星的问题，都有自己的观念。但这种观念上的差异，很容易在孩子与妈妈之间造成误解，例如，女儿认为××唱歌很好听，妈妈却觉那些歌简直是噪声。

因此，即使妈妈不喜欢女儿的偶像，也不要全盘否定，否则只会在伤害女儿的同时，使亲子关系变得更加紧张。

借助偶像身上的优点教育女儿

偶像也是人，他们的身上也有这样那样的优点和缺点。妈妈可以借助自己敏锐的观察力、辨别力和判断力，找到女儿偶像身上的优点，并让女儿多学习这些优点。例如，有很多青少年偶像非常努力、奋进、坚强、乐观、阳光……女儿通过学习这些优秀的品质，也能让自身有很大的提升。

所以，妈妈要在和女儿共同了解偶像的过程中，去挖掘偶像的榜样作用，然后借助偶像身上的优点教育女儿。

专家课堂

面对青春期少女爱追星的问题，王金战老师给父母提供的建议是：

1.正确看待孩子“追星”。

2.跟孩子一起“追星”。

3.防止不健康地“追星”。

4.把崇拜转化为激励。

5.让孩子崇拜各个领域的“星”。

第99招

学会自我保护——如何远离生活中的危险和诱惑

下午放学了，小雨等了半天仍然没看见妈妈来接她。她正等得着急的时候，一个陌生的中年男人走过来对她说：“你是小雨吧？我是你妈妈的同事。你妈妈今天有事不能来接你了，让我代她来接你。车在那边，我们上车吧。”小雨连想都没想就和陌生男人上了车。

上面这个事例是一位儿童心理学家在一所小学里做的一个试验。他用这样简单的方法，让很多孩子都上了当。在做完这个试验后，这位儿童心理学家指出，现在的孩子自我保护意识是非常弱的，尤其是一些小女孩，她们对陌生人的话深信不疑，问都不问一下就和陌生人上了车。

也许我们应该为上文中那个上了陌生人车的女孩庆幸，因为这只是一个试验而已，并没有真正伤害到她。但是在生活中，类似这样的案子还是存在的。据报载：

有两个初中女生晚上回家，遇到两个开车的男人问路。那两个男人把车门打开，示意她们走近一点儿。两个女孩根本没有防范意识，就走了过去。结果两个男人一下子抓住她们，用力往车里拖。其中一个女孩挣脱出来逃掉了,而另一个女孩被拖了进去。后来这个女孩被不法分子辗转带到很多省份，不仅惨遭强暴，最后还被两人残忍杀害。

生活是美好的，但是生活中也存在着危险和诱惑，尤其对女孩来说，她们更容易成为一些不法分子欺骗和伤害的对象。所以，妈妈要提高女儿的自我保护意识，让她远离这些危险和诱惑，快快乐乐地享受生活。为了防止女孩受到伤害，妈妈可以采用下面几个方法，提高女儿的自我保护意识。

教育女儿提高警惕

女孩心地善良，很少对他人具有防范意识。因此，妈妈应该提高女儿的防范意识，让女儿不要轻信陌生人的话，并告诉女儿一些自我保护的方法。妈妈应该告诉女儿独自在家时不要给陌生人开门；外出时应走安全路线，避开那些偏僻和陌生的地方；晚上最好不要外出，如果外出的话要结伴而行；不接受陌生人提供的饮料或者食品，谨防里面有麻醉药物；不和陌生男人在偏僻的地方单独见面，尤其是陌生男人的家里……平时多掌握这些安全常识，就能让女孩有效地远离各种危险的侵害。

教育女儿远离诱惑

网络上曾有这样一则新闻：

有一个女孩一直梦想成为明星，她看到网上某个电影公司正在招募演员，便报了名。谁知道这家公司根本不是一家正规的电影公司，它打着招募演员的名义，背地里却从事卖淫活动。这个女孩在公司老板的诱骗下出卖了自己的身体，却并没有换来自己的名和利，等她幡然悔悟的时候，一切都已经晚了。

在生活中，诱惑是非常多的。有很多女孩经不起诱惑，最后掉入了别人设计的陷阱中，成了别人的猎物。所以，妈妈要培养女儿坚强的意志力，面对诱惑要勇于说“不”。这样，她才能保证自己的安全，快快乐乐地生活。

和女儿进行情景训练

一位妈妈曾经这样谈到自己的育女经验：

我女儿9岁了，眼看都快长成大姑娘了，但是却非常单纯，连一点儿自我保护意识都没有。我觉得这样非常不好，因为生活中充满着危险和诱惑，我应该提高女儿的警惕性才对。于是，没事的时候我就和女儿做起了“情景训练”。例如，我会问她：“女儿，你说要是爸爸妈妈都不在家，有陌生人敲门，你开不开呢？”女儿想了想说：“不开，给陌生人开门太危险了。”我点了点头说：“对，不能开，因为那样太危险了。但是如果敲门的是你认识的人呢？例如爸爸或者妈妈的同事。”女儿想了想说：“这应该开吧，都是认识的人。”我说：“咱们前些天不是在电视上看过了吗，很多小孩都是被熟人绑架的。”女儿说：“那就也不开。”我说：“你可以给认识的人开门，但是开门前先给爸爸或者妈妈打个电话。”除了这个开门问题外，我还和女儿做过其他的“情景训练”，比如遇到坏人怎么办、遇到骗子怎么办……我感觉，用这种情景训练的方式比单纯说教的方式要好得多，孩子不仅更容易接受，在真的遇到这种情况的时候，也更能想起用什么样的方法来应付。

这种有目的的情景训练对提高女孩的自我保护意识非常有效，妈妈不妨一试。

专家课堂

生活中，父母该如何培养女孩抵制诱惑的能力呢？王金战老师给出的建议是：

1.要让女孩学会理解需要与可能的关系，多给她讲道理。

2.父母应加强对女孩心理素质的培养。

3.父母应学会满足女孩的正当需要。

第100招

生命的轻与重——给女儿补上生命教育这一课

青春期少女原本应该迎着朝阳快快乐乐地生活，应该充满激情地去创造属于自己的美好人生。但是却有一些青春期女孩选择在人生最美好的年纪结束自己的生命。

某中学的3 名女生因为看了电视中特殊的自杀方式，便商议一起尝试，最终造成两人死亡。

2005年，山西省一名年仅12岁的少女留下一封遗书后，自缢身亡。遗书上写道："亲爱的爸爸妈妈，我觉得压力好大，我承受不了了，唯有一死求解脱……"

2006年，某高中的一名高一女生，因被同学怀疑是小偷而忍受不了耻笑，最后走上了绝路……

看着这些正值青春年华的女孩一个个走上不归路，实在是令人无比痛心的事。但为什么孩子会这么脆弱，为什么想不开的时候她们只想到了以死来解脱呢？这个问题值得妈妈深入思考。

如果妈妈能及早对孩子进行生命教育，并帮助她们化解心中的矛盾和情绪，那么这些少女就可能不会自杀。

那么，有哪些具体的方法可以帮助妈妈对女儿进行生命教育呢？

让女儿正确认识自己生命的价值

一位妈妈曾这样谈到自己的育女经验：

有一次，上高一的女儿突然好奇地问我："妈妈，人为什么要活着呀？"我想了一下，笑着说："女儿，你这个问题问得非常好。妈妈认为，人是因为爱而活着的。举个例子来说，妈妈是因为有你爸爸、有你，还有外公和外婆的爱活着的。因为你们爱我，所以我才活得有希望、有成就感。"

女儿突然调皮地问："那我们要是都不爱你了呢？"

我仍然笑着说："假如真有那一天，我也会把自己无私的爱奉献给你们，让你们能因感受到我的爱而活着。"

女儿动容地搂着我说："妈妈，我知道了，我也要为了爱而活着。"

很多青春期的孩子都会和上例中的女孩一样，对"人为什么活着"而存有疑惑。或许很多妈妈会说，这个问题多好回答——人可以为了家庭而活着，为了事业而活着，为了衣食住行而活着……

没错，你可以告诉女儿千万种人活着的理由，但无论是哪一种答案，这个答案都必须是乐观的、积极的、向上的。因为只有这样，才能让女儿正确认识"人来到这个世上是为了什么"，才能让她充满希望和热情地为未来打拼。

用恰当的词语向女儿表达和描绘死亡

生活中，妈妈必须正确地对女儿进行生命教育，用恰当的语言向女儿表达和描绘死亡，让她认识到死亡是一种客观存在的自然现象，是一个人人都会遇到的"平常事"，但人的生命只有一次，要珍惜自己的生命。

让女儿学会坦然接受生命的终结

女儿弯弯是外婆一手带大的，所以她们的感情非常深厚，但外婆因为得了重病，最终离开了人世，这让女儿难以接受。再加上当时她正在寄宿高中上学，我们为了让她安心学习，就没有告诉她外婆去世的消息。

女儿知道这个消息后，非常伤心，整个假期都异常消沉，饭也吃得很少，还经常把自己锁在房间里偷偷哭泣。

我实在看不下去，就决定和女儿好好谈一谈："弯弯，妈妈知道外婆的去世令你很难过，妈妈也和你一样伤心，但悲伤并不能让外婆重新回到我们身边。"

"妈妈，你说的我都知道，可是我总觉得外婆没离开我，她还会回来的。"

"乖女儿，妈妈理解你的感受。不过，外婆确实是去世了，有一天妈妈也会不在，这是大自然的规律。你想一想，如果妈妈活到几百岁，岂不成了'老妖怪'。"

"妈妈才不是，无论你多老都是我最漂亮的妈妈。"说完，女儿破涕为笑，绽放了久违的笑容。

现实生活中，女孩常常会接触死亡，如心爱的小兔子死了，邻居的老爷爷去世了，在马路上突然遇到一只死去的小狗……这些都是妈妈对女儿进行生命教育的绝佳时机，但前提是你不能说谎，而是真诚地告诉女儿一切，让她学会坦然接受生命的结束。

专家课堂

儿童心理专家海姆·G.吉诺特说："如果死亡对于成年人来说是一件难以捉摸的事情，那么，对于孩子来说，死亡就是神秘面纱下的谜团。"因此，为了帮助孩子正确面对死亡，父母应该这样做：

1.不剥夺孩子痛苦和哀伤的权利，让他自由地为失去的生命和爱而哀悼。

2.允许孩子充分地表达出他的担心、幻想和感受，此时成年人只需做一个贴心的聆听者。

3.在简洁、诚实地告诉孩子死亡的真相时，应给他一个充满善意的拥抱和关切的眼神，让孩子安心。

附录一 亲子沟通忌语

生活在批评之中的孩子，学会了谴责；
生活在敌意之中的孩子，学会了争斗；
生活在恐惧之中的孩子，学会了忧虑；
生活在讽刺之中的孩子，学会了害羞；
一句话，可以改变孩子的一生。

1.“说你几句就不高兴！”

专家建议：女孩挨骂后自然会有情绪，父母这时不应再数落她了。

2.“你怎么这么笨！”

专家建议：父母批评女孩时切忌使用讽刺、过激的语言，否则会妨碍女孩潜能的发挥，父母应帮助女孩找方法。

3.“别动，等你长大后再帮我！”

专家建议：父母应该分阶段培养女孩的动手能力，给女孩尝试的机会。

4.“你问我，我问谁！”

专家建议：父母说这种话会使女孩觉得受到了冷遇。这时，不妨说：“我也不太清楚，我们可以一起找找答案。”

5.“不做完作业就别想玩儿！”

专家建议：父母应该和女孩一起制订一个合理的时间表，让女孩按照时间表来安排自己的时间。

6.“大人说话，小孩别插嘴！”

专家建议：这种话会在无形中伤害女孩的自尊心。父母应该尊重女孩的表达需求。

7.“说不行就不行！”

专家建议：父母切勿制订过多的限制，以免影响女孩的成长。父母应该倾听女孩的想法，并给出合理的建议。

8.“为了妈妈，你一定要考好！”

专家建议：父母应给女孩足够的自立、自主空间，不要把自己的意愿强加在孩子身上，要让孩子为了自己而学习、生活。

9.“老毛病还没改！”

专家建议：面对女孩的各种坏习惯，父母应仔细观察，找出原因，通过潜移默化的办法让女孩改掉坏习惯。

10.“你看看人家的孩子！”

专家建议：当女孩失败时，不要拿别人的孩子和她做比较，否则容易导致女孩自卑，应该给予女孩安慰。

11.“谁让你撒谎的！”

专家建议：当女孩撒谎时，父母应该通过间接引导的方式让女孩认识到问题的严重性，以便她自觉地改掉撒谎的坏习惯。

12.“一点儿礼貌都没有，快叫人！”

专家建议：父母应针对女孩不敢与人打招呼的具体原因，如怕生人等，采取有针对性的方式帮助女孩提高交往能力。

13.“出去就永远别回来！”

专家建议：当女孩顶撞父母时，威胁或以暴制暴只能激化矛盾、恶化亲子关系，父母应该多一些聆听、宽容和理解。

14.“要是这样，你一辈子都会没有出息的！”

专家建议：父母教育女孩时切忌否定女孩。应该以女孩的优点和兴趣为出发点，鼓励女孩，从而促使女孩取得进步。

15“闭嘴，小孩子问那么多干什么！”

专家建议：父母应该耐心回答女孩的问题，也可以和她一起查资料找答案。

16.“考 100 分我就给你买礼物！”

专家建议：用金钱去“引诱”女孩，不如找出女孩不愿读书的原因，然后对症下药。父母对孩子应以精神鼓励为主。

17.“你这个窝囊废！”

专家建议：这样数落、嘲讽女孩，会让女孩变得胆怯、自卑。父母的鼓励是女孩最好的助推力。

18.“当个小组长有什么了不起！”

专家建议：女孩取得成绩后，父母要及时给予肯定和鼓励，这样女孩才会变得更有信心，更加努力。

19.“早知道这样，当初就不该生你！”

专家建议：这种伤害女孩尊严的话只会让她感到自卑，变得自暴自弃。父母批评女孩要注意用词。

20.“你敢不听我的话！”

专家建议：在劝说女孩时采取强压方式易激起女孩的逆反心理，应采取平等的方式沟通。

21.“你为什么不还手打他？！”

专家建议：不要纵容女孩报复，正确的做法是和女孩一起分析产生矛盾的原因，让女孩自己去解决。

22.“你这个‘人来疯’！”

专家建议：让女孩在日常生活中感受到家庭的快乐氛围，这是解决女孩“人来疯”的根本方法。

23.“马上给我滚！”

专家建议：这种话会让女孩觉得父母不再爱她了。父母应尽量克制自己，以免伤害亲子感情。

24.“没看我正忙着吗？”

专家建议：父母说这句话容易让女孩放弃探索和学习。可以告诉女孩现在你很忙，等忙完后再听她说。

25.“按我说的做！”

专家建议：女孩不是父母的傀儡，对于女孩的合理想法和意愿，父母不妨放手让女孩去独立完成。

附录二 亲子沟通忌事

上一代教育我们的方式，不一定对；
关心，不小心变成枷锁；
爱，有时却成了伤害；
一件事，会影响孩子一生。

1. 吓唬孩子。

专家建议：父母的“恐吓管理”并不利于孩子的健康成长，如果遇到不听话的孩子，正确的做法是弄清楚孩子不良行为背后的原因，然后坦诚地指出孩子的错误。

2. 老是给孩子开“空头支票”。

专家建议：父母不应该欺骗孩子，而是应恪守自己对孩子的承诺，做到不失信于孩子。

3. 当着孩子的面议论他人是非。

专家建议：孩子易受家庭和父母的影响，特别容易模仿大人，因此，父母切忌在孩子面前议论他人是非。

4. 用金钱“塑造”孩子。

专家建议：金钱不能代替亲子之爱，父母应多抽出时间陪陪孩子，了解孩子真正需要的是什么。

5. 偷看孩子日记。

专家建议：父母应给予孩子充分的信任和独立的空间，要让孩子有决定自己事情的权利，让孩子有自己的隐私。

6. 孩子的理想，我做主。

专家建议：父母在谈论孩子的未来时，不宜用做大官、挣大钱、住豪宅这类功利想法来激励孩子，应切实尊重孩子的理想。

7. 让孩子自己玩儿。

专家建议：父母不应漠视孩子的内心感受，除了给予孩子物质上的支持，还应该给予孩子精神上的关心。

8. 过分干涉孩子的衣着、发型。

专家建议：父母要正确看待自己和孩子在衣着、打扮方面的分歧，尽量尊重孩子自己的选择，允许孩子做自己喜欢的事情。

9. 夸大孩子的天然缺陷。

专家建议：父母应平静地接受孩子的一切，包括外表的小遗憾，既不能用“缺陷”逗弄自己的孩子，也不必刻意地掩饰它。

10. 禁止孩子的顽皮行为。

专家建议：父母切忌对孩子什么都警告、什么都禁止，而应在第一次发现孩子犯错的时候，明明白白地告诉孩子，这件事情对孩子会造成什么样的影响。

11. 觉得孩子的行为荒唐，嘲笑她。

专家建议：当女儿讲述自己千奇百怪的想法和伟大构想时，父母应该做的就是鼓励她。

12. 总是命令孩子“干什么”“怎么干”。

专家建议：父母在跟女儿讲话时，要特别注意自己的语气，摒弃那些命令的语气，应多用协商和提示的口吻。

13. 不支持孩子的社会实践活动。

专家建议：父母应多支持女孩的社会实践活动，这样可以锻炼孩子与人交往等多方面的能力。

14. 替孩子陈诉冤屈。

专家建议：父母不应该替孩子陈诉冤屈，而应该让孩子认识到委屈和误解是生活中常见的事，然后告诉她如何恰当地去选择时机给对方解释清楚。

15. 用“分数”“名次”衡量孩子。

专家建议：作为父母，应冷静对待孩子的成绩，并用欣赏和发展的眼光，帮助孩子发掘其自身的潜力和优势。

16. 干涉孩子交朋友。

专家建议：父母不要干涉孩子交朋友，更不要以自己的好恶来评价孩子的朋友，而要相信孩子，在询问过孩子对朋友的评价后，再说出自己的想法。

17. 带孩子串门，不让孩子吃人家东西。

专家建议：父母没必要非让孩子克制自己的欲望，只要让孩子注意一些基本的礼仪就够了。

18. 忽略孩子逆境商（AQ）的培养。

专家建议：AQ对孩子的一生非常重要，父母不应对孩子过度保护、溺爱，而应让孩子也时常吃些“苦头”，学会如何应对人生的挫折和困境。

19. 责备孩子撒谎。

专家建议：父母应首先弄清楚孩子撒谎的原因，然后再决定用什么样的办法去纠正孩子的这种不良行为。

20. 一个“唱白脸”，一个“唱红脸”。

专家建议：父母在教育孩子时，应该保持相同的权威和立场，以免孩子在教育面前感到无所适从。

21. 孩子提出问题时加以否定。

专家建议：父母应多鼓励孩子发散性地思考，在衡量她答案的合理性的同时，让孩子始终保持强烈的好奇心。

22. 拿孩子跟别人的孩子做比较。

专家建议：父母应用平常心面对孩子“不如他人”的事实，然后多给孩子创造自我展示的机会，相信他也能做到最好。

23. 把自己的梦想“移植”在孩子身上。

专家建议：孩子有实现自己梦想的权利，父母不应该把自己的梦想强加在孩子身上，而是应该鼓励孩子朝着自己的梦想前进。

24. 用拳头告诉孩子对与错。

专家建议：父母惩罚孩子要有“度”，一定不要伤害孩子的自尊心，更不要去伤害孩子的身体，很多时候说服教育比暴力教育更有教育效果。

25. 回避对孩子的性教育。

专家建议：父母应摆正自己的心态，坦然面对孩子性教育的问题，开诚布公地与孩子讨论性及性器官的基本常识，让孩子形成健康的性心理。